Freiheit und Rechtsgut

Frankfurter kriminalwissenschaftliche Studien

Bd./Vol. 171

Zu Qualitätssicherung und Peer Review der vorliegenden Publikation

Die Qualität der in dieser Reihe erscheinenden Arbeiten wird vor der Publikation durch Herausgeber der Reihe geprüft.

Notes on the quality assurance and peer review of this publication

Prior to publication, the quality of the work published in this series is reviewed by editors of the series.

Eunhee Kim

Freiheit und Rechtsgut

Zur neuen Legitimierung der personalen Rechtsgutslehre im Rahmen der negativen Freiheit

PETER LANG

Berlin - Bruxelles - Chennai - Lausanne - New York - Oxford

Bibliografische Information der Deutschen Nationalbibliothek
Die Deutsche Nationalbibliothek verzeichnet diese Publikation in der Deutschen Nationalbibliografie; detaillierte bibliografische Daten sind im Internet über http://dnb.d-nb.de abrufbar.

Zugl.: Frankfurt (Main), Univ., Diss., 2023

D 30
ISSN 0170-6918
ISBN 978-3-631-91619-3 (Print)
E-ISBN 978-3-631-91642-1 (E-Book)
E-ISBN 978-3-631-91643-8 (EPUB)
DOI 10.3726/b21667

Verlegt durch: Peter Lang GmbH, Berlin, Deutschland

info@peterlang.com- www.peterlang.com

Diese Publikation wurde begutachtet.

Vorwort

Diese Arbeit wurde im Sommersemester 2023 als Dissertation im Fachbereich Rechtswissenschaft der Johann Wolfgang Goethe-Universität angenommen. Ich möchte der Uni Frankfurt, dem DAAD, Peter Lang und all denen danken, die mir geholfen haben, diese Schrift zu veröffentlichen.

In erster Linie gilt mein Dank Herrn Prof. Dr. Dres. h.c. Ulfrid Neumann, den ich als Wissenschaftler und Mensch am meisten bewundere. Er und Frau Vasso Neumann, den ich meine deutsche Mutter nenne, waren die größten Unterstützer dieses Abschlusses. Zweitens möchte ich meinem zweiten Gutachter, Prof. Dr. Dr. h.c. Cornelius Prittwitz danken, der mir in vielerlei Hinsicht eine große Hilfe war, und Prof. Dr. Klaus Günther, der an der Disputation teilnahm. Ein besonderer Dank geht an Dekanat Marion Süß, die so nett ist, wie sie klingt.

Ich würde gerne all die tollen Kollegen, die ich in der Uni kennengelernt habe, die anderen DAAD-Stipendiaten und meine Freunde, die mir im Chaos der Pandemie eine große Stütze waren, meinen Respekt zollen; besonders für Dr. Nathalie Thorhauer und ihre liebe Familie, Mimi, Yewon, Jisu und Saewon.

Ich möchte auch meinen früheren Betreuern, Prof. Dr. Do-Kyun Kim und Prof. Dr. Eun-Jeong Park von der Seoul National University, dafür danken, dass sie mir ermöglicht haben, meinen Studiengang mit der Stabilität eines DAAD-Stipendiums fortzusetzen.

Und es ist mir eine große Ehre, diese Doktorarbeit meinem Vater, meiner Mutter und meiner Schwester Kaeun zu widmen, denen ich mit jedem Dank verschuldet bin.

Schließlich würde ich mich von Deutschland verabschieden, der Quelle all meiner Traurigkeit, Zuneigung, Frustration und Hoffnung in den letzten Jahren. Dieses Land hat mir die Möglichkeit gegeben, mich neuen Herausforderungen für das Wachstum zu stellen, und es hat dafür gesorgt, dass ich mein Studium in Gesundheit und Sicherheit beenden konnte. Für alles, was es mir gegeben hat, und für alles, was es mir nicht gegeben hat, danke ich ihm.

Inhalt

Abkürzungsverzeichnis

a.a.O.	am angegebenen Ort
Abs.	Absatz
AE	Alternativentwurf eines Strafgesetzbuches
AKG	Archiv für Kulturgeschichte
Anm.	Anmerkung
AöR	Archiv für öffentliches Recht
ARSP	Archiv für Rechts- und Sozialphilosophie
Aufl.	Auflage
AT	Allgemeiner Teil
Bd.	Band
bes.	besonders
BGB	Bürgerliches Gesetzbuch
BGH	Bundesgerichtshof
BGHSt	Entscheidungen des Bundesgerichtshofs in Strafsachen
bspw.	beispielsweise
BT	Besonderer Teil
BVerfG	Bundesverfassungsgericht
BVerfGE	Entscheidungen des Bundesverfassungsgerichts
bzw.	beziehungsweise
ders.	derselbe
d.h.	das heißt
Ed.	Edition
et al.	et alii (und andere)
etc.	et cetera (und so weiter)
f./ff.	folgende
FG	Festgabe
Fn	Fußnote
ggf.	gegebenfalls
GA	Goltdammer's Archiv für Strafrecht
GG	Grundgesetz
h.M.	herrschende Meinung
Hrsg.	Herausgeber
hrsg.	herausgegeben

HZ	Historische Zeitschrift
i.d.R.	in der Regel
insb.	insbesondere
JA	Juristische Arbeitsblätter
JR	Juristische Rundschau
JuS	Juristische Schulung
JZ	JuristenZeitung
KritV	Kritische Vierteljahresschrift für Gesetzgebung und Rechtswissenschaft
LK	Leipziger Kommentar
m.E.	meines Erachtens
NetzDG	Netzwerkdurchsetzungsgesetz
n.F.	neue Fassung
NJW	Neue Juristische Wochenschrift
NK	Nomos-Kommentar
Nr.	Nummer
NWB	Neue wissenschaftliche Bibliothek
OLG	Oberlandesgericht
resp.	respektive
Rn.	Randnummer
Rspr.	Rechtsprechung
RStGB	Reichsstrafgesetzbuch
s.	siehe
S.	Seite
s.o.	siehe oben
sog.	sogenannte
StGB	Strafgesetzbuch
TierSchG	Tierschutzgesetz
u.a.	unter anderem
Urt.	Urteil
usw.	und so weiter
v.	vom
vgl.	vergleiche
vol.	volume
z.B.	zum Beispiel
z.F.	Zum Folgenden
ZIS	Zeitschrift für Internationale Strafrechtsdogmatik

ZPTh	Zeitschrift für Politische Theorie
ZRP	Zeitschrift für Rechtspolitik
ZRph	Zeitschrift für Rechtsphilosophie
ZStW	Zeitschrift für die gesamte Strafrechtswissenschaft

Einleitung

Die Befürworter des funktionalistischen Strafrechts fordern, dass diejenigen, die sich an der Diskussion um die Legitimation des Strafrechts beteiligen, sich zwischen dem traditionellen Verständnis des Strafrechts und dem strafrechtlichen Funktionalismus als ideologischem Hintergrund entscheiden sollten.[1] Allerdings geht es hierbei nicht um eine Entweder-oder-Entscheidung, denn zumindest ein Strafrechtswissenschaftler in einem Land, dessen Verfassung auf einem freiheitsschützenden politischen Ideal beruht, wird den klassischen Strafgedanken, der den Zweck der Bestrafung auf den Rechtsgüterschutz beschränkt, nicht vollständig ablehnen können. In liberalen Demokratien stellt nämlich Strafe ein Mittel zur Einmischung in bürgerliche Freiheiten dar. Der Verzicht auf das gesetzgebungskritische Rechtsgüterkonzept erscheint deshalb wie Staatsterror, so behauptet *Hassemer*.[2] Die funktionalistischen Anregungen mögen zwar aus heutiger kriminalpolitischer Sicht zweckmäßiger erscheinen, aber, wie *Neumann* zu Recht anmerkt, gäbe es zu diesem traditionellen Rechtsgüterprinzip des Strafrechts keine Alternative.[3]

Dies ist für die Vertreter der personalen Rechtsgutslehre eine einfache, längst automatisierte Schlussfolgerung. Im Zuge der Argumentation tritt jedoch ein Komplex von straf- und verfassungsrechtlichen Fragen auf. So lassen sich beispielsweise die weitreichenden Diskussionen über das Rechtsgutsprinzip, ggf. über das personale Rechtsgutsprinzip, hinsichtlich ihrer begrifflichen Problematik wie folgt unterteilen: die Diskussion darüber, ob das Rechtsgutskonzept völlig aufgegeben werden kann, die Diskussion über die nur beschränkte systematische Funktion des Rechtsgutskonzepts und die Diskussion über die Leistungsfähigkeit der systemkritischen Rechtsgutslehre. Ordnet man diese wieder den Unterthemen zu, so werden Konflikte zwischen dem systemkritischen Rechtsgutsgedanken und der Verfassung sowie Probleme der praktischen Kompetenz im Zusammenhang mit der Strafrechtsdogmatik der personalen

---

1 Dazu *Jakobs*, ZStW 107 (1995), 843; *Lüderssen*, ZStW 107 (1995), 877; *Wittig*, in: Hefendehl et al. (Hrsg.), Die Rechtsgutstheorie (2003), S. 239 ff.

2 *Hassemer*, Darf es Straftaten geben, die ein strafrechtliches Rechtsgut nicht in Mitleidenschaft ziehen?, in: Hefendehl et al. (Hrsg.), Die Rechtsgutstheorie (2003), S. 64.

3 *Neumann*, „Alternativen: keine" – Zur neueren Kritik an der personalen Rechtsgutslehre, in: Neumann/Prittwitz (Hrsg.), Personale Rechtsgutslehre und Opferorientierung im Strafrecht (2007), S. 86.

Rechtsgutstheorie erhoben, des Weiteren Probleme der Vorfeldkriminalisierung wie abstrakte Gefährdungsdelikte oder Kumulationsdelikte und der Kriminalisierung von kollektiven bzw. universellen Rechtsgütern usw.[4] Der Themenbereich der Rechtsgutsdebatte ist sehr breit und umfasst diverse Aspekte, die je einer intensiven Untersuchung bedürfen. Auch wenn es auf die Position der personalen Rechtsgutstheorie ankommt, die selbst diesen kritischen Vorschlägen gegenüber verteidigt werden sollte, muss der Schwerpunkt deshalb für jede Studie unterschiedlich sein, je nachdem, auf welche Frage Gewicht gelegt wird.

Die vorliegende Studie soll sich mit der Frage befassen, warum das personale Rechtsgüterkonzept nicht ersetzt, sondern nur ergänzt werden kann. Dies soll ausgehend vom politikphilosophischen Konzept des Freiheitsschutzes untersucht werden. In der deutschen Rechtsgutsdebatte wurde der Freiheitsbegriff in Bezug auf die politische Philosophie kaum konkret thematisiert, obwohl die Korrelation zwischen der Rechtsgutslehre und dem „*Harm Principle*" von *Mill* schon vor langer Zeit entdeckt wurde. Für die Diskussion um den Rechtsgüterbegriff ist allerdings die negative Freiheit von Belang. Durch eine anspruchsvolle Analyse dieser negativen Freiheitsvorstellung über die Geschichte hinweg lassen sich auch neue Argumente für die Legitimität der personalen Rechtsgutstheorie auffinden. Um es noch einmal zu wiederholen, das Ziel dieser Forschung liegt darin, mithilfe einer historischen Begründung der politischen Philosophie auf dem Schutz der negativen Freiheit als dem Zweck der Strafe zu beharren, was üblicherweise als „liberales Strafrechtsverständnis" bezeichnet wird.

Die Argumentationsstruktur sieht wie folgt aus: In Teil 1 wird zunächst versucht, relevante historische Studien der Rechtsgutstheorie im Zusammenhang mit dem liberalen Denkansatz zusammenzufassen (Kap. 1). Da der Diskussionsrahmen der Rechtsgutstheorie wie erwähnt so breit ist, können hier nicht alle Ansätze involviert werden, sondern es wird nur der Teil betrachtet, der sich zumindest auf das Konzept des Freiheitsschutzes bezieht. Daraufhin geht es um die Verteidigung der personalen Rechtsgutslehre gegen die Kritiken in Bezug auf ihre Existenzbegründung und auf ihre Leistungsfähigkeit anhand ihrer begrifflichen Unklarheit und Beschränktheit (Kap. 2). Das Herzstück dieser Argumentation besteht darin, dass die personale Rechtsgutslehre auf dem normativen Anspruch beruht, bürgerliche Freiheiten vor staatlichen Eingriffen so weit wie möglich schützen zu müssen.

4 Dazu *Hassemer*, Grundlinien einer personalen Rechtsgutslehre, in: Scholler/Philipps (Hrsg.), Jenseits des Funktionalismus (1985), S. 86 ff.

In Teil 2 wird die Diskussionsrichtung geändert, um auf die politikphilosophischen Debatten zum Freiheitsbegriff einzugehen, denen auch die Konzipierung zugrunde liegt, negative Freiheiten vor dem Staat zu schützen. Dabei handelt es sich nicht nur um die vom angloamerikanischen Empirismus abgeleiteten Doktrinen, sondern auch um die antiken Ideen der römischen Republik. Der Überblick beginnt, grob gesagt, mit *Machiavelli* und *Hobbes* (Kap. 3), führt dann zur Zeit des modernen Liberalismus und schließlich zum modernen Neo-Republikanismus (Kap. 4).

In Teil 3 werden basierend auf der Synthese dieser Erkenntnisse neue Versuche dargelegt, den Begriff der personalen Rechtsgüter wieder zu legitimieren, wobei auch die Frage diskutiert wird, ob dieser Begriff ergänzt werden kann (Kap. 5). Schließlich wird die praktische Anwendungsmöglichkeit des hier unterstützten Rechtsgutskonzepts am Beispiel von Hassrede überprüft (Kap. 6). Weshalb ausschließlich die Problematik der Hassrede einer besonderen Betrachtung bedarf, ist auf ihre spezifische Struktur zurückzuführen, die sich nicht in kollektiven oder abstrakten Rechtsgütern erschöpft. Sie scheint sich vielmehr unmittelbar auf das Ideal der negativen Freiheit zu beziehen.

Hierbei ist noch einmal zu betonen, dass nur eine eingeschränkte, zielgerichtete Untersuchung verfolgt wird. Denn sowohl die Auseinandersetzung mit dem Rechtsgut und dem politikphilosophischen Freiheitsbegriff als auch die Problematik der Hassrededelikte bergen in sich so weit gefasste Themen, dass es fast unmöglich wäre, sie alle in ein einzelnes Dissertationsprojekt einzubeziehen. Aus demselben Grund bieten die Fußnoten keine erschöpfende Liste von Veröffentlichungen zu allen in dieser Arbeit behandelten Detailthemen, sondern beschränken sich auf diejenigen, die für den Inhalt der Arbeit unmittelbar relevant sind, damit sich der Kerngedanke wie ein roter Faden durch die Arbeit ziehen kann. Zusammenfassend: Der Zweck dieser Untersuchung besteht darin, 1) anhand des essenziellen Ideals des Freiheitsschutzes die personale Rechtgutslehre vor Kritiken zu verteidigen und 2) ferner durch die historische und begriffliche Einführung der negativen Freiheitsvorstellung ihre Leistungsfähigkeit in Bezug auf neu aufkommende Probleme wie die Hassrede festzustellen.

1. Teil: Freiheitsgedanken in der Rechtsgutslehre

A. Historischer Überblick der Rechtsgutstheorie – im Rahmen des liberalen Gehalts

Das Denken, dass die Antwort des Strafrechts auf die Frage, ob eine Handlung bestraft werden sollte, durch Rechtsgüter bestimmt wird, war seit dem 19. Jahrhundert ein Kernstück der deutschen Strafrechtswissenschaft. Die Rechtsgutstheorie ging zuerst vom materiellen Verbrechensbegriff aus. Dieser besteht darin, eine Antwort darauf zu finden, was eine strafbare Handlung bedeutet. Dabei geht es uns darum, die materiellen Merkmale des strafbaren Verhaltens zu finden, die als Gründe dafür dienen, das betreffende Verhalten strafbar zu machen. Während der formale Verbrechensbegriff lediglich strafbare Handlungen im Rahmen des positiven Rechts definiert, geht der materielle Verbrechensbegriff über die gesetzlichen Tatbestandsmerkmale hinaus und untersucht die sachlichen Maßstäbe strafbarer Handlungen. Damit geht er dem Strafgesetzbuch vor und liefert dem Gesetzgeber ein kriminalpolitisches Kriterium dafür, welches Handeln geahndet werden soll. Der Sachverhalt dieser Norm ergibt sich aus der Aufgabe des Strafrechts, „das friedliche Zusammenleben der Menschheit zu sichern", was das Rechtsgüterschutzprinzip untermauert.[5]

Blickt man nun auf die Dogmengeschichte des Rechtgutsbegriffs, ist festzustellen, dass das Anliegen der Rechtsgutslehre von Anfang an in der strafrechtslimitierenden Ausgestaltung besteht,[6] die sich dem Gedanken der Aufklärung und des Liberalismus verdankt. An dieser Stelle sind die kontrastierenden Auffassungen von *Sina*[7] und *Amelung*[8] darüber, ob der Rechtgutsgedanke zunächst auf liberales Denken zurückgeführt werden kann, von Bedeutung. Letzterer stellt dar, dass der Rechtsgutsgedanke aus historischer Sicht nicht als Produkt des liberalen Gedankens, sondern als eine aufklärerische Sichtweise der Strafbegrenzung

---

5 Über den Aufbau des Verbrechensbegriffs siehe zunächst *Roxin*, Strafrecht AT I, 5. Aufl. 2020, § 2 Rn. 1 ff.; NK-StGB/*Neumann, Saliger*, 6. Aufl. 2023, StGB vor § 1 Rn. 94, 95; Schönke/Schröder/*Eisele*, 30. Aufl. 2019, StGB vor § 13 Rn. 12; Baumann/Weber/Mitsch/*Eisele*, Strafrecht AT, 13. Aufl. 2021, StGB § 2 Rn. 1 ff.

6 Vgl. *Hassemer*, Theorie und Soziologie (1980), S. 27 ff.

7 Siehe dazu *Sina*, Die Dogmengeschichte des strafrechtlichen Begriffs Rechtsgut (1962).

8 Siehe dazu *Amelung*, Rechtsgüterschutz und Schutz der Gesellschaft (1972).

zu betrachten ist, die vorwiegend unter dem Einfluss der Gesellschaftsvertragstheorie steht. Dagegen schreibt *Sina* den systemkritischen Geist der Rechtsgutstheorie eindeutig dem liberalen Gedanken zu. Diese Unterscheidung erscheint zwar theoretisch nicht sehr fruchtbar, sie hat aber Auswirkungen in der Praxis, die in Kapitel 2 diskutiert werden. Die vorliegende Studie greift größtenteils auf die Ansatzpunkte von *Sina* zurück. Im Folgenden werden zunächst die Rechtsgutstheorien, in den sich das strafbegrenzende liberale Konzept widerspiegelt, aus historischer Sicht untersucht.

I. Entstehung des Zweckgedankens der Strafe

1. Sozialvertragslehre der Aufklärung und ihre Folgen

In der zweiten Hälfte des 18. Jahrhunderts, als die großen kriminalpolitischen Reformbewegungen ganz Europa erfassten, hatten weiterhin Überreste mittelalterlichen Denkens über Strafe eine nachhaltige Wirkung.[9] Ihnen zufolge soll die staatliche Strafbefugnis auf göttliche Autorität gegründet sein. Das bedeutet, dass das Verbrechen nicht nur rechtliche Bedeutung als Verletzung staatlicher Normen habe, sondern stets auch Sünde wider Gott sei.[10] Diese überkommene theokratische Auffassung des Verbrechens, die Kriminalstraftat zuerst als eine Verletzung göttlichen Willens zu begreifen, erfuhr daher heftige Kritik vonseiten der Aufklärer.[11] Den Auffassungen der kritischen aufgeklärten Strafrechtsreformisten lag dagegen die sog. Lehre vom Sozialvertrag zugrunde, deren Vorreiter *Hobbes, Locke* und *Rousseau* sind.[12] Dessen Inhalt ist abgesehen von geringen Abweichung stets der Gleiche und lässt sich wie folgt zusammenfassen: Die einzeln lebenden Individuen sehen sich im Naturzustand den Angriffen der Mächtigen ausgesetzt. Um sich vor dieser Unsicherheit zu schützen, schließen sie sich zuerst zur bürgerlichen Gesellschaft zusammen. In einem weiteren Vertrag errichten sie dann den Staat, der dazu dienen soll, als Garant der neuen

---

9 Um die Mitte des 18. Jahrhunderts lag die Constitutio Criminalis Carolina von 1532, die auf dieser religiösen Grundlage basiert, fast 230 Jahre zurück.

10 Siehe dazu vor allem *Schmidt*, Einführung in die Geschichte der deutschen Strafrechtspflege (2022), S. 163.

11 Ausführlich zur Entwicklung der modernen Kriminalpolitik in der Aufklärung siehe oben S. 212 ff.

12 *Amelung* (Fn. 8), S. 19. Ihm zufolge erklären fast alle Schriftsteller zunächst den Sozialvertrag, bevor sie auf die eigentlichen Probleme der Strafrechtsreform eingehen.

Ordnung die Einhaltung der Verträge zu überwachen.[13] Dieses theoretische Konzept entwirft ein Bild von der Gesellschaft, die von der Zusammensetzung der Einzelnen konstruiert wird. Da die natürliche Grundlage für die Vereinigung auf dem Sicherheitsstreben der Individuen beruht, werden damit zwei Bedingungen für das friedliche Zusammenleben genannt: zum einen, dass die Bürger den Lebenskreis der anderen respektieren sollen, und zum anderen, dass es eine Instanz geben muss, die darüber wacht, dass niemand anderen schadet. Aus diesem theoretischen Modell ergibt sich letztlich ein normativer Maßstab über den Zweck der staatlichen Strafe. Unter den frühen Sozialvertragstheoretikern formulierte *Beccaria* den ersten theoretische Vorschlag über die Macht des Staates zur Bestrafung: Die staatliche Strafbefugnis sollte auf der Idee des Gesellschaftsvertrags beruhen und das Strafrechtssystem nur zur Wahrung der Rechte und der Sicherheit der Gesellschaft beitragen. Die strafrechtliche Verfolgung sollte nur auf sozialschädliches Verhalten beschränkt werden.[14]

Aus dem Gesellschaftsbild und der Staatszwecklehre der Aufklärung ergibt sich also eine völlig neue Verbrechenslehre. Dabei bestimmt das Sozialvertragsmodell, was die Bedingungen für staatliche Strafe sind. Das Verbrechen verletzt nicht mehr Gottes Willen, sondern eher Gegenstände wie die Achtung der Rechte anderer und des Staates. Diese stellen einzig mögliche Objekte einer mit der staatlichen Kriminalstrafe bedrohten Tat dar.[15] Auf diese Weise erhält die Theorie eine kritische Funktion, die staatliche Gewalt zu begrenzen, denn der Staat hat kein Recht zu bestrafen, wenn dieses Wesensmerkmal, nämlich die Sozialschädlichkeit der Tat, nicht vorliegt. Dann kam die Begrenzungsfunktion des neuen Verbrechensbegriffs in reformistischer Hinsicht zum Tragen. Auch wenn zum Beispiel ein Sachverhalt vom geltenden Strafrecht erfasst ist, kann nach den Maßstäben des Sozialvertragsmodells eine Umwertung der Strafwerte erfolgen: Entweder kann der Deliktscharakter von Taten, die bisher mit Strafe bedroht waren, ganz geleugnet werden oder in Hinblick auf einen geringen Sozialschaden kann eine erhebliche Strafmilderung gefordert werden.[16] Dieses Phänomen war zunächst bei Religionsverbrechen deutlich spürbar. Während früher

---

13 Zu diesem zweistufigen Vertragsmodell *Hilgendorf* (Hrsg.), Handbuch Rechtsphilosophie (2021), S. 193.

14 Siehe dazu *Beccaria*, Des Herrn Marquis von Beccaria unsterbliches Werk von Verbrechen und Strafen, Hommelische Vorrede (1966).

15 *Sina* (Fn. 7), S. 9 ff.; *Amelung* (Fn. 8), S. 19 ff.

16 *Amelung*, a.a.O., S. 21; Er hat mit konkreten Beispielen dargelegt, wie sich diese Umwandlung im Bereich des Religionsverbrechens und der Sittlichkeitsdelikte vollzogen hat.

die Verletzung der göttlichen Majestät das schwerste Verbrechen war, wurde sie zu einer bloßen Friedensstörung umgewandelt, weil das Gemeinwesen nun auf dem Sozialvertrag gegründet war.[17] Über die Strafmilderung hinaus wurde die Verhütung von Blasphemie sogar den Aufgaben der Polizei zugeordnet. Noch deutlicher zeigte sich dies in den Sittlichkeitsdelikten. Wenn die Gesellschaft nur eine Vereinigung ist, die dem Schutz der Individuen dient, wiegt die Verletzung ihres Lebensrechts deutlich schwerer als einfache Unsittlichkeit. Letztere schadet allenfalls mittelbar dem Staat und stellt darum lediglich ein leichtes Vergehen dar, das Nachsicht verdient.[18]

Die hier in Frage kommenden Taten sollten aber immer noch verboten und daher sanktioniert werden, auch wenn sie aus dem Strafrecht ausgeschieden waren. Eine Möglichkeit zur Handhabung dieser Delikte bot die Polizeigewalt an, die als Straftat nicht nur weniger zweifelhaft erscheint, sondern auch den Wohlfahrtszweck des Staates erfüllt. Die offenbare bedenkliche Folge wäre allerdings die Uferlosigkeit der Polizeigewalt, indem die staatliche Befugnis zur Regulierung des bürgerlichen Lebens beständig ausgeweitet wird. Dies war der Fall, obgleich sich die deutschen Krimimalreformer mit der tiefgreifenden Umwandlung des Polizeirechts beschäftigten. Immerhin ließ sich auf diese Weise der Gedanke, dass nur eine sozialschädliche Handlung kriminalisiert werden dürfe, notdürftig aufrechterhalten.

Ungeachtet der Problematik der Polizeigewalt wird diesem Sozialvertragsmodell eine bleibende Bedeutung beigemessen, weil darin zum ersten Mal die möglichen Objekte des Verbrechens klar formuliert wurden und daraus eine kühne Folgerung für die staatliche Strafe gezogen wurde: Nur wenn die Strafnormen für das menschliche friedliche Zusammenleben unerlässlich sind, können sie legitimiert werden. Demgegenüber besteht Schwäche der Theorie gerade darin, gesellschaftliches Zusammenleben allein unter dem Blickwinkel des völlig isolierten Individuums betrachtet zu haben. Die notwendigen Bedingungen des Zusammenlebens erschöpfen sich nämlich nicht in der Befriedigung der materiellen Bedürfnisse der Einzelnen.

Im 19. Jahrhundert wurde die *Beccarias*-Theorie von *Mill* zum allgemeinen Prinzip des Strafrechts weiterentwickelt. Indem dieser den aufblühenden Liberalismus im Rahmen des angelsächsischen Empirismus seit dem späten

---

17 Diese Veränderung ist z.B. bei *Montesquieu* zu lesen; *ders.*, Vom Geist der Gesetze (2011), 12 Abs. 5.

18 *Hommel*, Philosophische Gedanken über das Criminalrecht (1784), §§ 60 f. Dazu *Amelung*, a.a.O., S. 22.

18. Jahrhundert anführte, argumentierte er, dass es keine moralische Rechtfertigung für die Einschränkung der Freiheit gibt, es sei denn, dass das Verhalten einer Person andere verletzt oder schädigt, da die staatliche Gewalt selbst eine schwerwiegende Verletzung der Freiheit der Bürger darstellt. Deshalb solle die strafrechtliche Zwangsgewalt des Staates darauf reduziert werden, den Schutz vor Schaden der anderen, aber nicht der Gesellschaft *per se* zu gewährleisten. Unter „*Harm Principle*" wird also verstanden, dass „die einzige gerechtfertigte Einschränkung der Freiheit einer Person darin besteht, dass sie niemandem Schaden zufügen darf, durch ihr Handeln oder ihr Unterlassen".[19] Im Vergleich zum sozialvertragstheoretischen Schädlichkeitsmodell hat *Mills* Liberalismus den Schutzbereich des Strafrechts sozusagen konkret auf individuelle Freiheiten reduziert. Auf das Schadensprinzip wird später bei *Feinberg* in Kap. 5 näher eingegangen. Hierbei ist nur erwähnenswert, dass nach Einführung des Schadensprinzips durch *Mill* das Konzept der negativen Freiheit zum Schlüsselelement im Strafrecht wurde.

2. Kant *und* Feuerbach*: Rechtsverletzungslehre*

Der Blick auf die Breite der kriminalpolitischen Bewegung in der zweiten Hälfte des 18. Jahrhunderts zeigt, dass die herrschenden Wertvorstellungen und das geltende Strafrecht weit auseinander lagen. Angesichts dieser Situation trat in letzten Jahrzehnten des 18. Jahrhunderts eine Generation von Strafrechtslehren in Erscheinung, die das Ziel verfolgte, auf dem Ideengut der Aufklärung ein neues strafrechtliches Gebäude zu errichten. Auf diese Weise fand die aufklärerische Lehre vom Verbrechen als Rechtsverletzung Eingang in die strafdogmatische Grundlegung. Dieser Gruppe der Strafrechtler[20] gehört *Feuerbach* an, bei dem eine Neukonzeptionierung der Strafrechtswissenschaft im Vordergrund steht. Dazu zog er die Philosophie *Kants* heran, der durch seine strikte Trennung zwischen Sein und Sollen die Grundlagen des aufklärerischen Gedankens zerstört hatte. Zum besseren Verständnis der Gedanken *Feuerbachs* werden zunächst die Grundgedanken von *Kant*[21] über die Staatszwecklehre und den Sozialvertrag skizziert.

---

19 *Mill*, Über die Freiheit, Reclam, S. 213 f.

20 Hierzu gehören auch *Kleinschrods, Kleins* und *Grolmans; Amelung* (Fn. 8), S. 29.

21 Siehe dazu *Kant*, Die Metaphysik der Sitten, in W. Weischedel (Hrsg.), Kants Werke Bd. 4, S. 309 ff.; *Schmidt* (Fn. 10), S. 229 ff.; *Naucke*, Kant und die psychologische Zwangstheorie Feuerbachs (1962), S. 12 f., S. 37.

Im Unterschied zur Idee der Aufklärung lehnt *Kant* die Ableitung der Staatszwecklehre aus der empirischen Natur des Menschen definitiv ab,[22] denn ein Erfahrungssatz erweist sich als untauglich, sowohl die Geltung des Sittengesetzes als auch die der staatlichen Rechtsnormen zu begründen.[23] Das führt ihn auf den von jedem empirischen Zweck unabhängigen kategorischen Imperativ.[24] Diesem zu folgen ist für den Menschen erst möglich, wenn er sich freiwillig seiner eigenen Vernunft unterwirft, d.h. sich autonom verhält. In dieser Weise wird Freiheit als ethisches Vermögen zum Angelpunkt des kantischen Staatsdenkens. Da der Mensch aber auch der natürlichen Welt angehört, ist die Befolgung dieses Vernunftgebots nicht selbstverständlich. Um dies zu ermöglichen, wird daher die rechtliche Pflicht erforderlich. Das Recht wird bei *Kant* wie folgt definiert: „Recht ist der Inbegriff der Bedingungen, unter denen eine Willkür mit der Willkür einer anderen nach dem allgemeinen Gesetz der Freiheit vereinigt werden kann."[25] Hier gebietet die Vernunft gerade diesen Rechtszwang, wenn die willkürliche Handlung eines anderen die Freiheit eines anderen beeinträchtigt.[26] Mit anderen Worten bedeutet das Recht selbst eine Einschränkung der Freiheit, um durch diese Grenzziehung die Freiheit anderer zu gewährleisten: „Das Recht ist mit der Befugnis zu zwingen verbunden."[27] Hierfür erweist sich die Errichtung des Staates als notwendig. Der Zweck des Staates besteht also in der rechtlichen Sicherung der Freiheit und der daraus abgeleiteten Rechte.[28]

Auch bei *Feuerbach* macht sich der starke Einfluss von *Kant*s Staatszwecklehre bemerkbar. Er ist im Grunde genommen ebenfalls der Ansicht, dass die Frage nach dem Zweck des Staates nicht ausgehend von einem Erfahrungssatz gefunden werden kann. Dabei greift er auf den letzten Grundsatz der Gerechtigkeit zurück, dass der Gebrauch der Freiheit eines vernünftigen Wesens nicht dem Gebrauch der Freiheit jedes anderen Individuums widersprechen darf. Dennoch unterscheidet sich der Begriff der Freiheit *Feuerbach*s von dem *Kant*s. Freiheit bei *Kant* ist das „einzige, ursprüngliche, jedem Menschen kraft seiner

---

22 *Amelung*, a.a.O., S. 31 f.

23 *Welzel*, Naturrecht und materiale Gerechtigkeit (1962), S. 167.

24 *Naucke*, a.a.O., S. 18 ff.

25 *Kant*, a.a.O., S. 337.

26 Daraus ergibt sich auch die oberste rechtliche Pflicht; „Handle so, dass der Gebrauch Deiner Willkür mit der Freiheit von jedermann nach einem allgemeinen Gesetz bestehen kann." Oben, S. 338.

27 Oben, RL, VI, 231.

28 *Naucke*, a.a.O., S. 28 f.

Menschheit zustehende Recht."[29] So behauptet *Naucke*, „was bei *Kant* ein aus dem kategorischen Imperativ der Sittlichkeit, d.i. ein *a priori* deduzierendes Prinzip ist, wird bei *Feuerbach* zu einem von der Erfahrung im Umgang mit Menschen geforderten Satz".[30] Im letzteren Fall stellt sich ein Raum dar, in dem jedes Individuum ausschließlich nach eigenem Gutdünken handeln kann, was dem negativen Konzept der Freiheit des Liberalismus gleichkommt. Hier zeigt sich die gedankliche Ähnlichkeit der Auffassung von *Feuerbach* und des Schadenprinzips von *Mill*. Dagegen bestimmt *Kant* sein Konzept des Freiheitschutzes zwar ebenfalls in negativer, aber in transzendenter Hinsicht.

Aus dem Grundsatz, dass der Gebrauch der Freiheit eines vernünftigen Wesens dem Gebrauch der Freiheit jedes anderen Individuums folgen soll, ergibt sich nun, dass die Befolgung dieses Grundsatzes die Grundbedingung für das Zusammenleben vernünftiger Wesen darstellt. Zum Zweck der Realisierung rechtlicher Freiheit durch den Gesellschaftsvertrag ist es daher erforderlich, den Staat zu errichten. Wer die Grenzen der rechtlichen Freiheit überschreitet, begeht eine Rechtsverletzung, denn er handelt dem Zweck des Staates zuwider. Als Kern eines jeden Verbrechens erweist sich damit die Verletzung subjektiver Rechte anderer.[31] Dadurch ist die Strafwissenschaft zu einem bestimmbaren Verbrechensmerkmal gelangt: Objekte von Verbrechen sollten nur subjektive Rechte anderer sein: *Wo keine Verletzung subjektiver Rechte vorliege, sei kein Verbrechen gegeben.*[32] Indessen darf der Staat Handlungen, die ursprünglich keine Rechte verletzen, nur dann verbieten, wenn sie mittelbar den Staatszweck beeinträchtigen. Hierbei handelt es sich um Verhaltensweisen, die lediglich die rechtliche Ordnung und Sicherheit gefährden, deren Schutz aber Aufgabe der Polizei ist, ebenso wie in der strafrechtsreformistischen Bewegung. Wer sich an diese polizeilichen Verbote nicht hält, verletzt lediglich die Gehorsamspflicht gegenüber dem Staat, was mit Polizeistrafe belegt werden soll.[33] Damit wird eine klare Scheidelinie zwischen Kriminal- und Polizeigewalt gezogen, die ursprünglich auf die strenge Gedankenführung von *Kant* zurückgeht, in der eudämonistische Zielsetzungen wie die Wohlfahrt aus dem Gebiet des Rechts herausgenommen

---

29 *Kant*, Die Metaphysik der Sitten, in W. Weischedel (Hrsg.), Bd. 8, S. 345.

30 *Naucke*, a.a.O., S. 28 f.

31 *Feuerbach*, Lehrbuch des gemeinen in Deutschland gütigen peinlichen Rechts (1847), § 21; Da der Zweck des Staates in der Erhaltung der Rechte besteht, wird die Verletzung der Rechte des Staates auch mit der Strafe bedroht, vgl. § 23 f.

32 *Sina* (Fn. 7), S. 11.

33 *Feuerbach*, a.a.O., § 22.

werden. Diese schärfere Begrenzung der Polizeigewalt sei nach *Amelung* das wesentliche Ergebnis von *Feuerbach*, worin dieser sich von der Aufklärung unterscheidet.[34]

Seine neue Bestimmung von Verbrechen, nach der kein Verbrechen gegeben sei, wo keine Verletzung subjektiver Rechte vorliegt, kann deshalb als liberal gekennzeichnet werden. Sie geriet aber unter Beschuss, wenn es um Religions- und Sittlichkeitsdelikte ging. In der Tat enthielt das von *Feuerbach* entworfene Bayerische Strafgesetzbuch nur Kriminalstrafen, wogegen Religionsdelikte wie Ketzerei und Blasphemie sowie die meisten Sittlichkeitsdelikte fehlten.[35] Stattdessen wurden solche Gruppen der Kriminalität meist in den Bereich der Polizeigewalt verlegt, wofür im Prinzip ein besonderes Gesetz vorgesehen war, das jedoch nicht zustande kam.[36] So stellt sich aber die Frage, ob und inwieweit ausgehend von *Feuerbachs* strenger Rechtsstaatstheorie für alle Sittlichkeitsdelikte der Status der Polizeistraftaten aufrechterhalten werden kann, die die Staatslehre der Aufklärung dagegen notfalls unter Berufung auf die Sorge für die Wohlfahrt der Untertanen legitimiert hat. Diese Frage bot *Birnbaum* einen starken Anlass, durch die Kritik an der Rechtsverletzungslehre von *Feuerbach* den Begriff des Verbrechens neu zu definieren. Dennoch lässt sich die kriminalpolitische Bedeutung von *Feuerbach* kaum überschätzen, denn durch die Erhebung des subjektiven Rechts zum alleinigen Verbrechensobjekt wird die konkretisierte Sphäre der persönlichen Freiheit weitgehend geschützt. Der Begriff des subjektiven Rechts dient in diesem Sinne dem liberalen Ideal. *Sina* behauptet auch, dass „die systematische Präzision des neuen Verbrechensbegriffes, die geeignet war, den Schutz des Individuums gegen Willkür und belastende Unklarheit zu verbürgen, (…) als Erfolg der aufklärten Wissenschaft und des liberalen Gedankens bezeichnet werden" darf.[37]

Für diese Konklusion argumentiert die vorliegende Studie, auch wenn die geschichtliche Herkunft des Rechtsgutskonzepts noch umstritten bleibt:[38] Der Beitrag der Staats- bzw. Strafzwecklehre in diesem Zeitraum zum kritischen liberalen Gehalt der Rechtsgutslehre, die der Staatsgewalt Schranken setzen soll, kann

34 *Amelung* (Fn. 8), S. 31 f.

35 *Feuerbach*, a.a.O., § 303.

36 Dies erweckt schon den Anschein, dass *Feuerbach* nicht an dem Grundsatz festhält, dass die Zwangsgewalt des Staates lediglich im Rechtsschutz besteht. *Amelung*, a.a.O., S. 35 f. Dazu auch *Hassemer* (Fn. 6), S. 36 f.

37 *Sina*, a.a.O., S. 11 f.

38 *Amelung*, a.a.O., S. 15.

nicht bezweifelt werden. Dies ist auch dann der Fall, wenn das gesellschaftsvertragstheoretische Modell und die Theorie der „personalen Rechtsgutslehre“, die *prima facie* auf dem liberalen Gedanken basiert, im Detail anders ausfallen können. Dabei scheint der Unterschied, wie erwähnt, praktisch unerheblich zu sein. Hingegen wird an verschiedenen Stellen dargelegt, dass der ideelle Ursprung des Rechtsgutskonzepts nicht auf die hier vorgelegte Lehre der Aufklärung im Ganzen[39], sondern erst auf die Konzeption von *Birnbaum* zurückzuführen ist, aus der das Wort „Rechtsgut“ im 19. Jahrhundert stammt.[40]

II. Entwicklung des Rechtsgüterschutzgedankens

1. Birnbaum*: Erstes Gutsverletzungskonzept*

a) Gemäßigt-positivistische Schule

Mit der Romantik vollzog sich allmählich der Niedergang des Sozialvertragsmodells, das von der Konstruktion der Gesellschaft als einer Zusammensetzung der individuellen Menschen ausgeht. Ganz anders verfährt der romantische Denkansatz: Hier wird das Gemeinwesen als ein Organismus begriffen, der sein eigenes Leben und daher seine Geschichte erhält, die einen bedeutenden Stellenwert innehat.[41] Dagegen ist die Sozialvertragslehre nicht nur geschichtslos, sondern eher geschichtsfeindlich. Eng damit verbunden war zudem die Kritik dieser neuen geistigen Strömung am Rationalismus der aufgeklärten philosophischen Richtung, die deshalb auf größte Skepsis stieß. Vor diesem Hintergrund entstand die sog. gemäßigt-positivistische Schule, in der *Mittelmaier* als Wortführer die Rechtsverletzungslehre von *Feuerbach* stark kritisierte und *Birnbaum* als dessen Schüler diese Theorie vom Verbrechen durch den Gedanken des Güterschutzes ersetzte.

Erwähnt sei hier ein weiteres Kennzeichen der gemäßigten Schule, nämlich die Abneigung gegen die Denkweise einer Generalisierung, die von wenigen Prämissen aus einen Tatbestand neu entwickelt und dann das Vorgegebene gewaltsam in die Konstruktion einzwängt. Für *Mittelmaier* stellte *Feuerbach*s Lehre ein Musterbeispiel eines solchen doktrinellen Denkens dar, denn sie beruht auf dem abstrakten philosophischen Prinzip und begünstigt damit befremdliche Klassifikationen, statt die konkreten Fälle richtig aufzufassen.[42] Beispiele dafür waren

39 Vor allem *Roxin*, FS Hassemer (2010), S. 575 f.

40 *Sina*, a.a.O., S. 19. Siehe dazu *Hassemer* (Fn. 6), S. 37 f. Kritisch zu dieser Ansicht *Amelung*, a.a.O., S. 10 ff.

41 *Amelung*, a.a.O., S. 38; *Sina*, a.a.O., S. 15.

42 *Amelung*, a.a.O., S. 40; *Sina*, a.a.O., S. 17.

Meineid und Bigamie: In der Tat hat *Feuerbach* den Meineid als Unterfall des das private Recht verletzenden Betrugs begriffen und die Bigamie als Fall des Verstoßes gegen das Treuerecht des Ehegatten, der durch Einwilligung gerechtfertigt werden kann, während er früher als Verbrechen bestrafte Religions- und Sittlichkeitsdelikte aus dem Strafgesetzbuch ausgeschlossen hat. Somit bezweifelten *Mittelmaier* und *Birnbaum*, ob die Rechtsverletzungslehre und die Staatszwecklehre überhaupt eine klare Begrenzung der Funktion des Staates darstellen könnten. Denn der Versuch, die herkömmlicherweise als Verbrechen bestraften Delikte aus dem Strafgesetzbuch herauszunehmen, stand der zeitgenössischen Volksmoral gegenüber. *Birnbaum* hatte deswegen Recht, wenn er die Ansicht als richtig einstufte, dass der Staat Gottesfurcht und gute Sitten um ihrer selbst willen weiter schützen will, weil die Entwicklungsgeschichte des gemeinen deutschen Strafrechts eine solche Fassung bestätigt.[43] Gerade aus dieser Haltung kam sein Güterschutzgedanke zustande.[44]

Wie *Feuerbach* wendete er sich zunächst dem Begriff der Verletzung zu, stellte aber fest, dass es eine positive und eine natürliche Bestimmung des Verbrechens gibt: Nach Ersterer bedeutet das Verbrechen eine vom gültigen Gesetz mit Strafe bedrohte Handlung, während es gemäß Letzterer eine Tat ist, die nach der Natur des Strafrechts in der bürgerlichen Gesellschaft als strafbar bezeichnet wird.[45] Danach versuchte *Birnbaum*, auf die Lehre vom Verbrechen als Rechtsverletzung einzugehen. Unter diesem Gesichtspunkt, der mehr die Rechtsanwendung als die Gesetzgebung betrifft, fragte er, ob es überhaupt sinnvoll wäre, im gesamten deutschen Strafrecht nach einer Definition zu suchen, nach der das Verbrechen als eine unter einem Strafgesetz enthaltene Rechtsverletzung angesehen wird. Angesichts der herkömmlichen Religions- und Sittlichkeitsverbrechen erweist sich die Lehre von *Feuerbach* bereits als nicht stichhaltig. Dabei lässt sich auch ein logischer Widerspruch nicht verkennen, der darin besteht, etwas folgerichtig nicht als Verbrechen einzustufen, dann aber doch als Unterart des Verbrechens im weiteren Sinne, allerdings unter anderem Titel des Polizeivergehens, zu bestrafen.[46] Darüber hinaus scheint die Rechtsverletzungstheorie den Verletzungscharakter der verbrecherischen Handlung missverständlich zu bestimmen: Der eigentliche Gegenstand der kriminellen Verletzung – das ist die Kernthese von *Birnbaum* – soll nicht das eigentliche subjektive Recht, sondern

43 *Amelung*, a.a.O., S. 41 f.

44 *Amelung*, a.a.O., S. 42; *Sina*, a.a.O., S. 19.

45 *Birnbaum*, Archiv des Criminalrechts, n.F., Bd. 15 (1834), S. 153.

46 *Sina*, a.a.O., S. 18.

das Gut sein. Auch nach dem natürlichen Sprachgebrauch bezieht sich der Begriff der Verletzung nicht auf die eines Rechts, sondern auf die eines Gutes.[47]

b) Birnbaum

Vom früheren positiven Standpunkt absehend betrachtet *Birnbaum* den Verbrechensbegriff unter der transpositiven Perspektive. Hier geht es ihm darum, festzustellen, was ein Verbrechen nach der Natur der Sache ist. Dabei lehnt er grundsätzlich ab, eine bestimmte Staatsphilosophie einzubinden. Er bezeichnet darüber hinaus die von der Natur gegebenen Güter als „natürliche" und deren zweite Klasse als „soziale". Ihm zufolge hat diese begriffliche Differenzierung dogmatische Vorzüge. Zuerst ist sie nützlich für die Unterscheidung zwischen Verletzung und Gefährdung bzw. Vollendung und Versuch. Zudem kann mittels dieser Terminologie das Verbrechen gegen den Einzelnen von den gemeingefährlichen Handlungen unterschieden werden, denn es ist eine seit langem anerkannte Tatsache, dass es nicht nur Individual-, sondern auch Gemeingüter gibt, zu denen in der Vergangenheit die religiösen und sittlichen Überzeugungen gehören konnten.[48] *Birnbaum* hat jedoch keine präzise Definition des Gutes selbst vorgenommen, obwohl einige Andeutungen zu beobachten sind.[49]

Hervorzuheben sind die philosophische Haltung *Birnbaums* zum Staat und deren praktische Folge. Aus den bisherigen Darstellungen ergibt sich, dass seiner Verbrechenslehre eine andere Denkweise als die aufklärerische Staatszwecklehre zugrunde gelegt wird. Denn statt der reformerischen abstrakten Idee werden hier die empirischen Züge und die Besonderheit historisch gewordener Verhältnisse stärker berücksichtigt. Damit ist seine ablehnende Haltung gegen die Umgestaltung des tradierten Strafrechts eng verbunden, die zur Abschwächung der normativen Kraft der Staatszwecklehre beiträgt. Wenn bei ihm die Religions- und Sittlichkeitsdelikte wie früher wieder kriminalisiert werden können, erfolgt damit praktisch eine Erweiterung der Strafe, was eher restaurative Vorstellungen begünstigt und insoweit von der liberalen Rechtsverletzungslehre abrückt. Trotz seines Rückzuges des kritischen Gehalts der Strafzwecklehre hält *Birnbaum* aber am Begriff des sozialen Schadens fest, der anders als in der Aufklärung bestimmt wird. Diese neue Bestimmung des Verbrechens ist für ihn so naheliegend, dass sie weder eines zugrunde liegenden Staatsmodells bedarf noch überhaupt definiert werden muss: „*schädlich ist, was Güter verletzt und nicht,*

---

47 *Birnbaum*, a.a.O., S. 171 f.; *Amelung*, a.a.O., S. 44.

48 *Sina*, a.a.O., S. 20; *Amelung*, a.a.O., S. 44.

49 *Amelung*, a.a.O., S. 45.

was dem Zusammenleben schadet."[50] Damit wird es ermöglicht, den Begriff des Verbrechens vereinfacht darzustellen.

Hier zeigt sich deutlich, dass *Birnbaum*s Güterlehre vielfach von der Rechtsverletzungslehre abweicht: in der Schaffung des Gemeingutes, in der Erweiterung des Staatszweckes, im Verzicht auf das theoretische Modell des Staates und darin, die Verbrechensobjekte z.B. aus den gesellschaftlichen Bedingungen des menschlichen Zusammenlebens abzuleiten.[51] In diesem Sinne ist die These von *Amelung* nicht verwunderlich, dass die kritische Rechtsgutlehre nicht auf *Birnbaum* zurückgeführt werden sollte, denn seine Güterschutzlehre weist keinen liberalen Gehalt auf und dient eher der Erweiterung der staatlichen Befugnisse, indem religiöse und Sittlichkeitsdelikte kriminalisiert werden.[52] Demgegenüber ist *Sina* der Auffassung, dass auch der Gütergedanke von *Birnbaum* „eine Fortführung des liberalen Ansatzes zum materiellen Verbrechensbegriff" darstellt: Zum einen sei nämlich der liberale Gehalt im Gut bewahrt, weil auch die Güter im Liberalismus des 19. Jahrhundert als konkretisierte Sphäre der Freiheit verstanden würde. Zum anderen habe die gemäßigt-positivistische Richtung keineswegs die Leistung der Eindämmung der Willkür bei der systematischen Leistung des Strafrechts aus dem Blick verloren.[53] *Sina*s Meinung ist meines Erachtens überzeugender. Denn wie auch bei *Feuerbach* gezeigt, kann das Problem der Bestrafung der religiösen und der Sittlichkeitsdelikte als sog. Ausstiegsstrategie angesehen werden, um starken Widerstand der damaligen Volksmoral zu vermeiden. Im gleichen Kontext besteht die Bedeutung von *Birnbaums* Theorie darin, dass sie im Wesentlichen den materiellen Verbrechensbegriff entwickelt hat. Darüber hinaus trägt seine Idee, indem er Güter, die Grundlage der Interessen sind, als einzige Bedingung der Sozialschädlichkeit identifiziert hat, eher zur Reduzierung der Verbrechensobjekte bei als das Sozialvertragsmodell. In der gegenwärtigen Konstellation, in der der systemkritische Rechtsgüterbegriff als letzte Schutzlinie staatlicher Strafvollzugsbegrenzung gilt, wäre es übertriebene Skepsis zu sagen, man könne bei *Birnbaum* keinerlei liberale Sichtweise entdecken.

---

50 Oben S. 46 f.

51 Oben S. 49.

52 Oben S. 272 ff.

53 *Sina*, a.a.O., S. 25 ff.

2. Binding: *Normlogisches Rechtsgutskonzept*

a) Hegel *und Positivismus*

Geschichtlich gesehen lässt sich konstatieren, dass der Güterschutzgedanke von *Birnbaum* wegen des nachfolgenden Aufstiegs der hegelianischen Staatslehre beinahe in Vergessenheit geraten wäre. Das liegt zum einen an der Eigenart des dialektischen Systems von *Hegel*, in dem sich die Begriffe in beständiger Entwickelung befinden und daher niemals als verfestigte Gebilde zu verstehen sind. Zum anderen ist seine Definition des Verbrechens zu nennen, in der das substantielle Element eher in der Verletzung des allgemeinen Willens besteht:[54] Es kommt hier nicht auf die Verletzung eines besonderen rechtlichen Gutes, sondern auf die des Rechtes an.[55] Dies erweckt den Anschein, als ob sich der alte liberale Gehalt anhand des materiellen Verbrechensbegriffs nur formaliter erhalten hätte; formal insofern, als durch den Begriff des Verbrechens eine willkürliche Verbrechensqualifizierung ausgeschlossen wird.[56]

Die Lage veränderte sich aber mit dem Positivismus im ausgehenden 19. Jahrhundert. Dieser basierte auf dem Zeitgeist, der wiederum aus dem Aufschwung der Naturwissenschaft und aus der Kodifikationsidee des Reichsstrafrechts entstand. In positivistischen philosophischen Grundanschauungen machen sich zwei Betrachtungsweisen zum Verbrechen bemerkbar, nämlich die formal-normlogische und die naturalistisch-soziologische. Vom ersten Standpunkt aus besteht der Verbrechensbegriff in einer Normverletzung, in der ein bestimmter Rechtssatz auf einen gegebenen Tatbestand angewendet wird. In diesem Bereich stellt das Verbrechen lediglich einen abstrakten Begriff dar. Im zweiten Standpunkt wird dagegen das Verbrechen im naturwissenschaftlich bestimmbaren Bereich als eine konkrete Realität aufgefasst. Hier erweist sich das Verbrechen als eine sozialpathologische Erscheinung, die durch die Eigenart des Verbrechers und die umgebenden gesellschaftlichen Verhältnisse geprägt wird. In diesem

---

54 Als Objekt des Verbrechens sieht *Hegel* das Allgemeine, das Recht als Recht, das Dasein der Freiheit im konkreten Sinne an. Das Medium der Verletzung ist „das Besondere, die Subsumtion einer Sache unter meinen Willen". Siehe dazu *ders.*, Grundlinien der Philosophie des Rechts (1981), § 95 ff.

55 *Sina* zufolge tendiert die hegelianische Schule überwiegend dazu, das Wesen des Verbrechens in der Verletzung des Rechts zu erblicken. Dagegen nimmt vor allem *Hälschner* auf das Objekt des Verbrechens Rücksicht und behauptet, dass das Verbrechen die Schädigung eines rechtlichen Gutes voraussetzt. Siehe hierzu *Hälschner*, System des preußischen Strafrechts, 1. Teil, 1858, S. 214, in: *Sina*, a.a.O., S. 34.

56 *Sina*, a.a.O., S. 37.

Zusammenhang erfuhr der Güterschutzgedanke von *Birnbaum* eine Wiederbelebung durch *Binding* und *Liszt*.

b) Bindings *normlogisches Rechtsgutskonzept*

Binding verhalf der Lehre des Rechtsgutes wieder zu Aufmerksamkeit,[57] indem er den Begriff des Rechtsguts zum ersten Mal formulierte: „Die Verursachungsverbote lassen sich nur daraus erklären, dass der durch die verbotene Handlung bewirkte Zustand den Interessen des Rechts widerspricht, während der Zustand vor der Handlung diesen Interessen entsprach. All diese Zustände, die durch Änderung nicht verdrängt werden sollen, sind für das Recht von Wert: Man kann sie Rechtsgüter nennen."[58] Dabei geht seine Lehre von der Unterscheidung von Norm und Strafgesetz aus, wobei Normen dem Strafgesetz vorgeordnet sind und deren schuldhafte Missachtung das Delikt darstellt. Von den Delikten als Normverletzung sind nur solche Delikte Verbrechen, die durch das Strafrecht für strafbar erklärt werden. Hier zeigt sich, dass *Binding* auf der Basis seiner Normentheorie die Kategorie des rein formalen Verbrechens in den Vordergrund stellte, bei der sich das Verbrechen in der Verletzung des staatlichen Rechts auf Gehorsam erschöpfen sollte.[59] In der „Schale des Ungehorsams" sollte sich aber zusätzlich eine Gutsverletzung als Objekt der Norm bergen, dessen Verletzung erst zur Straftat gestempelt wird. So besteht das Verbrechen aus zwei Elementen: der Auflehnung gegen das staatliche Recht auf Gehorsam und der Güterverletzung bzw. Gütergefährdung.[60] Damit glaubte *Binding*, seine Verbrechenslehre dem Vorwurf des Formalismus entziehen zu können.

Ein Rechtsgut ist für *Binding* zunächst der Gegenstand der Rechtsgewalt wie die Person oder die Sache. All diese Gegenstände machen die tatsächlichen Bedingungen des gesunden Gemeinlebens aus.[61] Sie können aber insofern als Rechtsgüter geschützt werden, als sie sich in den Augen des Gesetzgebers als für die Rechtsordnung wertvoll erweisen.[62] Dabei ist zu beobachten, dass die Liste vielgestaltige Rechtsgüter umfasst, die von Gegenständen des Eigentums über

57 Nach *Armin Kaufmann* ist es *Binding*, der dem Rechtsgutsbegriff in der Strafrechtslehre Geltung verschaffte. Siehe dazu *ders.*, Lebendiges und Totes in Bindings Normentheorie (1954), S. 69.

58 *Binding*, Normen und ihre Übertretungen, Bd. 1 (1872), S. 189.

59 Oben S. 365.

60 Ebenda.

61 Oben S. 339.

62 Oben S. 355.

das Pietätsgefühl gegen Gott bis zur Geschlechtlichkeit des Menschen reichen.[63] Trotzdem betrachtete es *Binding* skeptisch, diese bunte Fülle der Rechtsgüter unter einem Oberbegriff zu fassen. Zudem sollen Rechtsgüter wie öffentliche Ordnung oder Sittlichkeit abgelehnt werden, weil solche Scheinrechtsgüter aus völlig verschiedenartigen Rechtsgütern zusammengesetzt sind.[64]

Nach *Sina* soll *Bindings* Rechtsgüterbegriff in mehrfacher Hinsicht an *Birnbaums* Begriff des rechtlichen Gutes anknüpfen: Zum einen bildet er den bestimmbaren Inhalt der Gehorsamspflicht. Zum anderen zeichnet er sich auch durch die Offenheit des Begriffs aus, dessen konkreter Inhalt nach dem Belieben des Gesetzgebers gefüllt wird.[65] Der Vorwurf gegen die positivistische Auffassung von *Binding* lässt sich schwer abweisen, weil bei seiner Konzeption Rechtsgüter nur solche Objekte sind, die lediglich nach Ansicht des Gesetzgebers für ein gesundes Gemeinleben von Bedeutung sind. Durch die Bestimmung des Guts als beliebiges staatliches Interesse scheint infolgedessen der liberale Gehalt des Rechtsguts weitgehend aufgelöst zu werden. Bei *Binding* wird nämlich das Sozialschädlichkeitsprinzip der Aufklärung zu einer Kurzformel für ein formales Erfolgsmoment reduziert.[66] Somit liegt es auf der Hand, dass die Position von *Binding* eher dem methodischen, hermeneutischen Rechtsgutbegriff als dem liberalen systemkritischen zuzuordnen ist.[67] Darüber hinaus ist als weitere Schwäche seines Rechtsgutskonzepts zu erwähnen, dass er das Rechtsgut nicht klar vom Handlungsobjekt unterscheidet, weswegen er von *Liszt* stark kritisiert wurde.[68]

3. Liszt: *Soziologisches Rechtsgutskonzept*

Hatte *Binding* zum ersten Mal den Begriff des Rechtsguts in das Strafrecht eingeführt, wurde dieser durch *Liszt* zu einem zentralen Begriff der Verbrechenslehre erhoben. Zwar hatte auch *Liszt* anfangs wie *Binding* formale Rechtswidrigkeit als Normwidrigkeit angesehen. Aber schon zwei Jahre später gelangte er aus der naturwissenschaftlich-positivistischen Einstellung zu einer anderen Auffassung des Verbrechens: Unter dem Einfluss der darwinschen Evolutionstheorie und des Zweckgedankens von

---

63 Oben S. 344 ff.

64 Oben S. 351 ff.

65 *Sina* (Fn. 7), S. 46 f.

66 *Amelung* (Fn. 8), S. 78; *Sina*, a.a.O., S. 43, 46 f.

67 *Hassemer* (Fn. 6), S. 42 f.

68 Siehe dazu *Amelung*, a.a.O., S. 82.

Jhering[69] behauptet *Liszt*, dass die Strafe als Mittel der Aufrechterhaltung der Lebensbedingungen der staatlichen Gemeinschaft dienen soll.[70] Diese Lebensbedingen werden durch generelle Imperative wie „Du sollst nicht töten" vor Verletzung und Gefährdung geschützt und damit als Rechtsgüter konstituiert. *Liszt* begnügt sich also keineswegs mit dem formalen Begriff des Verbrechens als Normübertretung. Vielmehr blickt er auf die gesellschaftliche Realität, um nach dem materiellen Inhalt des Verbrechens als Rechtsguts zu suchen. Fraglich bleibt allerdings, wie durch diese Güter aus den naturwissenschaftlich bestimmbaren Realen als das materielle Verbrechensobjekt der formale Begriff des Verbrechens ersetzt werden kann. Dabei wird der evolutionistisch-teleologische Gedanke herangezogen.[71]

Vom Marburger Programm ausgehend[72], dass alles Recht um der Menschen willen da ist und ihre Interessen geschützt und gefordert werden sollen, meinte *Liszt*, dass Rechtsgüter nun menschliche Interessen sind.[73] Dieses Interesse erzeugt nicht die Rechtsordnung, sondern das Leben.[74] Aber das Leben des Menschen weist so verschiedenartige Gestaltungsformen auf, dass sie in mehrere Kategorien unterteilt werden sollten: das Dasein des Einzelwesens oder das Dasein in der Gesamtheit der Menschen. Das heißt, das Recht schützt entweder die Interessen des Individuums oder der Gesamtheit.[75] Wesentlich ist aber, dass diese vom Verbrechen verletzten Interessen bereits vor dem Gesetz existieren sollen: „Dieser materielle (…) Gehalt des Unrechts ist unabhängig von seiner richtigen Würdigung durch den Gesetzgeber. Die Rechtsnorm findet ihn vor, sie schafft nicht."[76] Indem die Sozialschädlichkeit in dieser Weise unabhängig

---

69 *Jhering* zufolge ist der Zweck eng mit dem Leben verbunden, in dem jedes Lebewesen seine Existenz behauptet. Die Daseinsäußerung wird aber durch die Handlung des Individuums ermöglicht, die wiederum des Willens bedarf. Dieser bedarf aber eines realen Antriebes, der gerade als das Interesse identifiziert wird, das also die Beziehung des Zwecks auf das handelnde Wesen bedeutet. Und das menschliche Interesse erstreckt sich sowohl auf die Sicherstellung der Lebensbedingungen als auch auf die ethische Selbstbehauptung. Vgl. dazu *ders.*, Der Kampf ums Recht (1965), S. 202 ff.

70 *Liszt*, ZStW Bd. 3 (1882), S. 9 ff.

71 Siehe dazu *Liszt*, ZStW Bd. 6 (1886), S. 672.

72 Zur Marburger Programm vgl. *Liszt* (Fn. 69); *ders.*, Von der Rache zur Zweckstrafe: 100 Jahre Marburger Programm, Frankfurt am Main 1982.

73 *Liszt* (Fn. 70), S. 673.

74 *Liszt*, Lehrbuch des Strafrechts, 6. Aufl. (1894), S. 49 f.

75 A.a.O., 3. Aufl. (1888), S. 349 f.

76 A.a.O., 14/15 Aufl. (1905), S. 140.

vom positiven Recht bestimmt wird, stellte *Liszt* erstmals der formalen Rechtswidrigkeit als Übertretung einer staatlichen Norm das materielle Unrecht als Angriff auf rechtlich geschützte Interesse gegenüber.[77] Ferner erscheint es „liberalistisch", dass *Liszt* zwar anfangs in Anlehnung an *Jhering* die Gesamtheit in Staat und Gesellschaft aufgespalten und die Dreiteilung der Rechtsgüter dargelegt, aber bald abgelehnt hat, die Gesellschaft als eigenständiges Rechtsgut zu erfassen, weil die ihr zugeordneten Rechtsgüter überwiegend den Einzelnen zugeschlagen werden.[78]

Als er von seinem teleologischen Ansatz aus zu einem materiellen Begriff vom Rechtsgut gelangte, legte er von seinem naturalistischen Handlungsbegriff her den Grund für eine weitere Erkenntnis, dass sich Rechtsgut vom Handlungsobjekt unterscheiden lässt. Wenn eine Handlung als willkürliche Veränderung in der Außenwelt definiert wird, dann muss das Rechtsgut als Objekt einer verbrecherischen Handlung eine „sinnfällige Verkörperung in der Außenwelt" haben: Es ist deshalb „dringend notwendig, zwischen dem rechtlich geschützten Interesse als dem Gegenstand des Verbrechens und der sinnfälligen Verkörperung jenes Interesses scharf zu unterscheiden."[79] Erwähnt sei hierzu, dass die Diskussion um das Verhältnis zwischen Rechtsgut und Interesse als Handlungsobjekt bisher nicht abgeschlossen ist.[80] Einige Autoren bzw. die vom Liberalismus direkt Geprägten neigen dazu, Interessen als Objekt gegenständlich zu fassen, während die Mehrzahl der deutschen Strafrechtler, die vermutlich von *Jhering* beeinflusst sind, sie als Beziehung eines Subjektes zu einem Objekt verstehen, das wiederum durch diese Interessenbeziehung zum Gut wird: Das Interesse wird also als eine vom Staat oder von den Einzelnen als wertvoll beurteile Beziehung aufgefasst.[81] *Liszt*s Theorie erscheint insofern verständlich, als er nicht aus dem Sozialschaden, sondern aus den Interessen den Begriff des Rechtsguts erschlossen hat. Denn antisozial ist nicht das, was menschliches Zusammenleben unmöglich macht, sondern das, was die Interessen des Staates oder des Individuums beeinträchtigt. Da sich aber die Interessen auf Beliebiges richten können, muss eine Rechtsgutsvorstellung als Indiz dafür genommen werden, dass die verbotenen Handlungen den Interessen zuwiderlaufen.[82]

---

77 A.a.O., 12/13 Aufl. (1903), S. 140 f.

78 A.a.O., 3. Aufl. (1888), S. 349 f.

79 *Liszt.*, ZStW Bd. 8 (1888), S. 151.

80 *Amelung* (Fn. 8), S. 92 ff.

81 Ausführlich dazu *Sina* (Fn. 7), S. 59 ff.

82 *Amelung*, a.a.O., S. 88 f.

Auch wenn beide demselben Zeitgeist entstammen, stellen *Binding* und *Liszt* sich sowohl in der Zielvorstellung als auch in der theoretischen Konstruktion als klar verschieden heraus. Unter dem Einfluss des Untergangs des aufklärerischen Naturrechts und des formalistischen Positivismus soll der Jurist in der Frage des Sozialschadens an eine Entscheidung des Gesetzgebers gebunden werden, so *Binding; Liszt* versuchte mit dem naturwissenschaftlich-soziologischen Positivismus dagegen, den kritischen Gehalt des aufklärerischen Sozialschadensbegriffs zu bewahren. Während *Binding* den Güterschutzgedanken nur als eine Ergänzung der aus dem Normbegriff entwickelten Verbrechenslehre begreift, sucht *Liszt* nach der Legitimationsgrundlage des Strafrechts schlechthin, indem die menschlichen Bedürfnisse, das Leben in der Gesellschaft zu schützen, als Rechtsgut aufgefasst werden.[83] So vermag sich die systemkritische Funktion des Rechtsgutsbegriffs, nämlich die gesetzgebungslimitierende Idee des Liberalismus, bei der Letzteren zu manifestieren.

Allerdings gibt es bis heute noch Meinungsverschiedenheiten darüber, worauf die Grundgedanken des Rechtsgüterschutzes zurückzuführen sind. In der weiter zu erläuternden personalen Rechtsgutstheorie tritt das Bindeglied zum Liberalismus *prima facie* zutage, das aber nicht allen klar wird, wenn es um die Geschichte der bisher untersuchten frühen Rechtsgutstheorien geht. Hier sei nur erwähnenswert, wie auch *Roxin* einräumt, dass der gesetzgebungskritische Rechtsgutbegriff nun in der Praxis die liberale Aufgabe übernommen hat, die Bestrafungsbefugnis einzuschränken.[84] Die jüngsten Kritiker der Rechtsgutslehre gehen von einem solchen liberalen Gehalt des individuellen Freiheitschutzes im herkömmlichen Rechtsgüterschutzprinzip aus. Schließlich kann daher festgehalten werden, dass sich die Forderung nach dem einheitlichen Verbrechensbegriff zumindest in Richtung einer Umsetzung der empirischen Konstruktion des Verbrechensobjekts und des Zweckgedankens der Strafbegrenzung anstelle der Normverletzung eingelöst wurde. Das Konzept des Rechtsguts, das beide Elemente einbeziehen kann, wendet sich gerade dem Geist des Liberalismus zu, der selbstverständlich auch aus der Gesellschaftsvertragstheorie der Aufklärung stammt.

83 Oben S. 94.

84 *Roxin* (Fn. 39), S. 577 f.

III. Wiederbelebung des Rechtsgüterschutzgedankens

In den nach den 1930er Jahren folgenden Diskussionen über das Rechtsgüterkonzept, z.B. beim methodischen Rechtsgutsbegriff von *Honig, Grünhut* oder *Schwinge*[85], ist indessen kaum ein liberales und empirisches Erbe zu finden, weshalb sie nicht als die authentische Form von Rechtsgutslehre betrachtet werden, auf die diese Forschung Wert legt. Trotz ihrer vielfältigen Entwicklung nach *Binding* und *Liszt* ist die Rechtsgutslehre in diesem Zeitraum hinsichtlich des systemkritischen liberalen Gehalts ohne Belang.

Zunächst bildet sich der „methodisch-teleologische Rechtsbegriff", wofür stellvertretend eine bekannte Definition von *Honig* erwähnenswert ist: Rechtsgut sei der „vom Gesetzgeber in den einzelnen Strafrechtssätzen anerkannte Zweck in seiner kürzesten Formel."[86] An diese Rechtsgutskonzeption konnte die Verbrechenstheorie der NS-Zeit im systematischen Interesse nahtlos anschließen. Dabei ist hervorzuheben, dass das autoritäre Strafrecht eine Verbindung zwischen der Strafrechtswissenschaft und kriminalpolitischer Zielplanung hergestellt hat. Dadurch stellt das Rechtsgut lediglich ein Instrument zur Verwirklichung der politischen Ideologie dar: „Du bist nichts, dein Volk ist alles" oder „Gemeinnutz geht vor Eigennutz".[87] Um diese Zeit wird auch der Ansatz der Verbrechenslehre von *Welzel*[88] vertreten, deren Schwerpunkt eher auf der Pflichtverletzung liegt. Hier gewinnt nicht das Erfolgsunrecht, sondern der Handlungsunwert an Bedeutung, wodurch die Aufgabe vom Strafrecht nicht im Rechtsgüterschutz, sondern eher in der Bewahrung der Gesinnung besteht. All diesen Verbrechenslehren ist gemeinsam, dass ihrem Rechtsgutsbegriff die systemkritische Potenz weitgehend entzogen wird.[89]

Die gesetzgebungskritische Funktion der Rechtsgutslehre findet ihren Eingang erst in der Gesetzesreform nach dem Zweiten Weltkrieg bei *Jäger*[90] et al. und bildet ein neues Paradigma durch die personale Rechtsgutslehre von *Marx,*

---

85 *Roxin*, AT I, 5. Aufl., § 2 Rn. 4, 5.

86 *Honig*, Einwilligung des Verletzten (1919), S. 94. Siehe dazu auch *Grünhut*, FG R. Frank (1930), S. 8 f.

87 Siehe dazu *Schwinge*, Wesensschau und konkretes Ordnungsdenken im Strafrecht (1937), S. 64 f.

88 Vgl. *Welzel*, Naturrecht und materiale Gerechtigkeit (1990).

89 Interessant ist die Behauptung von *Hassemer*, dass der Wegfall der systemkritischen Potenz des Rechtsgutsbegriffs keineswegs nur aus wissenschaftlichen Gründen geschieht, wie die Strafrechtswissenschaft in Bezug auf die NS-Zeit gezeigt hat.

90 Vgl. *Jäger*, Strafgesetzgebung und Rechtsgüterschutz bei Sittlichkeitsdelikten (1957).

Hassemer und *Neumann* sowie ferner durch die Neuinterpretationen von *Mills* Schadensprinzip durch liberale Theoretiker in den 1980er Jahren. Die neue Strömung verdankt sich vor allem dem empirischen Ansatz und dem Gütergedanken von *Liszt.*

1. *Entstehung des personalen Rechtsgutskonzepts*

Einhergehend mit der Strafreformbewegung nach dem Zweiten Weltkrieg, die das autoritäre Strafrecht der NS-Zeit reflektiert hat und den Schutz der individuellen Freiheit wieder in den Vordergrund stellen wollte, hat *Jäger* im Jahr 1957 den systemkritischen Rechtsgutsbegriff auf die „Sittlichkeitsdelikte" angewandt, was darauffolgende Diskussionen etwa bei den Alternativentwürfen zu den „Sexualdelikten" von 1968 und die Gesetzesreform von 1973 untermauert hat.[91] So passte es zum Trend dieser Zeit, dass *M. Marx* 1972 eine Theorie des Rechtguts präsentierte, die unmittelbar von der Philosophie des Liberalismus in der englischsprachigen Welt geprägt war und die spätere Entwicklung der personalen Rechtsgutslehre fundierte. Diese Art der Theorie zeichnet sich vor allem dadurch aus, dass das Individuum im Mittelpunkt steht. So behauptet *Marx*: „Das Strafrecht schützt die Objekte, die dem Menschen seine Selbstverwirklichung ermöglichen. Diese Objekte – die wir Gegenstände genannt haben – sind die Rechtsgüter. Damit können wir nun Rechtsgüter material definieren als diejenigen Gegenstände, die der Mensch zu seiner freien Selbstverwirklichung braucht."[92] Diese Definition enthält nicht nur den Seins-Aspekt – nämlich Gegenstände –, sondern auch den Bezug dieser Gegenstände auf den Menschen. Gerade in dieser Beziehung zum menschlichen Subjekt tritt das Kriterium offen zutage, nach dem Gegenstände zu Gütern werden. Das bedeutet, weil und soweit ein Gegenstand dem Menschen zu seiner Selbstverwirklichung diene, sei er zugleich als „Gut" wert, *de jure* geschützt zu werden.[93] So wird das Strafrecht nur gerechtfertigt, wenn und soweit es dem Schutz der Interessen der Bürger dient.

Diese Auffassung des Rechtsguts von *Marx* hat *Hassemer* bekanntermaßen weiterentwickelt. Dabei ging er auch vom Gedanken von *Arthur Kaufmann* aus, dass die Person einen unverfügbaren Maßstab richtigen Rechts darstellt.[94]

---

91 *Roxin*, Täterschaft und Tatherrschaft (2022), S. 413 ff., S. 9.

92 *Marx*, Zur Definition des Begriffs „Rechtsgut" (1972), S. 62.

93 Oben S. 63.

94 Vor allem *Arthur Kaufmann*, Rechtsphilosophie, 2. Aufl. (1997), S. 205, 215, 292 ff. Ihm zufolge ist der Gegenstand des juristischen Diskurses die Person, wobei Person nicht ethisch oder anthropologisch zu verstehen ist, sondern relational-ontologisch. „In

Demnach sieht auch er im Konzept der Person einen normativen Halt in der Rechtsentwicklung. Vor allem übt er mittels dieser Auffassung massive Kritik an der funktionalistischen Rechtsbegründung in der jüngsten Strafrechtsrechtspolitik, in der nicht mehr der Schutz konkreter menschlicher Interessen, sondern der Schutz von gesellschaftlichen Institutionen oder werthaften Funktionseinheiten im Vordergrund steht. *Neumann* zufolge gelte „personal" für *Hassemer* im doppelten Sinne: zum einen, weil er die Person in den Mittelpunkt seiner Lehre gestellt hat, zum anderen, weil sie seine persönliche Leistung darstellt.[95] Dadurch wurde er zum Gründer der „personalen" Rechtsgutslehre. Seine Kernthese lautet: „Rechtsgüter sind strafrechtlich schutzbedürftige Interessen."[96] Übereinstimmend mit *Hassemer* geht auch *Neumann* davon aus, dass die personale Rechtsgutslehre legitime Aufgaben und Grenzen des Strafrechts markiert. Ihm erscheint sie darum besonders attraktiv, weil sie mit dem methodischen Ansatz einer interessenbasierten Ethik korrespondiere, die wegen der unmittelbaren Einsichtigkeit ihres Bezugspunktes ein hohes Maß an Überzeugungskraft für sich beanspruchen kann.[97] Es fällt auf, dass *Neumann* den größten Beitrag dazu geleistet hat, diese Lehre gegen anhaltende Kritik in Hinblick auf die zeitgenössischen Themen der Verhältnismäßigkeitsprüfung und der neuen Art von Verbrechen wie Umwelt-, Gefühldelikte oder Tierquälerei zu verteidigen.[98] Was mögliche Weiterentwicklungen anbelangt, lässt sich nur auf seine lapidare, in der Einleitung bereits zitierte Bemerkung verweisen: „Alternativen: keine"

2. *Normative Begründung*

Dadurch, dass der Rechtsgutsbegriff der personalen Rechtgutslehre sich auf den Menschen und seine Freiheit bezieht, kommt ihm ein materialer und zugleich liberaler Gehalt zu. Er stellt nichts anderes als eine Objektivation des liberalen Gesichtspunkts zwischen Freiheit und Staat dar, der im Grunde die Legitimität staatlichen Handelns von der Person her beurteilt.[99] Damit ist aber ein

---

diesem Sinne ist Person das Subjekt und Objekt des normativen Diskurses in einem." Hierzu ausführlich *ders.*, Rechtstheorie 17 (1986), S. 257 ff.

95 Siehe dazu Nachruf Winfrid Hassemer, JZ (2014), S. 241.

96 *Hassemer* (Fn. 4), S. 85 ff.

97 *Neumann* (Fn. 3), S. 86 f.

98 NK-StGB/*Neumann, Saliger*, 6. Aufl., StGB vor § 1 Rn. 131 ff.; *Neumann*, a.a.O., S. 85 ff.; Vgl. *Neumann*, Aktuelle Probleme in der Diskussion zum strafrechtlichen Rechtsgut, Vortragstext an der Hanyang Law School (2013, unveröffentlicht); Siehe auch *Neumann*, FS Fischer (2018), S. 183 ff.

99 NK-StGB/*Neumann/Saliger*, 6. Aufl., StGB vor § 1 Rn. 131 f.

normativer Anspruch dieser Lehre eng mit der staatlichen Strafe verbunden. Wie *Neumann* deutlich gesagt hat: Die personale Rechtsgutslehre hat ihren Ort gerade in der praktischen Philosophie. Sie gibt nämlich eine normative Antwort auf die praktische Frage, unter welchen Voraussetzungen der Staat eine Handlung unter Strafdrohung verbieten darf: nur dann, wenn diese Handlung ein strafrechtlich schutzbedürftiges menschliches Interesse verletzt.[100] Das Rechtsgut bietet also einen notwendigen Maßstab für die Rechtfertigung des staatlichen Eingriffs. Ein strafrechtliches Handlungsverbot ist nicht zu rechtfertigen, wenn es sich nicht auf das Rechtsgut beruft. *Hassemer* zufolge besteht die Botschaft des Rechtsgutsprinzips also „in der Aufforderung an den Strafgesetzgeber, entweder Rechtsgüter als Grundlage seiner Strafdrohungen aufzuweisen oder die Strafdrohung zu kassieren."[101]

Nach *Hassemer* und *Neumann* werden diese strafrechtlich schutzbedürftigen menschlichen Interessen, die als Rechtsgüter im Strafrecht dienen, nicht als ideale Gegebenheiten vom Gesetzgeber vorgefunden, sondern müssen erst aus empirischen Komponenten durch normative gesellschaftliche Verständigung konstituiert werden.[102] Weil sie also das Ergebnis der normativen Konstitution durch einen gesellschaftlichen Kommunikationsprozess sind, können sie in historischer, geographischer, ökonomischer und kultureller Hinsicht divergieren.[103] Allerdings wird an dieser Stelle kritisiert, dass die aus diesem Konstitutionsprozess der normativen Verständigung resultierende Relativität letztlich die kritische Kompetenz der Rechtsguttheorie in der Strafgesetzgebung aufgibt. Aber diese Kritik übersehe nur, so *Neumann*, dass die normative Verständigung über die allgemeinen gesellschaftlichen Prinzipien, auf die Rechtsgüter auch zurückgreifen, auf der tieferen Ebene liege und dass der Gesetzgeber durch die sog. Konsistenzkontrolle lediglich prüfe, ob ein Straftatbestand mit diesen Prinzipien in Einklang zu bringen sei.[104] Hierbei fällt auf, dass sowohl das Konzept der Formalisierung der Strafrechtspflege als auch Prinzipien wie Subsidiarität, Sozialschädlichkeit, Toleranz, Humanität oder Wahrung der Menschenwürde – vielleicht im Sinne von Axiomen – den Konstitutionsprozess der Rechtsgüter mitbestimmen. In Betracht kommen auch die Grundsätze des Tatstrafrechts und die Bestimmtheit der Strafgesetze einschränkende Elemente

---

100 *Neumann* (Fn. 3), S. 85.

101 *Hassemer* (Fn. 4), S. 87.

102 *Hassemer* (Fn. 6), S. 153 ff.

103 *Neumann*, FS Fischer (2018), S. 186.

104 Oben S. 187 f.

der Strafrechtswürdigkeitsbestimmung.[105] Rechtsgüter werden also nicht in dem sozialen Wirklicht abgebildet, sondern mittels der normativen Prinzipien hergestellt, die ihre inhaltliche Konstituierung in vielerlei Hinsicht bedingen. Infolgedessen bezeichnen *Hassemer* und *Neumann* das Rechtsgutskonzept nicht als hinreichende, sondern nur als eine notwendige Voraussetzung der Verhaltenskriminalisierung.[106]

Hervorzuheben ist dabei, dass diese Lehre das Strafrecht nicht von der Gesellschaft, sondern vom Individuum her denkt. Deshalb werden die kollektiven Rechtsgüter bzw. die Gemeinrechtsgüter oder die Universalrechtsgüter nach den Worten von *Hassemer* nur insoweit legitimiert, als sie die Bedingung der Möglichkeit des Schutzes der Individualrechtsgüter erfüllen. Daraus ergibt sich eine Hierarchie der nach Trägerschaft differenzierten Rechtsgüter. Beispielsweise werden Staat und Wirtschaftsordnung im Gegensatz zum Leben oder zur Freiheit des Einzelnen nicht aus sich heraus als Schutzobjekte legitimiert, sondern es muss vorab geprüft werden, ob und inwiefern sie Schutzbedingungen der Individualrechtsgüter darstellen können. Somit werden Rechtgüter der Allgemeinheit nur insoweit anerkannt, als sie sich – wenn auch vermittelt – als Interessen von Person erweisen. In der einheitlichen Rechtsgutstheorie können die Universalrechtsgüter nur die ableitete Funktion übernehmen.[107] In Zeiten sich verdichtender Vergesellschaftung, wo Universalrechtsgüter wie Wirtschaft, Umwelt oder Datenbearbeitung die jüngste Strafrechtspolitik beherrschen, wird aber vermehrt behauptet, dass die Anpassung des Strafrechts an den sozialen Wandel dringend erforderlich sei.[108] Zur Frage, in welchem Verhältnis die Interessen der Person zu den Interessen der Allgemeinheit stehen, optiert die personale Rechtsgutslehre dennoch entscheidend für die Funktionalisierung der Interessen der Allgemeinheit aus den individuellen Interessen: „Zeiten hoher sozialer Verdichtung sind im Strafrecht Zeiten personal orientierter Lehren", so *Hassemer*.[109] Diese Lehre erkennt die Interessen der Allgemeinheit keineswegs als eigenständige, sondern nur als mittelbare Rechtsgüter an.[110]

105 Siehe dazu *Hassemer* (Fn. 4), S. 88; NK-StGB/*Neumann/Saliger*, 6. Aufl., StGB vor § 1 Rn. 142 ff.

106 *Hassemer* (Fn. 4), S. 88; NK-StGB/*Neumann/Saliger*, 6. Aufl., StGB vor § 1 Rn. 147.

107 NK-StGB/*Neumann/Saliger*, 6. Aufl., StGB vor § 1 Rn. 138; *Hassemer* (Fn. 6), S. 153 ff., 221 ff.

108 Ausführlich dazu *Hassemer* (Fn. 4), S. 88 ff.

109 Oben S. 90.

110 NK-StGB/*Neumann/Saliger*, 6. Aufl., StGB vor § 1 Rn. 146.

Wie *Neumann* ausgedrückt hat, besteht der Wert des personalen Rechtsgüterkonzepts „nicht in der Eigenschaft, ein Passepartout für sämtliche *rationes legis* von Strafrechtsnormen zu sein."[111] Hierbei handelt es sich sondern um Argumentationstopos: „Das (personale) Rechtsgutsprinzip erschwert Kriminalisierung jenseits des Kernbereichs des Strafrechts, und es zwingt deren Verfechter zu riskanten Argumentationsstrategien."[112] Seine praktische Funktion liegt also gerade in einer argumentativen Hilfe. Darüber hinaus muss in Betracht gezogen werden, dass sein Anspruchsniveau bescheiden ist: Es stellt kein zeitloses verbindliches Modell für die Kriminalisierung von Verhaltensweisen dar. Im Gegenteil enthält das personale Rechtsgutskonzept lediglich die notwendige Bedingung der Kriminalisierung, und zwar vor allem deshalb, weil es allein den Gesetzgeber nicht davon abhalten kann, alle problematischen Delikte mit Strafe zu bedrohen. Gerade darauf beziehen sich auch die verfassungsrechtlichen Themen, die aber weiter unten näher diskutiert werden.

Zusammenfassend lassen sich die Charakteristika der personalen Rechtsgutslehre wie folgt umreißen: 1) individualistisch, weil sie das Strafrecht vom Individuum her denkt, 2) interessenorientiert, weil sie das Strafrecht an konkrete Interesse bindet, 3) ideologiekritisch, denn sie stellt lediglich eine Argumentationshilfe für das klassische liberale Position des Strafrechts dar, und 4) bescheiden, weil sie keine hinreichende, sondern nur eine notwendige Bedingung aufste llt.[113]

B. Personale Rechtsgutslehre über Herausforderungen hinaus

Trotz der oben ausgeführten Funktion der Rechtsgüterschutztheorie als letzte und einzige Alternative zum Schutz der bürgerlichen Freiheiten im Feld der Strafwissenschaft gibt es heute viel Kritik daran. Vereinfacht gehen alle Kritiken am Rechtsgutskonzept von dem Ansatzpunkt aus, dass die Zusagen des Rechtsgutskonzepts, den Gesetzgeber mit einem konkreten Kriterium zu kontrollieren, nicht eingehalten werden kann. Das liegt zum einen daran, dass bisher keine Einigkeit darüber erzielt werden konnte, was unter dem Rechtsgutsbegriff zu verstehen ist, obgleich es dank der verdienstvollen Arbeiten von *Sina* und *Amelung* den Strafwissenschaftlern leichtfällt, wie in 1. dargestellt, eine

---

111 Siehe dazu *Neumann*, FS Wolfgang Heinz (2012), S. 776.
112 *Neumann* (Fn. 3), S. 95.
113 Oben S. 86.

allgemeine Genealogie der Rechtsgutstheorie zu skizzieren. Zum zweiten spielt für die Abkehr von der Rechtsgutslehre heute eine größere Rolle, dass die neu erscheinenden Kriminalitätsformen keine konkreten Rechtsgüter, für die herkömmlicherweise die Schutzgedanken der individuellen Freiheit im Kern stehen, angreifen. Die Kritiken gipfeln in der Fragestellung, ob das traditionelle Rechtsgutskonzept noch dazu geeignet ist, mit allen gegenwärtigen strafwürdigen Handlungen umzugehen.

Mit der Berufung auf das Rechtsschutzprinzip als Aufgabe des Strafrechts soll dem Strafgesetzgeber ein plausibles Kriterium zur Überprüfung der Legitimität seiner Entscheidungen zur Verfügung gestellt werden. Soweit also auf das Rechtsgüterschutzprinzip als fast alleinige Maßnahme, die innerhalb des StGB der Strafbefugnis des Staates eine grundsätzliche Grenze zieht, nicht verzichtet werden kann, sollte dieses Kriterium ein sichtbarer Standard sein, der für alle leicht zugänglich ist, um gesetzgeberischer Willkür staatlicher Bestrafung vorzubeugen. Auch die Befürworter der personalen Rechtsgutslehre setzen die Bestimmtheit des Rechtsgüterbegriffs für die Relevanz der Theorie voraus: „Der Strafgesetzgeber soll seine Entscheidungen an einem klaren und gerechten Kriterium prüfen, sie mit ihm rechtfertigen und sich aus ihm kritisieren lassen; was sich auf den Schutz eines Rechtsguts nicht berufen kann, geht nicht in ein Strafgesetzbuch.“[114] Als Fazit ist nur in der personalen Rechtsgutsvorstellung ein solches konkretes, klares und kompetentes Kriterium zu sehen, das gleichzeitig den beiden Forderungen nachkommen kann, einerseits dem Strafgesetzgeber eine Schranke aufzurichten und andererseits trotzdem eine Anpassung des Strafrechts an variable kriminalpolitische Interessen zu ermöglichen.

Die folgenden kritischen Diskussionslagen um den Rechtsgutsbegriff oder den personalen Rechtsgutsbegriff werden anhand der Fragen gegliedert, ob das Rechtsgüterschutzprinzip im Ganzen ersetzt werden sollte (A.), ob dem Rechtsgutsbegriff nur im Zusammenhang der Verfassung eine Bedeutung gegeben werden muss (B.) und ob der den Einzelnen in den Vordergrund stellende Begriff der personalen Rechtsgutslehre durch das kollektive und abstrakte Verständnis der Rechtsgüter abgeändert werden sollte (C.).

I. Alternative Modelle

Der Einfluss des Funktionalismus[115] aufgrund des Eintritts in die Risikogesellschaft[116] und die daraus resultierende Anregung zur Ausdehnung des

114 NK-StGB/*Neumann*/*Saliger*, 6. Aufl., StGB vor § 1 Rn. 115.

115 Siehe dazu *Hassemer* (Fn. 4).

116 Vgl. *Beck*, Risikogesellschaft (2016).

Pönalisierungsbereichs unterstützen auch die Ansichten, in denen der Rechtsgutsgedanke wegen seiner begrifflichen Abstraktheit und Unklarheit durch Folgendes ersetzt wird: das Konzept der Verhaltensdelikte von *Stratenwerth* oder das Konzept der Normstabilisierung von *Jakobs*. Der wesentliche Grund für die Abkehr von der Rechtsgutslehre besteht immer in ihrer Unbestimmtheit, indem der als Rechtsgut bezeichnete Begriff zu schwer fassbar ist. Zudem wird anstatt des „konkreten Etwas" häufig einfach das allgemeine Interesse als Rechtsgut definiert. Zum Beispiel führt *Stratenwerth* die üblichen Definitionen des Rechtsguts an:[117] „vergeistigter ideeller Wert"[118], „rechtlich geschützter abstrakter Wert der Sozialordnung"[119], „strafrechtlich geschütztes Interesse"[120] oder „verletzbare, schützbare Zustände."[121] In der gegenwärtigen Diskussion lässt sich sogar feststellen, dass der Rechtsgutsbegriff vor dem Hintergrund des Funktionalismus dazu neigt, sich zu verflüssigen, zu vergeistigen und zu entmaterialisieren.

Darüber hinaus fällt jener Hinweis auf, dass das Rechtsgut begrifflich noch nicht exakt vom konkreten Handlungsobjekt unterschieden wird. *Hefendehl* zufolge gibt es drei verschiedene Gesetzgebungstechniken, um das Verhältnis von Rechtsgut und Handlungsobjekt zu bestimmen: Nach dem ersten Modus sind beide formal und inhaltlich identisch, wie es z.B. beim Betrug der Fall ist. Hier stellt das Vermögen sowohl das geschützte Rechtsgut als auch den Gegenstand der durch den Täter vorgenommenen Schädigung dar. In der zweiten Form lässt sich lediglich inhaltliche Übereinstimmung feststellen, die beispielsweise bei den Tötungsdelikten vorliegt. Hier ist das Tatobjekt des Totschlags ein Mensch, während dessen Rechtsgut das menschliche Leben ist. In der dritten Gesetzgebungstechnik fallen das Rechtsgut und das Handlungsobjekt auseinander, wie es beim Diebstahl und beim Urkundendelikt zu beobachten ist. Das Rechtsgut des Diebstahls (StGB §2 42) ist also das Eigentum, während es sich beim Handlungsobjekt um die fremde Sache handelt. Bei der Geldfälschung (StGB § 146) ist das Rechtsgut die Sicherheit und Zulässigkeit des Geldverkehrs, wogegen das Handlungsobjekt im gefälschten Geldschein besteht.[122]

---

117 *Roxin*, AT I, 5. Aufl., § 2 Rn. 3, 103 ff.; Siehe dazu auch *Stratenwerth*, FS Lenckner (1998), S. 378.

118 Baumann/Weber/Mitsch/*Eisele*, AT, 13. Aufl., StGB § 2 Rn. 10.

119 *Jescheck/Weigend*, Lehrbuch des Strafrechts AT, S. 257.

120 *Maurach/Zipf*, Strafrecht AT/1, 8. Aufl., § 19 Rn. 4.

121 *Jäger*, Strafgesetzgebung und Rechtsgüterschutz bei den Sittlichkeitsdelikten (1957), S. 13.

122 Siehe dazu *Hefendehl*, Das Rechtsgut als materialer Angelpunkt einer Strafnorm, in: ders. (Hrsg.), Die Rechtsgutstheorie (2003), S. 120.

Bereits hinsichtlich der zweiten Gesetzgebungstechnik melden sich aber Zweifel, dass der als Rechtsgut bezeichnete Begriff schwer zu konkretisieren ist; dieses Unbehagen verstärkt sich noch, wenn das Rechtsgut wie in der dritten Gesetzgebungstechnik vielfach als eine bloße Abstraktion, als gedankliches Gebilde oder ideeller Wert verstanden wird. Empirisch konkret ist nur das menschliche Interesse als Handlungsobjekt. Es ist deshalb kaum verwunderlich, dass diese Tatsache die Leistungsfähigkeit des Rechtsgutskonzepts fragwürdig macht.[123] Denn Rechtsgüter als kritisches Kriterium für die Strafgesetzgebung dürfen keine bloßen ideellen Gebilde, sondern müssen etwas Reales sein. Um gefährdet oder verletzt werden zu können, ist es erforderlich, dass Rechtsgüter mindestens eine Beeinträchtigung zugänglicher Wirklichkeit darstellen.[124] In diesem Kontext wird die Ansicht ins Feld geführt, dass das Rechtsgutskonzept wegen seiner begrifflichen Unklarheit gänzlich abgelehnt werden sollte.[125]

Trotzdem ist hier darauf hinzuweisen, soweit hier das Freiheitskonzept als Wesen des Strafrechts betrachtet wird, wird es sich zum Ende als wenig nützlich beweisen, diese kritischen Theorien auf den Tisch zu bringen, obwohl ihre Inhalte weiter unten genauer erläutert werden. Sie befassen sich nämlich nur mit der formalen Begründung des positiven Rechts oder tragen in der Tat dazu bei, die Ausweitung des Geltungsbereichs des Strafrechts zu unterstützen: Zum Beispiel lässt die Verhaltensdeliktstheorie einen Raum für Handlungen, die lediglich gegen moralische Prinzipien verstoßen, ohne die Freiheit zu beeinträchtigen, indem sie den Schutzgegenstand des Strafrechts als die Gesellschaft und die kulturellen Werte der Gemeinschaft sieht. Die Idee der Normstabilisierung gibt zudem das inhaltliche Legitimierungskriterium für die verletzten Normen von vornherein auf.[126] Es ist daher zu wiederholen: Zum gesetzgebungskritischen Konzept der Rechtsgutstheorie, in dem bürgerliche Freiheiten die willkürliche Ausweitung der Strafbefugnis abwehren können, besteht keine Alternative.

---

123 Nach NK-StGB/*Neumann*/*Saliger*, 6. Aufl., StGB vor § 1 Rn. 122 ff.

124 So ist die Ehre (§§ 85 ff.) zwar kein körperliches Substrat, aber doch soziale Realität, die verletzt werden kann. Der Beweisverkehr (§ 267) stellt zwar keinen körperlichen Gegenstand dar, aber ist ein in der Wirklichkeit vorkommender sozialer Interaktionsvorgang, der wahrgenommen werden kann. Schließlich lässt sich das Eigentum als eine rechtliche Verfügungsmöglichkeit sehr wohl beeinträchtigten; *Roxin*, AT I, 5. Aufl., § 2 Rn. 66 f.

125 Dazu vor allem *Amelung*, Der Begriff des Rechtsguts in der Lehre vom strafrechtlichen Rechtsgüterschutz, in: Hefendehl et al. (Hrsg.), Die Rechtsgutstheorie (2003), S. 67 ff.

126 *Neumann* (Fn. 3), S. 89.

1. Normverletzungsmodell von Jakobs

Die Wertfrage kann auf zwei Arten angegangen werden. Bei der Übernahme eines internen Standpunktes ist deren Inhalt wichtig und orientiert sich in der Regel an normativen Kriterien. Andererseits lässt sich der Bewertungsprozess aus einem externen Standpunkt faktisch darstellen.[127] Auf diesen neutralen Standpunkt eines Beobachters bezieht sich *Jakobs*, um dann zu beschreiben, wie eine Gesellschaft das Strafrecht nutzt, um die Regeln zu schützen, die eine bestimmte Identität ausmachen. Dabei stellt sich heraus, dass der Beitrag des Strafrechts zur Erhaltung von Staat und Gesellschaft gerade in der Garantie von Normen besteht.[128] Dazu behauptet er: „Die Garantie geht dahin, dass die Erwartungen, die zum Funktionieren des sozialen Lebens (…) unabdingbar sind, im Fall ihrer Enttäuschung nicht preisgegeben werden müssen. Man kann deshalb die Enttäuschungsfestigkeit der normativen Erwartungen (…) als das vom Strafrecht zu schützende Gut definieren."[129] Damit gelangt *Jakobs* dazu, dass die Strafe eine Bestätigung der Identität der Gesellschaft, also des Normbestandes darstellt. Hier erweist sich das Verbrechen als eine Desavouierung der Norm durch den Straftäter und die Strafe hat die Bedeutung, dass die Behauptung des Täters unmaßgeblich ist und die Norm unverändert fortgilt.[130] Nach *Jakobs* besteht also die Aufgabe des Strafrechts nicht im Rechtsgüterschutz, sondern in der „Normstabilisierung".[131]

Allerdings lassen sich Güter ohne Bezug auf strafrechtliche Normen ausmachen, indem unmittelbar gefragt wird, was der Täter verletzt. Gegenstände wie Leben, Gesundheit oder Eigentum, die unmittelbar vom Täter angegriffen werden, können zwar positiv bewertete Sachverhalte und in diesem Sinne Güter sein. Aber sie können nicht direkt als Strafrechtsgüter begriffen werden, da sie sich im Bereich der Umwelt der Gesellschaft, also außerhalb der Normen des Strafrechts befinden. Die nachteilige Veränderung dieser Güter stellt im Grunde lediglich einen Güterverlust dar, aber keine Beeinträchtigung, die als innerhalb des Strafrechts liegend zu begreifen wäre: Beispielsweise kann das Strafrecht sich nicht um „jede nachteilige Veränderung eines Guts als eines positiv bewerteten Sachverhalts" kümmern, weil sie durch natürliche Abläufe wie Krankheit oder Materialermüdung an Qualität verlieren.[132] Zur strafrechtlichen Qualifizierung

127 Zu internen und externen Gesichtspunkten vgl. *Hart*, Der Begriff des Rechts (2011).

128 *Jakobs*, Strafrecht AT, 1. Abschn. Rn. 2.

129 Oben Abschn. Rn. 4.

130 *Jakobs*, GS Hung, S. 42.

131 *Jakobs*, FS Saito (2003), S. 17 ff.

132 *Jakobs*, Strafrecht AT, 2. Abschn. Rn. 4.

muss noch eine normative Ebene gefunden werden, auf der gesellschaftliche Interaktion per Strafrecht stattfindet: Es ist nämlich „die Ebene sowohl der Bedeutung von deliktischem Verhalten als Negation der Bedeutung von Normen als auch der Bekräftigung des Festhaltens an der Normbedeutung durch strafende Reaktion."[133] Auf diesem Bezugsniveau sieht *Jakobs* Strafrechtsgut in Eigentumsdelikten nicht als „die fremde Sache oder die Beziehung des Eigentümers zu seiner Sache als Funktionseinheit" an, sondern als die Geltung des Norminhalts „Eigentumsschutz soll sein."[134]

Von diesem Verständnis ausgehend hat *Jakobs* die bisherige Diskussion um das Rechtsgut dahingehend kritisiert, dass sie dieses normative Bezugsniveau noch nicht erreicht habe. Zwar hat die bisherige Rechtsgutslehre das Gut in seiner Beziehung zum Inhaber begriffen, aber ohne den Grund dafür zu nennen, weshalb das Gut strafrechtlich abgesichert werden soll. Er sagt, dass „die Gestalt der vom Strafrecht zu schützenden Ordnung nicht durch alle Güter definiert wird und nicht stets nur durch Güter".[135] Darüber hinaus „genießen selbst die strafrechtlich anzuerkennenden Güter keinen absoluten Schutz."[136] Sie haben nur den vom sozialen Kontakt bestimmten Rang, weil sie im sozialen Leben ihre Wirkungen empfangen, so dass die Norm lediglich ein Gut vor den unerlaubten sozialen Kontakten schützt.[137]

Vor allem gegen die personale Rechtsgutslehre, die Gesellschaft und Staat für das Subjekt funktionalisiert, erhebt er den Einwand, dass das sich als Person im Recht begreifende Subjekt nicht als solches geboren ist, sondern seinen Status erst in der Gesellschaft und im Staat gewinnt. Die Strafwürdigkeit liegt also sowohl darin, dass der Einzelne in der Daseinsgewissheit erschüttert wird, als auch darin, dass die Tat die für den Bestand einer Gesellschaft funktionierende Infrastruktur in Frage stellt. Von diesem Ansatz aus hält er Sittlichkeitsdelikte für legitim, soweit sie dem Schutz von gesellschaftlich anerkannten Institutionen dienen. Gleiches ist auch der Fall beim Verbot der Ausschwitzlüge, da es gerade die gesellschaftlichen Selbstverständnisse bestärkt. Im positiven Sinne beurteilt er zugleich die Pönalisierung sowohl der Umweltschädigung als auch der Tierquälerei, weil sie einer allgemeinen Verrohung entgegenwirkt und das Verbot den Fortbestand der Gesellschaft sichern soll.[138]

---

133 Oben 2. Abschn. Rn. 4, 5.

134 Ebenda.

135 Oben 2. Abschn. Rn. 22.

136 Oben 2. Abschn. Rn. 23.

137 Ebenda.

138 *Jakobs*, Rechtsgüterschutz? (2012), S. 23 f., 28 ff.

Zu erwähnen ist auch, dass Jakobs das Strafrecht als „Feindstrafrecht"[139] kennzeichnet und Gesetzesübertreter nur als Gefahrenquelle ansieht, die es möglichst effektiv zu beseitigen gilt. Während das „Bürgerstrafrecht" den Beschuldigten als eine mit allen Rechtsgarantien ausgestattete Person behandelt, soll der Verbrecher für das „Feindstrafrecht" eine Unperson darstellen, bei deren Bekämpfung es auf die Sicherung einer Gefahrenquelle ankommt.[140] In der Tat lässt sich eine grundlegende Wertungsdifferenz in Bezug auf das Feindstrafrecht jedenfalls beobachten, wenn es sich um die personalen Rechte der Täter handelt. Hier erweist sich das Konzept des Feindstrafrechts als für den Grundsatz des liberalen Strafrechts gefährlich.[141]

Darüber hinaus liegt das hauptsächliche Problem des Konzepts von *Jakobs* wohl darin, auf sachliche Kriterien legitimen Normenschutzes verzichtet zu haben. Ihm geht es darum, den gesellschaftlichen „Ist-Zustand" an einem anderweitig systemexternen normativen Raster zu messen. Aber wie *Neumann* zutreffend gesagt hat: Die normativ entscheidende Frage sei nicht die nach dem Ziel des Normenschutzes, sondern die nach dem Schutzbereich der Norm und damit letztlich wiederum nach dem betroffenen Rechtsgut.[142] Hier kann die gleiche Schlussfolgerung erneut gezogen werden, dass das z.B. von der personalen Rechtgutslehre vorgeschlagene Rechtsgut weiterhin eine notwendige Voraussetzung der Strafbarkeit darstellen sollte.

2. *Verhaltensdelikte von* Stratenwerth

Eine weitere starke Alternative zur Rechtsgutslehre ist die Theorie der Verhaltensdelikte. Sie basiert auf der Idee, dass das strafwürdige Verhalten einer Person an sich bereits einen Verstoß gegen die Normen und Regeln der Gesellschaft darstellt, unabhängig von den tatsächlichen Konsequenzen oder dem Schaden, der durch das Verhalten verursacht wird. Dieser Ansatz wurde ursprünglich von *Stratenwerth* entwickelt, um der gegenwärtigen schweren Krise mit strafrechtlichen Mitteln zu begegnen, in der die sog. Umweltverschmutzung und Naturzerstörung die menschliche Existenz, insbesondere der künftigen Generation bedroht: „Um was es jetzt geht, ist demgegenüber die Zukunft als solche; In ihr erst wird das mit beklemmender Zwangsläufigkeit näherkommende Unheil in seinem vollen Ausmaß sichtbar und spürbar werden, das, wenn überhaupt, nur

---

139 Ausführlich dazu *Roxin*, AT I, 5. Aufl., § 2 Rn. 126 ff.

140 *Jakobs*, ZStW 117 (2005), S. 839 ff.

141 Kritisch dazu *Stratenwerth*, Strafrecht AT, 6. Aufl. (2010), S. 30.

142 *Neumann* (Fn. 3), S. 85 f.

jetzt noch verhindert noch verringert werden kann, und dieses künftige Unheil müßte deshalb im Strafrecht der Gegenwart antizipiert werden."[143] Diese Motivation an sich scheint vor allem bei den Strafrechtswissenschaftlern großen Anklang gefunden zu haben, auch wenn seine Prämisse über die Rolle des Staates – dass der Staat keine andere Wahl hat, als kriminelle Mittel für Umweltverbrechen einzusetzen – letztlich nicht überzeugend wäre: „Daß auf die Strafe als die schwerste und eindrücklichste Sanktion, die unser Recht kennt, ausgerechnet dort verzichtet werden sollte, wo Lebensinteressen nicht nur einzelner, sondern der Menschheit als ganzer auf dem Spiel stehen, das halte ich, bei allem Verständnis für dogmatische und rechtsstaatliche Bedenken, für unannehmbar."[144]

Er geht davon aus, dass die Notwendigkeit, die Umwelt zu schützen, weder in Begriffen individueller oder universeller Rechtsgüter formuliert werden kann noch nicht in Begriffen der abstrakten Gefährdungsdelikte, wie weiter unten erörtert werden wird, gemäß der traditionellen liberalen anthropozentrischen Rechtsgutstheorie[145], und dass rein funktionalistische Lösungen das Problem nur auf einer instrumentellen Ebene vereinfachen können und auch nicht die endgültige Lösung sein können.[146] Folglich, so argumentiert er, kann das Problem durch eine grundlegende Änderung der menschlichen Einstellung zur Welt gelöst werden, die den Menschen nicht als Feind der Natur, sondern als integralen Bestandteil des Gesellschaftsgefüges anerkennt[147] und die letztlich zur grundlegenden Änderung der Strafrechtsdogmatik führen muss, die jedoch völlig außerhalb des Rahmens der aufklärerischen Gesellschaftsvertragstheorie liegt.

Im Grunde genommen vertritt *Stratenwerth*, dass die strafrechtliche Verantwortung nach dem Modell der Normstabilisierung ein rein kontingentes Phänomen ist und dass ein solches funktionalistisches Strafrecht die Unterscheidung zwischen strafrechtlichen Sanktionen und sonstigem Zwang gänzlich aufheben würde.[148] Während er also einräumt, dass das Konzept des Rechtsgüterschutzes an sich nicht problematisch ist, betont er aber, dass das Problem stets in der mangelnden Vereinheitlichung des Konzepts liegt, und insbesondere in der Tatsache, dass die Straftatbestände kaum unter den engen Bereich des personalen Rechtsgutskonzepts subsumiert werden können: „Obwohl dem Rechtsgut

---

143 *Stratenwerth*, ZStW 105 (1993), S. 680.
144 Oben S. 688.
145 Oben S. 682, 694 f.
146 Oben S. 686.
147 Oben S. 691.
148 Oben S. 687.

zumindest nach herrschender Auffassung zentrale Bedeutung zukommen soll, als Leitlinie der Auslegung ebenso wie als kritischer Maßstab des Strafgesetzes, fehlt noch immer jeder Klarheit, worin es eigentlich besteht."[149] Es erscheint jedoch höchst widersprüchlich, dass er die Position, dass es „die Quadratur des Zirkels"[150] sei, den Begriff des Rechtsgutes zu definieren, und dass es „reiner Anachronismus"[151] sei, darauf zu bestehen, im Kernbereich des traditionellen liberalen Strafrechts zu bleiben, während er gleichzeitig eine vage, etwas konservativ klingende Theorie der Verhaltensdelikte vorschlägt, wo der Grund für die Bestrafung in einem Vergehen gegen kulturelle und religiöse Normen besteht, die unserem Verhalten zugrunde liegen.

Wenn sich das Rechtsgut der sog. Religionsdelikte, z.B. § 166 StGB, als öffentliche Friede im Allgemein interpretieren lässt[152], was in der personalen Rechtsgutslehre natürlich nicht anerkannt werden kann, dann soll sich aber die Frage stellen, nach *Stratenwerth*, warum eine solche Störung der Friede unter Strafe gestellt werden sollte; Die Antwort darauf lautet: „weil sie gegen die Normen verstoßen, die in unserer pluralistischen Gesellschaft für den Umgang mit dem religiösen oder weltanschaulichen Bekenntnis anders als verbindlich angesehen werden."[153] Der Friedensstörung ist also nur „ein sekundäres Phänomen" eines primären Verstoßes gegen kulturelle Verhaltensnormen, und er ist zuversichtlich, dass diese logische Struktur viele Arten von Verbrechen erklären kann, die das Rechtsgüterschutzprinzip nicht erfasst.[154]

Roxin kritisiert aber, dass „man nicht bloß deshalb jemanden ins Gefängnis verweisen darf, weil man sein Verhalten für anstößig erachtet."[155] Wie bereits erwähnt, birgt in sich die Theorie der Verhaltensdelikte, die strafrechtliche Bestrafung über den Schutz des einzelnen Bürgers hinaus auf den Schutz bloßer kultureller und moralischer Normen auszudehnen, aber aus seiner Sicht des Staates scheint es genau das zu sein, was *Stratenwerth* beabsichtigt. Also in dem „interventionistischen Sozialstaat" soll die Rolle des Strafrechts auf die Verwirklichung sozialer Gerechtigkeit und den Schutz künftiger Generationen nach Art. 20a GG erstrecken, weshalb die Reaktion des Gesetzgebers mit

---

149 *Stratenwerth* (Fn. 117), S. 378.
150 Oben S. 388.
151 *Stratenwerth*, FS Lüderssen, S. 379.
152 NK-StGB/*Stübinger*, 6. Aufl., StGB § 166 Rn. 2; *Hörnle*, ZRP (2015), S. 62.
153 *Stratenwerth* (Fn. 117), S. 386.
154 Ebenda.
155 *Roxin*, AT I, 5. Aufl. 2020, § 2 Rn. 59a.

strafrechtlichen Sanktionen auf sich abzeichnende bedrohliche Veränderungen nicht unbedingt „Big Brother" betrifft.[156] Allerdings scheint seine Theorie zu übersehen, dass zu den neuen, das Überleben der Menschheit bedrohenden Veränderungen auch die digitale Diktatur durch Überwachungstechnologie gehört.

Freilich hat *Stratenwerth* Recht, wenn er auf das Problem der abstrakten Gefährdungsdelikte hinweist und auch darauf, dass diese Arten von Straftaten, die nicht in die archetypischen Kategorien der personalen Rechtsgüter fallen, vielmehr den größten Teil des Strafgesetzbuches ausmachen.[157] Es ist jedoch nicht möglich zu argumentieren, dass die Verhaltensdelikte bei der Anerkennung neuer Deliktsbereiche ohne „verflüssigen" des Rechtsgüterschutzgedanken untergebracht werden können.[158] Dies wäre nur in einem neuen, vielleicht kommunitaristischen Strafsystem möglich, das, wie erwähnt, eine völlige Abkehr vom liberalen Staatsverständnis bedeuten würde.

II. Verfassung gegen systemkritisches Rechtsgutskonzept

Die in den folgenden Abschnitten behandelten Kritiken nehmen immer komplexere Formen an. Denn hinsichtlich verfassungsrechtlicher oder sonstiger strafrechtlicher Dogmatik geben sie das Rechtsgüterschutzprinzip nicht gänzlich auf, sondern versuchen, sich nur auf einen beschränkten Teil davon zu beziehen, den „systemimmanenten Rechtsgutsbegriff". Der Begriff der Rechtsgüter lässt sich entsprechend ihrer Funktion wieder in zwei Kategorien einteilen. Vereinfacht gesagt legt der „systemimmanente Rechtsgüterbegriff" nahe, was die Schutzgüter des Strafrechts sind, während der „systemkritische oder systemtranszendente Rechtsgüterbegriff" als einheitlicher und kritischer Maßstab für solche Begriffe fungiert.[159] Da hier das System nicht die Verfassung, sondern den strafrechtlichen Gesetzgebungsprozess betrifft, wird es auch als gesetzgebungskritischer Rechtsgüterbegriff bezeichnet.[160]

Anders ausgedrückt: Die systemimmanente Rechtsgutskonzeption ist nur die Aufarbeitung der im positiven Strafrecht vorgefundenen Schutzobjekte, die lediglich systematischen Interessen dient. Die Rechtsgutsdefinition stellt nur eine zutreffende Beschreibung ihres Gegenstandes dar. Anders liegt es bei der systemkritischen Rechtsgutskonzeption. Hier steht die kritische Auseinandersetzung

156 *Stratenwerth* (Fn. 151), S. 377 ff.
157 Oben S. 374 f.
158 *Stratenwerth* (Fn. 117), S. 391.
159 *Roxin* (Fn. 39), S. 573.
160 *Hassemer* (Fn. 6), S. 19 ff.

mit der Thematik des strafrechtlichen Schutzobjektes im Vordergrund. Dabei wird also gefragt, ob und inwieweit der strafrechtliche Schutz eines Objektes zu legitimieren wäre. *Hassemer* formuliert ferner, dass sich die beiden Funktionen des Rechtsgutsbegriffs in den „Erkenntnisinteressen und Anforderungen an die Qualität einer Rechtfertigungsbegründung" unterscheiden sollen:[161] Die eine ist „positivistisch-dogmatisch", während die andere „kritisch-theoretisch" ist.[162] Auch wenn es noch nicht möglich ist, eine einheitliche Interpretation des Begriffs des Rechtsguts zu geben, zeigt die bisherige Diskussion, dass ein breiter Konsens zumindest über systemimmanente Funktion besteht.[163] Das liegt daran, dass ein solcher methodischer, hermeneutischer Rechtsgutbegriff nicht mehr als eine zusammenfassende Denkform für Sinn und Zweck der einzelnen Strafrechtssätze ist, sondern bei der Auslegung es nur darauf ankommt, welche geschützten Rechtsgüter in den einzelnen Tatbeständen auftauchen.

Freilich sollte das Hauptanliegen des Rechtsgutskonzepts noch in der gesetzgebungskritischen Funktion bestehen. Dies wird als die Kernthese dieser Forschung immer wieder hervorgehoben. Die Berufung auf den Rechtsgüterschutz taucht als die Aufforderung an den Gesetzgeber auf, nur das unter Strafe zu stellen, was tatsächlich ein Rechtsgut bedroht.[164] Dieser systemkritische Rechtsgutsbegriff setzt allerdings das rechtsgutserzeugende, inhaltliche Werturteil auf der normativen Ebene voraus, das in der Praxis kontrovers ausfällt. Dennoch ist es die hauptsächliche Funktion des Rechtsguts, die Strafbarkeit zu begrenzen.

Das Problem besteht aber immer in einem „aktiven" Gesichtspunkt, der die mögliche Funktion des Rechtsgüterbegriffs dadurch für die Bestimmung der Strafbarkeit[165], nicht für deren Begrenzung hält, dass er den systemimmanenten Rechtsgutsbegriff in den Mittelpunkt stellt. Die Vorrangstellung der Verfassungsgerichtsbarkeit als Normenkontrolle stützt gerade diese Perspektive übermäßig: Damit verbreitet sich die Auffassung, dass die den Gesetzgeber bindenden Standards im Prinzip aus der Verfassung stammen und sich nur durch die Verhältnismäßigkeitsprüfung vollziehen sollten.[166] In diesem Kontext sollte die Funktion des Rechtsgutsprinzips entweder vollkommen ausgeschaltet

161 Oben S. 19 f.

162 Zum Vorschlag einer weniger wertgeladenen Kennzeichnung *Amelung*, ZStW 87 (1975), S. 140 f.

163 Vor allem vgl. *Hirsch,* Die aktuelle Diskussion über den Rechtsgutsbegriff, in: FS Spinellis, Band I, S. 121 ff.

164 *Hassemer* (Fn. 4), S. 87.

165 Oben S. 87 f.

166 Vgl. *Appel*, Verfassung und Strafe (1998).

werden oder kann nur dann mit der Praxis in Einklang gebracht werden, wenn sie auf die systematische Beschreibung der Strafbestimmungen im positiven Recht beschränkt bleibt. Ansonsten sollte der Existenzwert der Rechtsgutstheorie gänzlich geleugnet werden. Diese Kritik, die Funktion des systemkritischen Rechtsgutbegriffs sei mit der Prüfung der verfassungsrechtlichen Verhältnismäßigkeit stets unvereinbar, scheint jedoch von vornherein einem Missverständnis entsprungen zu sein.

1. BVerfG über Rechtsgutskonzept

Beim Angriff gegen die Rechtsgutslehre in der neueren Zeit richtet sich die Kritik auch auf das Verfassungsrecht, wobei sie sich weitgehend auf die Rechtsprechungen des Bundesverfassungsgerichts bezieht. Zeitlich gesehen lassen sich zwei Etappen in Bezug auf den im Jahr 2008 ergangenen Inzest-Beschluss[167] feststellen, der zum ersten Mal die Möglichkeit eines gesetzgebungskritischen Rechtsgutsbegriffs in die Überlegungen des Gerichts einbezogen hat; In der Urteilsbegründung wurde aber abgelehnt, bei der Prüfung der Verfassungsmäßigkeit des einschlägigen Tatbestandes die Rechtsgutslehre heranzuziehen.

In der früheren Phase lässt sich beobachten, dass die Lehre, die sich den verfassungsrechtlichen Grenzen des Strafrechts zugewandt hat, vom Bundesverfassungsgericht weitgehend kritiklos adoptiert wird. Beim näheren Betrachten zeigt sich aber, dass das Gericht bei der Überprüfung von strafrechtlichen Normen große Zurückhaltung geübt hat. Zum Beispiel wird der Fall der Homosexualität unter Erwachsenen[168] dahingehend entschieden, dass sie „gegen das Sittengesetz" verstößt und daher „nicht eindeutig festgestellt werden kann, dass jedes staatliche Interesse an der Bestrafung fehlt".[169] Eine solche vage und unverständliche Position vertritt das Bundesverfassungsgericht auch beim Besitz geringer Mengen von Cannabis-Produkten.[170] Zwar wird dabei zunächst auf geschützte Gemeinschaftsbelange verwiesen und das Verhältnismäßigkeitsprinzip als Prüfungsmaßstab angeführt. Das Gericht hat aber nicht versucht, den Kreis der Schutzgüter festzustellen bzw. einzuschränken. Stattdessen werden die Geeignetheit, die Erforderlichkeit und das Übermaßverbot als konkrete Kriterien des Verhältnismäßigkeitsprinzips in eingeschränkter Form überprüft. Im Ergebnis

---

167 BVerfGE 120, 224 ff.

168 BVerfGE 6, 389 ff.

169 Ebenda.

170 BverfGE 90, 145 f.

stellt sich dann heraus, dass es für das Bundesverfassungsgericht beim Erlass von Straftatbeständen praktisch keine Grenze gäbe.[171]

Gerade diesen Ansatz des Bundesverfassungsgerichts haben *Lagodny* und *Appel* weiter vertieft. Ausgehend davon, dass die überkommenen Versuche zur Einschränkung des Ermessens des Gesetzgebers abgelehnt werden sollen, verweist *Appel* einerseits auf die Unschärfe des Rechtsgutsbegriffs[172] und betont andererseits, dass das Beharren auf einer solchen traditionellen Strafrechtsbegrenzung in einem modernen Verfassungsstaat nicht mehr angemessen ist und daher derartige Überlegungen zwingend in einen verfassungsrechtlichen Kontext zu setzen sind.[173] Genauso wie *Appel* behauptet auch *Lagodny*, dass es keinen der Entscheidung des Gesetzgebers vorgelagerten strafrechtlichen Rechtsgutsbegriff gibt, was in der Strafrechtswissenschaft historisch zu erklären ist.[174] Diese beiden Autoren legen den Schwerpunkt nicht auf die Prüfung des Schutzzweckes eines Gesetzes, sondern auf den Verhältnismäßigkeitsgrundsatz, indem sie von einem weiten Einschätzungs- und Prognosespielraum des Gesetzgebers ausgehen, weshalb die eingeengte Überprüfungsperspektive des Bundesverfassungsgerichts letztlich nötig ist.[175]

In diesem Umstand kommt die Entscheidung zur Verfassungskonformität des Tatbestands des Geschwisterinzests (§ 173 Abs. 2 S. 2 StGB) zustande, in der ausdrücklich abgelehnt wird, bei der Prüfung der Verfassungsmäßigkeit die Rechtsgutslehre zu berücksichtigen: „Das Strafrecht wird als *ultima ratio* des Rechtsgüterschutzes eingesetzt, wenn ein bestimmtes Verhalten über sein Verbot hinaus in besonderer Weise sozialschädlich und für das geordnete Zusammenleben der Menschen unerträglich, seine Verhinderung daher besonders dringlich ist."[176] Kurz darauf wird gesagt, es sei aber Sache des Gesetzgebers, „die mit den Mitteln des Strafrechts zu schützenden Güter festzulegen (...). Diese Befugnis kann nicht unter Berufung auf angeblich vorfindliche oder durch Instanzen jenseits des Gesetzgebers anerkannte Rechtsgüter eingeengt werden. Sie findet ihre Grenze vielmehr (...) nur in der Verfassung selbst." Das Konzept des Rechtsgüterschutzes stelle also „keine inhaltlichen Maßstäbe bereit, die zwangsläufig in

171 Siehe zur Kritik an diesen Entscheidungen *Roxin* (Fn. 39), S. 580 f.; *Hörnle*, Grob anstößiges Verhalten (2005), S. 23 ff.

172 *Appel* (Fn. 166), S. 344 ff.

173 Oben S. 329 ff.

174 *Lagodny*, Strafrecht vor den Schranken der Grundrechte (1996), S. 143 ff.

175 Dazu *Hörnle* (Fn. 171), S. 25 ff.

176 BverfGE 120, 224 ff.

das Verfassungsrecht zu übernehmen wären, dessen Aufgabe es ist, dem Gesetzgeber äußerste Grenze zu setzen".[177]

Diese Inzest-Entscheidung ist vielfach kritisiert worden.[178] Vor allem hat *Hassemer* als Minderheitsvotum des Senatsvorsitzenden mit detaillierten Erwägungen zum Schutzgut die Mehrheitsmeinung heftig beanstandet. Erwähnenswert ist, dass sich erst in dieser Entscheidung die ambivalente Haltung des Bundesverfassungsgerichts zum Rechtsgüterschutzprinzip feststellen lässt. Einerseits wird ihm zwar zugestanden, dass das Rechtsgutsprinzip mindestens den instrumentellen, zweckhaften Charakter der Strafe hat. Andererseits bestreitet das Gericht aber die verfassungsrechtliche Anschlussfähigkeit der Rechtsgutslehre. Daran kritisiert *Neumann* zu Recht, dass „der Senat hier mit der linken Hand das zurückgibt, was er vorher mit der rechten Hand genommen hat".[179] Erschwerend kommt hinzu, dass auf diese inkonsequente Position des Gerichts solche aktuellen Kritiken an der Rechtgutslehre zurückzuführen sind, dass der Rechtsgüterschutzgedanke verfassungsrechtliches Terrain okkupiere:[180] Ihr Anliegen einer inhaltlichen Bindung des Gesetzgebers sei als Einschränkung der Volkssouveränität anzusehen, was im Kern undemokratisch erscheint.[181] Dieser Lehre wird eine nachgerade verstörende Demokratiefeindlichkeit vorgeworfen.[182]

Zum Schluss lassen sich diese von den Entscheidungen des Bundesverfassungsgerichts fundierten Kritiken an der Rechtsgutstheorie so restrukturieren: Wenn die Legitimität eines bestimmten Straftatbestandes anhand der Rechtsgutslehre in Frage gestellt wird, könnte dies zunächst einen unerlaubten Übergriff in das verfassungsrechtliche Terrain darstellen. Obwohl es anerkannt ist, dass die Rechtsgutslehre von der Verfassung unabhängig bleiben kann, wäre hier die Rechtsgutslehre unbrauchbar. Denn eine rechtliche Diskreditierung von Straftatbeständen soll lediglich aufgrund verfassungsrechtlicher Erwägungen möglich sein. Hingegen wäre es möglich oder empfehlenswert, das Rechtsgüterschutzprinzip vollkommen dem Verhältnismäßigkeitsprinzip zu unterstellen. Genau dies eröffnet die Debatte des systemimmanenten Rechtsgutsbegriffs. Im

177 Ebenda. Diese skeptische Ansicht zum Rechtgutskonzept teilt *Hilgendorf* weitgehend; *Ders.*, Neue Kriminalpolitik (2012), 22, 128 ff.

178 Zur kritischen Ansicht *Hörnle*, NJW 2008, 2085.

179 *Neumann*, Vortragstext an der Hanyang Law School (2013), S. 6. Diese widersprüchliche Haltung ist aber bei vielen Kritikern zu beobachten; Siehe Dazu *Gärditz*, Der Staat 49 (2010), 352; *Stuckenberg*, GA (2011), S. 657.

180 *Gärditz*, a.a.O., S. 331, 352 f.; *Stuckenberg*, a.a.O., S. 653 ff.

181 *Stuckenberg*, ZStW (2017), S. 349, 355.

182 *Stuckenberg*, GA (2011), S. 653, 660.

Folgenden geht es deswegen darum, ob die systemkritische Rechtsgutslehre keinen Bezug zu diesem Themenbereich hat oder haben darf.

2. *Verhältnismäßigkeitsprüfung statt Rechtgutslehre*

Es ist zunächst darauf hinzuweisen, dass es unmöglich erscheint, die beiden Funktionen des Rechtsgüterschutzkonzepts, die praktisch keinen Unterschied im Inhalt des Rechtsguts aufweisen, zu trennen, so sagte *Hassemer.*[183] Denn die Antwort auf die Frage „Was ist das Rechtsgut?" hängt letztlich von der Antwort auf die Frage ab, „Was sollte das Rechtsgut sein?". Es liegt auf der Hand, dass das Rechtsgutskonzept zum Zweck des einheitlichen Konzepts für kriminelles Verhalten geschaffen wurde. Hier erweist sich nur, dass die gesetzgebungskritische Funktion der Rechtsgutslehre nicht aufgegeben werden kann. Darüber hinaus ist die Verletzung von Rechtsgütern notwendige, aber nicht hinreichende Bedingung für Strafbarkeit. Wie *Neumann* sagte, stehe die gesetzgebungskritische Funktion des Rechtsgutskonzepts daher, wie im Folgenden ausgeführt, nicht im Widerspruch zur Verhältnismäßigkeitsprüfung, die die einzige Geltungsebene des positiven Rechts darstelle.[184]

a) Systemkritische Rechtsgutslehre als Legitimierung des Straftatbestands

Hinter manchen gegenwärtigen Kritiken an der Rechtsgutslehre steckt die Behauptung, dass eine rechtliche Diskreditierung von Straftatbeständen nur aufgrund verfassungsrechtlicher Erwägungen möglich ist und daher die Rechtsgutslehre nur eine Funktion im Rahmen der rechtspolitischen Diskussion wahrnehmen soll. Eng damit verbunden ist der Vorwurf, dass die Kontrolle durch die Rechtsgutslehre einen Übergriff in das verfassungsrechtliche Terrain darstellt, wie oben erwähnt. Diese Ansicht wäre aber nur dann verständlich, wenn der Rechtsgutsbegriff zur Naturrechtslehre gehört.[185] Die in der Praxis vom Strafgesetzgeber betrachtete Rechtsgutslehre will keinesfalls für verfassungskonforme Straftatbeständen ihre Rechtsgeltung bestreiten. Hier werden also „sowohl der Anspruch als auch die kritische Potenz der Rechtsgutslehre verkannt."[186] Denn es geht bei der systemkritischen Relevanz der Rechtsgutslehre weder um die Verfassungswidrigkeit, nämlich die Legalität einer Norm, noch um deren rechtspolitische Unerwünschtheit. Vielmehr zielt sie gerade auf die „Legitimität" eines

---

183 *Hassemer (*Fn. 6), S. 87 f.
184 Vgl. *Neumann* (Fn. 103).
185 Ebenda.
186 Vgl. Neumann (Fn. 179).

Straftatbestandes. Als ergänzende Erklärung ist hier auf *Feinberg* zu verweisen: Ihm zufolge gibt es zwei Möglichkeiten, strafrechtliche Normen zu begründen, und zwar Legitimierung und Rechtfertigung. Ersteres bezieht sich auf die normative Dimension, während Letzteres in Bezug auf spezifische soziale Situationen nützlich und politisch vereinbart ist.[187] Wenn das der Fall ist, besteht der Anspruch der Rechtsgutslehre bzw. der personalen Rechtsgutslehre, einen bestimmten Straftatbestand unter dem Gesichtspunkt des Rechtsgüterschutzes zu „legitimieren", auch darin, nur die normative Qualität des Tatbestandes in Frage zu stellen. Mit anderen Worten bildet er einen Argumentationsstandard, dem der Gesetzgeber genügen soll, um die Legitimität eines Straftatbestandes festzustellen[188], dessen rechtspolitische Rechtfertigung oder Legalität nach wie vor nur vom Bundesverfassungsgericht überprüft werden sollte.

Darüber hinaus geht es bei denselben Einwänden nicht um den Rechtsgutsbegriff selbst, sondern um seinen Zusammenhang mit der Verfassung. Ausgehend davon, dass die Rechtsgutslehre infolge der inhaltlichen Unbestimmtheit nicht als Kriterium zur inhaltlichen Begrenzung der Strafgesetzgebung taugt, steht hier im Vordergrund, dass die Bezugnahme auf die Rechtsgutslehre von vornherein ausscheidet und kein Raum für derartige außerverfassungsrechtliche Überlegungen bleibt, weil das Grundgesetz seinen umfangreichen Katalog der Grundrechte verabschiedet hat und der demokratisch legitimierte Gesetzgeber vollends an die Verfassung gebunden ist. Auf diesem Ansatz beruht zudem das Bundesverfassungsgericht. Aus der Kontrolle des Strafrechts mittels der Rechtsgutslehre ergeben sich also nur fragwürdige Strafgesetzgebungen, deren Kontrolle nun außerhalb der verfassungsrechtlichen Ebene vorgenommen werden soll.

Bereits durch die oben angeführten Entscheidungen des Bundesverfassungsgerichts erweist es sich aber, dass die verfassungsrechtliche Kontrolle der gesetzgeberischen Gestaltungsmöglichkeit nicht immer erfolgreich dargelegt wird: Am Beispiel der männlichen Homosexualität (§ 175 a.F. StGB) demonstriert *Neumann* überzeugend die Unrichtigkeit der Behauptung, dass das Willkürverbot und das Verhältnismäßigkeitsgebot basierend auf dem Grundgesetz freies Belieben des Gesetzgebers schon seit 1948 nicht ausschließen können.[189] Dass dies häufig geschieht, bestätigt sich in der Entscheidung über den Cannabis-Besitz auch durch das Minderheitsvotum von *Sommer*, wenn ihm zugestanden wird,

187 *Feinberg, Joel*, The moral limits of the criminal law, Bd. 1, S. 4 ff.
188 *Neumann* (Fn. 103), S. 193 f.
189 Oben S. 192 f.

dass die Pönalisierung des Besitzes kleiner Mengen Cannabis einen Verstoß gegen das Übermaßverbot darstellt.[190] Zugleich wurde bereits oben ausgeführt, dass diese Kollision auch für den Beschluss über das Inzestverbot gilt. Die Tatsache, dass die monopolisierte Kontrollbefugnis bei der Prüfung der Verfassungswidrigkeit einer Norm häufiger versagen kann, bildet jedoch keine unerhebliche Gefahr gegenüber einem demokratisch organisierten Staat.

b) Notwendigkeit der systemkritischen Rechtsgutslehre in demokratischer Hinsicht

Wenn es um die Verstärkung des demokratischen Prozesses geht, wird die Behauptung, es brauche keine Rechtsguttheorie, weil es eine Verhältnismäßigkeitsprüfung gibt, keinen Anhaltspunkt mehr finden.[191] In den Gesellschaften, in denen der Konstitutionalismus etabliert ist, müssten Streitigkeiten, die in den Bereichen der Gesetzgebung oder Verwaltung nicht zu einer Einigung finden, dazu neigen, in den Bereich der Justiz verlagert zu werden und das endgültige Urteil einem Richter zu überlassen. Da sich die Technik so komplex entwickelt hat, dass nur Experten sie verstehen können, und sich die Werte diversifiziert haben, ist es dem demokratischen System vielfach nicht gelungen, einen gesellschaftlichen Konsens darüber zu erzielen, wessen Rechte und inwieweit zu gewährleisten sind. Daraufhin tendiert die Legislative dazu, ihre Verantwortung abzugeben, verfassungsrechtliche Werte zu untermauern, indem sie das Gericht prüfen lassen, ob ein Gesetz verfassungswidrig ist. Für gewählte Vertreter in einer repräsentativen Demokratie wäre die Stärkung des richterlichen Prüfungsrechts weitaus effizienter und vorteilhafter, als sich in knifflige und komplexe normative Debatten zu stürzen. Folglich führen sie die Legislatur lediglich auf die instrumentelle Ebene zurück, während die Justiz die Gesetze auf der materiellen Ebene begutachten muss.

Dies scheint aber das System der Normenkontrolle eindeutig auszunutzen. Die Struktur selbst ist bereits eine Bedrohung für die Verfassungsordnung: Die „Verrechtlichung der Politik" schwächt das oberste Prinzip „Gewaltenteilung", weil die Anerkennung und Umsetzung verfassungsrechtlicher Werte eine Verantwortung ist, die sowohl dem gesetzgebenden als auch dem justiziellen Zweig obliegt. Die Tatsache, dass Richter entweder ernannt oder indirekt gewählt

---

190 *Hörnle* (Fn. 171), S. 32, 39.

191 *Gärditz, Stuckenberg* et al. halten den systemkritischen Rechtsgutsbegriff sogar für demokratiefeindlich. in: *Roxin*, AT I, 5. Aufl., § 2 Rn. 94e ff. Siehe dazu *Gärditz*, a.a.O., S. 343 ff.; *Stuckenberg* (Fn. 179), S. 654 ff.

werden und daher möglicherweise nicht ausreichend repräsentativ wären, stellt ein weiteres Dilemma dar, das sich auf die unvollständige demokratische Legitimation bezieht. Darüber hinaus bleibt fraglich, ob Gerichte tatsächlich jedes Mal dazu in der Lage sind, den den Verfassungsnormen zugrunde liegenden Gesellschaftsvertrag zu mikroskopieren. Es gibt in Bundesrepublik nur 16 Bundesverfassungsrichter, die im Prinzip starken Beschränkungen der politischen Neutralität unterliegen. Dagegen gehört es zur üblichen Aufgabe von Gesetzgebern, die eine Gesellschaft leitenden Prinzipien sowohl auf fachlicher als auch auf metaphysischer Ebene zu diskutieren, festzulegen und darzustellen.

Allerdings wird hier nicht beabsichtigt, das System der Verfassungsgerichtsbarkeit in Frage zu stellen. An dieser Stelle sei lediglich darauf hingewiesen, dass die gegenwärtige Praxis, in der die gesetzgeberische Pflicht dem Richter übertragen wird, grundsätzlich problematisch ist. Dies gilt insbesondere dann, wenn es sich um ein Strafrecht handelt: So ist die demokratisch überprüfte normative Legitimität seines Inhalts umso wichtiger. Denn nach dem aufklärerischen und liberalen Programm sollte das Strafrecht nur als letztes Mittel eingesetzt werden, weil es die bürgerlichen Freiheiten mit einer Macht einschränkt, die mit keinem anderen Mittel zum Schutz der Verfassung vergleichbar ist: Daraus ergibt sich das „Subsidiaritätsprinzip des Strafrechts". Da sich in einem liberaldemokratisch strukturieren Staat jeder Eingriff in elementare Rechte des Bürgers, die mit der Verhängung von Strafe verbunden ist, legitimeren lassen, führt die Krise der Demokratie sozusagen zur Krise des Strafrechts.[192] Dass sich der strafwürdige Unwert der Handlung „allein aus dem positiven Recht (...) in all seiner Beliebigkeit, Inkohärenz und Flüchtigkeit ergibt"[193], kann somit nicht geschehen. Demokratisch gefordert ist stattdessen die sowohl auf der rechtspolitischen als auch auf der normativen Ebene konstituierte Argumentation für die Legitimierung des Straftatbestands.[194] Genau hier stellt sich die Rechtsgutslehre als ein notwendiges Hilfsmittel heraus: Die systemkritische Rechtsgutstheorie zielt gegen die willkürliche Erweiterung des Strafrechts auf ein klares und starkes – und fast einziges – normatives Kriterium ab, das zum strafrechtlichen Gesetzgebungsprozess selbst beitragen kann.

---

192 Vgl. *Aristoteles*, Politik (1993).

193 *Gärditz*, a.a.O., S. 353.

194 *Neumann* (Fn. 103), S. 194.

3. *Rechtsgutskonzept unter dem Verhältnismäßigkeitsprinzip*

a) *Rechtgutskonzept als Argumentationsmuster*

Ausgehend von diesem Ansatzpunkt, dass gegenwärtige Versuche, das Verfassungsrecht gegen die systemkritische Rechtsgutslehre auszuspielen, nicht überzeugen können und somit die Letztere bei der Legitimierung der fraglichen Normen zu berücksichtigen ist, findet auch die Ansicht Resonanz, dass die strafrechtliche Rechtgutslehre nicht nur im Gesetzgebungsprozess, sondern auch im Rahmen der verfassungsrechtlichen Verhältnismäßigkeitsprüfung eine bedeutende Rolle spielen kann. Wie allerdings bereits erwähnt, hat das Bundesverfassungsgericht in seiner Entscheidung zur Verfassungskonformität des Tatbestandes des Geschwisterinzests die Berufung auf die Rechtsgutslehre abgelehnt. Dennoch zeigt sich in dieser Entscheidung eine so ambivalente Haltung zum Rechtsgüterschutzprinzip, dass noch erschlossen werden muss, ob „es einen sachlichen Zusammenhang zwischen Rechtsgutslehre und Verfassungsrecht gibt."[195]

So bejaht *Hassemer*, indem er behauptet, dass das Rechtsgüterschutzprinzip das verfassungsrechtliche Übermaßverbot mitkonstruieren kann: „Ja, man kann sagen, dass die strafrechtliche Rekonstruktion des Übermaßverbots ohne den Gedanken des Rechtsguts gar nicht möglich wäre."[196] Hingegen hat *Neumann* das Verhältnismäßigkeitskonzept selbst als ein strafrechtliches Argumentationsmuster herausgearbeitet. Ihm zufolge liegt die Leistungsfähigkeit des Verhältnismäßigkeitsprinzips darin, ein hochzuschätzendes Argumentationsmuster zu liefern, mit dem die rechtspolitische Kritik an einer strafgesetzlichen Regelung in ein verfassungsrechtlich relevantes Verdikt transformiert werden kann.[197] Im Rahmen dieses Argumentationsmusters leistet die systemkritische Rechtsgutslehre einen Beitrag zur Legitimierung einer Strafnorm. Also bleibt zu hoffen, dass in dieser Weise die verfassungsrechtliche Tradition des Grundrechtsschutzes und die strafrechtliche Tradition des systemkritischen Rechtsgüterbegriffs in eine enge Beziehung zueinander gebracht werden können.[198]

---

195 Vgl. *Neumann* (Fn. 179).

196 *Hassemer* (Fn. 2), S. 60 f.

197 *Neumann*, Das Verhältnismaßigkeitsprinzip als strafbegrenzendes Prinzip, in: v. Hirsch/Seelmann/Wohlers, Mediating principles (2006), S. 135 f.

198 Vgl. *Lagondy* (Fn. 174); *Appel* (Fn. 166); *Stächelin*, Strafgesetzgebung im Verfassungsstaat (2021).

b) Systemimmanentes Rechtsgutskonzept

Wenn es um den systemimmanenten Rechtgutsgedanken geht, scheint das Problem nicht so einfach lösbar zu sein. Im Grunde genommen bewirkt die Systemkritik des Rechtsgüterbegriffs, dass die äußerst abstrakten Wertvorstellungen, guten Sitten oder einfachen Ordnungswidrigkeiten, die weder Rechtsgüter verletzen noch als Rechtsgüter konstituiert werden können, vom Strafrecht ausgeschlossen werden. Die ursprüngliche Verhältnismäßigkeitsprüfung eines Strafgesetzes erfolgt jedoch durch eine Abwägung zwischen den verletzten Grundrechten und dem Interesse am Schutz potenzieller Opfer der Strafe. Im Vollzug der systemkritischen Funktion der Rechtsgütertheorie fehlt hingegen diese materielle Überprüfung, also ein Teil der Verhältnismäßigkeitsprüfung. Wird also der Logik gefolgt, die ausschließlich den Anspruch der Verhältnismäßigkeitsprüfung anerkennt, so bezieht sich die gesetzgeberische Begrenzungsfunktion der Rechtsgutslehre nur auf den Mechanismus, der die Legitimität des gesetzgeberischen Zwecks bestätigt: Sobald lediglich geprüft wird, ob es um die sog. Scheinrechtsgüter geht oder ob der Gesetzgebungszweck unter den weiten Begriff der verfassungsrechtlich geschützten Rechtsgüter fällt, wird es dem Verfassungsgericht überlassen, die materielle Verhältnismäßigkeit festzustellen.

Allerdings sind Rechtsgüter von der materiellen Verhältnismäßigkeitsprüfung nicht vollständig ausgenommen. Sie werden herangezogen, wenn begutachtet wird, ob das jeweilige Strafrecht das geeignetste Mittel zum Schutz des Rechtsguts als Gesetzgebungszweck ist oder ob es die geringste Beeinträchtigung verursacht, und wenn das geschützte Rechtsgut gegen die Einschränkung der Grundrechte und Interessen des Täters abgewogen wird. Hervorzuheben ist, dass bei all diesen Prozessen der Rechtsgutsbegriff keine gravierenden Probleme verursacht, auch wenn er bloß eine systemimmanente Eigenschaft hat. Ob die in den Straftatbeständen erfassten Rechtsgüter verletzt sind, lässt sich durch einen einfachen Vergleich darüber feststellen, ob die Grundrechte der Verfassung verletzt sind. Wird der Verfassung als oberster Norm vertraut, ist es nicht nötig, den Begriff und die Tragweite des geschützten Rechtsgutes in Werten zu finden, die dem positiven Recht vorangehen. Das geschützte Rechtsgut, das zum Vergleichsmaßstab der Interessenabwägung wird, muss nur systematisch beschrieben werden. Dies lässt sich als Materialisierung des Rechtsgutsbegriffs bezeichnen.[199]

Zu fragen ist, ob das tatsächlich ausreicht. Systemkritische Konzepte sind unweigerlich mit moderner Vernunft, Autonomie, Freiheit und dem Geist der

---

199 Siehe dazu *Hefendehl*, GA 149 (2002), S. 20. Vgl. auch *ders*., Kollektive Rechtsgüter im Strafrecht (2002).

Aufklärung und des Liberalismus verbunden. Der Begriff der weiten Rechtsgüter, etwa der Bedingungen für ein gutes Leben in der Gemeinschaft, ist eigentlich nichts anderes als die Lektüre der in der Verfassung festgelegten weiten Rechtsgüter. Wichtig ist, dass der systemkritische Rechtsgutsbegriff impliziert, dass Individualrechte und deren daraus resultierende Vorteile das Wesen des strafrechtlichen Schutzes sind und dass das Strafrecht als Mittel der Grundrechtsbegrenzung nur ergänzend wirken muss. Wenn die systemkritische Rechtsgutstheorie daher auf Legitimierung der gesetzgeberischen Zwecke einwirkt, bleibt sie nicht bei der bloßen Prüfung, ob die der Verfassung deduzierbaren geschützten Rechtsgüter verletzt sind, sondern es geht wesentlich um den Inhalt der personalen Rechtsgüter und deren Realisierung. Allerdings gäbe es keine Gründe mehr für die Auffassung, dass der gesetzgebungskritische Rechtsgüterbegriff den Begriffen der Geeignetheit und Erforderlichkeit sowie dem Übermaßverbot der Mittel entgegensteht, solange die Mittel des Strafrechts letztlich subsidiär sind und daher minimiert werden sollten.

Obwohl daher zugegeben werden muss, dass das systemkritische Rechtsgutskonzept den Inhalt der materiellen Verhältnismäßigkeitsprüfung nicht umfasst, lässt sich sagen, dass der ihm zugrunde liegende Geist, d.h. der liberale Geist, bei einem Maßstab für die Überprüfung der Verfassungsmäßigkeit von Strafnormen verbleibt. Ergänzend sei noch einmal erwähnt, dass der liberale Gehalt und die systemkritische Vorstellung der Rechtsgutstheorie eine Einheit sind: Auch wenn die verfassungsrechtliche Verhältnismäßigkeitsprüfung alle Funktionen der Strafbegrenzung erfüllen würde, erlischt die Bedeutung des systemkritischen Rechtsgutskonzepts nicht. Nur seinem starken Geist der Freiheitsgarantie ist es möglich, die unter dem Deckmantel einer Verfassung unbegrenzt ausdehnbaren Strafgesetze zu blockieren.

III. Kritik am personenbezogenen Rechtsgüterbegriff

Die Forderung nach Materialisierung des Rechtsgutsgedankens hört nicht auf: Zum einen suggeriert sie, wie oben ausgeführt, den systemimmanenten Rechtsgüterbegriff, dessen Leistung sich nur in der Verhältnismäßigkeitsprüfung erschöpft. Zum anderen entwickelt dieser Gedanke sich hingegen zur neuartigen Rechtsgutskonzipierung, die eine erhebliche Überarbeitung der personalen Rechtsgutstheorie erfordert. Im Grunde erfolgt diese Forderung vor dem sachlichen Hintergrund der Entstehung neuer Kriminalitätsformen durch den gesellschaftlichen Wandel, der sowohl die bereits dargelegten Alternativmodelle untermauert als auch in engerem Zusammenhang mit den in diesem

Absatz behandelten Fragestellungen steht: Hierbei handelt es sich um das Konzept der universellen Rechtsgüter.

Da es wie dargestellt schwierig umzusetzen wäre, ein klares normatives Kriterium vermittels des Rechtsgutskonzepts für den Gesetzgeber zur Verfügung zu stellen, ist die gesamte Rechtsgutslehre in den letzten Jahren unter schweren Beschuss geraten: Tatsächlich erfolgt die Modernisierung des Strafrechts im Sinne einer raschen Anpassung an die gesellschaftliche Entwicklung, und kollektive Rechtsgüter statt individueller Rechtsgüter dominieren die jüngste Rechtspolitik. Oder bezieht sich der Strafzweck der Umweltverbrechen, der Wirtschaftskriminalität, der Drogenkriminalität und der Sexualdelikte mit den digitalen Technologien über die Grenzen des traditionellen Rechtsgutschutzes hinaus auf die Prävention von Gefahren. So merkt *Hassemer* an, dass „die Modernisierung sich zweier Instrumente bedient, nämlich der kollektiven Rechtsgüter sowie der abstrakten Gefährdungsdelikte", aber gleich darauf fügt er hinzu, dass dieses Phänomen „in rechtsstaatlicher Hinsicht bedrohlich erscheint".[200] Dieser Trend führt nämlich dazu, einhergehend mit der Materialisierung des Rechtsguts den systemkritischen Charakter des Rechtsgutbegriffs beiseite zu schieben und solche Handlungen, die keine konkreten Beeinträchtigungen gegenüber den Interessen der Individuen beinhalten, im Namen des Schutzes der universellen Rechtsgüter strafrechtlich zu verbieten.

1. Problematik der Universalrechtsgüter

Das Konzept des personalen Rechtsguts geht davon aus, dass es eine Hierarchie zwischen Rechtsgütern gibt und sich dementsprechend nur aus Individualrechtsgütern Universalrechtsgüter ableiten. Mit anderen Worten bestehen Rechtsgüter grundsätzlich als Gegenstände des freien Entfaltens des Menschen und Güter, die dem Staat oder der Gesellschaft dienen, können nur dann als Rechtsgüter anerkannt werden, wenn sie zum Schutz individueller Rechtsgüter beitragen.[201] Dies wird als monistische Rechtsgutslehre bezeichnet, die im Blick auf das historische Erbe der Rechtsgutskonzeption der Ausweitung des individuellen Freiheitsschutzes und der Begrenzung der staatlichen Strafe selbstverständlich zu erkennen ist. Im Gegensatz dazu wird die Theorie der Anerkennung der Einzigartigkeit universeller Rechtsgüter, die rein staats- oder gesellschaftsfördernd

200 *Hassemer*, ZRP (1992), S. 381 f.; Vgl. *Prittwitz*, Strafrecht und Risiko (1993); *Neumann, Prittwitz* (Hrsg.), Kritik und Rechtfertigung des Strafrechts (2005); Siehe auch *Seelmann*, Risikostrafrecht, KritV 75 (1992), S. 452 ff.

201 *Marx* (Fn. 92), S. 64 ff.

sind, als dualistische Rechtsgütertheorie bezeichnet.[202] Daraufhin behauptet *Hefendehl*, dass das universale Rechtsgutskonzept mit einem Wertbereich umgeht, dessen Verbindung zu individuellen Rechtsgütern unklar sei.[203] Diese Idee stößt heute auf große Resonanz, während ihre ideologischen Wurzeln sich auch bei *Binding* finden könnten: Da die Gutsverletzung als Ungehorsam gegen die Norm strafbar ist, ist ein Verstoß dagegen strafbar, gleichgültig, ob der Inhalt des Rechtsguts persönlich oder allgemein ist.[204] Das dualistische Rechtsgutskonzept scheint daher *ab ovo* von der gesetzgebungskritischen Vorstellung abzuweichen, die mit der Aufklärung begann und durch den empirischen Ansatz von *Liszt* vervollständigt wurde.

Die Stärkung dieser Auffassung, dass der allgemeine Rechtsgüterbegriff einer unabhängigen Betrachtung bedarf, ist wie erwähnt auf die Modernisierung der Gesellschaft, die hochentwickelte Industrie und den Wandel strafwürdiger Verhaltensweisen zurückzuführen. Mit anderen Worten wird der Erhalt des Systems selbst – wie der Schutz der Umwelt und Tiere oder der Fortbestand des Staates, der rechtsstaatlich-demokratischen Ordnung, die Transparenz des Geldverkehrs, die Integrität der Justizverwaltung usw. – nun das hauptsächliche und eigenständige Anliegen der Strafgesetzgebung sein[205], statt des personalen Rechtsgüterschutzes des Lebens, der körperlichen Unantastbarkeit oder des Besitzes, für die die Strafwürdigkeit bereits feststeht. *Tiedemann* argumentiert beispielsweise, dass Wirtschaftsdelikte zum Schutz der staatlichen Wirtschaftsordnung eigenständige Rechtsgüter ohne Bezug zu den Individualrechtsgütern darstellen.[206] *Kuhlen*, der eine hervorragende dogmatische Einsicht in die strafrechtliche Subsumtion von Umweltdelikten zeigte, erhebt ebenfalls einen Einwand gegen die Theorie des monistischen Rechtsgutsgedankens, indem er darauf hinweist, dass nicht ausdrücklich offenbart wird, welche Art von persönlichen Rechtsgütern bei diesen Umweltdelikten verletzt wird.

So ist charakteristisch, dass es bei diesen kollektiven Rechtsgütern um Handlungen geht, die nicht im Einzelnen eine Verletzung der konkreten menschlichen Interessen ausmachen, die aber kollektiv als schädlich für die Gesellschaft bezeichnet werden. Dies wird im Tatbestand der Tierquälerei oder des Umweltschutzes deutlich. Darüber hinaus werden diese Rechtsgüter in dem Sinne

---

202 Vgl. *Stuckenberg* (Fn. 179).
203 *Hefendehl*, GA (1997), S. 122.
204 *Binding* (Fn. 58), S. 341.
205 *Hefendehl*, JR 9 (1996), S. 353.
206 *Tiedemann*, Tatbestandsfunktionen im Nebenstrafrecht (1969), S. 119.

entmaterialisiert und idealisiert, dass sie Eingriffe in das gesamtgesellschaftliche System bewirken und dass dabei unklar bleibt, ob und inwieweit sie die individuellen Interessen verletzen. Daher verschiebt sich auch im modernen Strafrecht, das sich damit auseinandersetzen muss, der Fokus vom Begriff der Erfolgsdelikte hin zu dem der abstrakten Gefährdungsdelikte, die besser geeignet sind, die Pönalisierung der entpersönlichten und konzeptualisierten Rechtsgüter zu begründen.

Dennoch ist der Ausgangspunkt des dualistischen Rechtsgutskonzepts, dass der personale Rechtsgüterbegriff die kollektiven Rechtsgüter nicht vollkommen in sein Modell integrieren könnte[207], zuerst abzuklären. Wie hier bereits dargelegt, kann er auch das Konzept der Universalrechtsgüter in ihr Konzept aufnehmen. Dafür gilt nur der Grundsatz, dass die kollektiven Rechtsgüter auf individuelle zurückgeführt werden sollen. Von welchen Bedingungen die freie Selbstverwirklichung des Individuums abhängt, kann trotzdem je nach Generation und Land variieren, weil die personenbezogenen Rechtsgüter selbst das Ergebnis der normativen Konstitution durch den gesellschaftlichen Kommunikationsprozess sind, sagte bereits *Hassemer*. Die personalen Merkmale des Rechtsgutsbegriffs können also nicht einfach ausgeschlossen werden, nur weil eine neue Art von Straftaten mit einem etwas abstrakteren Begriff geschaffen wurde.

Auch wenn in Bezug auf die Umweltdelikte die anthropozentrische Perspektive der personalen Rechtsgutslehre stark kritisiert wird[208], wäre es z.B. möglich, die Umweltschädigung im Rahmen des Lebens oder der Gesundheit der Menschen zu rekonstruieren, wie *Hohmann* behauptet.[209] Dies gilt auch für den Fall der Tierquälerei, indem in einer Welt, in der Tiere unbeschränkt misshandelt werden, die freie Selbstverwirklichung der Menschen übermäßig behindert wird. Insoweit stehen Maßnahmen zum Schutz von Umwelt und Tieren zwangslos im Einklang mit dem Begriff des personenbezogenen Rechtsguts. Hingegen wäre es in Gestalt der „kollektiven“ Rechtsgüter völlig verständlich; es liegt bereits eine Rechtsgutsverletzung in jeder Handlung vor, die dem Straftatbestand entspricht, ebenso wie beim Individualrechtsgut eine Eigentumsverletzung bestraft wird, auch wenn es zu keinem Eigentumswechsel kommt.[210]

---

207 *Schünemann*, GA (1995), S. 218 ff.

208 Dazu *Stratenwerth* (Fn. 143), S. 688 ff.

209 *Hohmann,* Das Rechtsgut der Umweltdelikt (1991), S. 61 f.

210 Roxin (Fn. 39), S. 588; Vgl. *Schünemann,* Das Rechtsgüterschutzprinzip als Fluchtpunkt der verfassungsrechtlichen Grenzen der Straftatbestände und ihrer Interpretation, in: Hefendehl et al. (Hrsg.), Die Rechtsgutstheorie (2003), S. 153.

Allerdings ist hervorzuheben, wie *Neumann* betont, dass ein strafrechtlicher Schutz der Natur um ihrer selbst willen jedenfalls unter dem personalen Rechtsgutskonzept nicht legitimiert werden kann: Solches Interesse liegt jenseits der Reichweite des personalen Rechtsgutskonzepts.[211] Zugleich erscheint eine solche Überlegung nicht akzeptabel, dass Tiere gleich Menschen ein Interesse haben, von qualvollem Schmerz verschont zu bleiben. Falls der Tatbestand der Tierquälerei so bestimmt wird, dass Taten, mit denen Tiere gequält oder getötet werden, mit Strafe bedroht werden, lässt sich der strafrechtliche Schutz von Tieren mit dem Begriff der Solidarität legitimieren. Mit anderen Worten geht es hier um den Schutzgedanken des Interesses der Solidarität mit anderen Lebewesen, das letztlich eines anderen normativen Prinzips als des personalen Rechtsgutsprinzips bedarf. Dies ist auch beim Schutzargument der Lebensgrundlagen künftiger Generationen wie des Erhalts der Umwelt der Fall, wobei es vor allem um die Berücksichtigung der Interessen von Menschen künftiger Generation geht, während für die personale Rechtsgutslehre die heutigen Menschen im Vordergrund stehen.[212] Bei diesen Fällen handelt es sich also um „eine in der sachlichen Berechtigung wohl kaum bestreitbare Erweiterung des Rechtsgüterbegriffs", behauptet *Roxin*[213], die in den Augen der rigorosen systemkritischen personalen Rechtsgutslehrer aber ein fast unmögliches Ziel zu sein scheint.

2. *Straflegitimierung jenseits des personalen Rechtsgutskonzepts*

Die Abkehr von der personalen Rechtsgutslehre ist nicht nur auf die Verbreitung der kollektiven oder abstrakten Rechtsgüter wie bei der Umwelt- oder der Wirtschaftskriminalität zurückzuführen, sondern auch auf die Nutzung digitaler Technologien beim verbrecherischen Handeln. Zum Beispiel sind bei der digitalisierten Drogenkriminalität oder bei digitalen Sexualdelikten Zeit, Ort und Täter einer Tat nicht mehr bestimmbar, was aber in der sog. Risikogesellschaft[214]

---

211 . *Neumann* (Fn. 103), S. 10.

212 Ebenda. Siehe dazu auch *Roxin* (Fn. 39), S. 594 f.

213 *Neumann*, a.a.O., S. 9 f.; *Roxin*, a.a.O., S. 595 f.

214 Vgl. *Beck* (Fn. 116). Die Risikogesellschaft von *Ulrich Beck* beschreibt die Art und Weise, wie moderne Gesellschaften mit Risiken umgehen, die durch wissenschaftlichen und technologischen Fortschritt entstehen. *Beck* argumentiert, dass die moderne Gesellschaft durch eine zunehmende Komplexität und Unberechenbarkeit der Umwelt gekennzeichnet ist, die durch neue Technologien, globale Vernetzung und Globalisierung entstehen. Diese Risiken können sich auf verschiedene Bereiche des gesellschaftlichen Lebens auswirken, z.B. die Umwelt, die Gesundheit, die Wirtschaft, die Politik und die soziale Ordnung.

eine häufige Situation darstellt. Daher sollte das Strafrecht darauf mit einer Funktionalisierung[215] reagieren, die sich auf zwei Weisen vollzieht. Zum einen integriert das Strafrecht hochspezialisierte und komplizierte Regelungen ggf. in Form differenzierter Spezialgesetze. Dadurch wird das Strafgesetzbuch aber zu einem Symbol von äußerst abstrakter Bedeutung. Konzentriert sich darüber hinaus der Gesetzgeber darauf, funktionale Strafvorschriften zu produzieren, bleibt der willkürlichen Erweiterung der Strafbefugnis gegenüber lediglich die Verhältnismäßigkeitsprüfung, deren Gefahr aber offensichtlich ist, wie oben beschrieben. Zum zweiten erfolgt eine Funktionalisierung durch die Vorverlagerung des Rechtsgüterschützes, die im Grunde auf die Risikoprävention abzielt. Hierbei handelt es sich also darum, Rechtsgüter schon in den frühen Stadien der Gefährdung zu schützen, obgleich der Rechtsgutsbezug noch nicht klar zu erkennen ist.[216] Diese Funktionalisierung des Strafrechts wurde jedoch von *Hassemer* als Feindbild des Rechtsstaates definiert, der er durch eine erneute Verfestigung des personalen Rechtsgüterbegriffs entgegenzutreten versucht.

a) Abstrakte Gefährdungsdelikte

Es ist vonnöten, die dogmatische Problematik der abstrakten Gefährdungsdelikte zu überblicken, auch wenn sie nicht das Hauptthema dieser Untersuchung darstellt. In erster Linie gibt es bei den Kriminalitätsarten ein Erfolgsdelikt und ein Gefährdungsdelikt, wobei Letzteres nach der Intensität der Gefahren in ein konkretes und ein abstraktes Gefährdungsdelikt unterteilt werden kann. Dennoch bestünde kein großer Unterschied in der Tat zwischen dem Erfolgsdelikt und dem konkreten Gefährdungsdelikt, weil es sich bei Ersterem um eine konkrete und reale Verletzung der Rechtsgüter im herkömmlichen Sinne handelt, indem auch die aktuale Gefahr für das Leben, den Körper oder das Eigentum von Menschen bei Letzterem – z.B. bei § 315c StGB (Gefährdung des Straßenverkehrs) – in Betracht kommt: So würde das konkrete Gefährdungsdelikt lediglich als Fall identifiziert, in dem das Erfolgsdelikt nur zufällig nicht zustande kommt.[217]

Wenn das der Fall ist, kommt es nur auf das abstrakte Gefährdungsdelikt an, um das hier betreffende Problem der kollektiven Rechtsgüter zu lösen. Tatsächlich wird der Gedanke der abstrakten Gefährdungsdelikte, der sich zu einem

---

215 Siehe dazu *Prittwitz*, Die Funktionalisierung des Strafrechts in der Risikogesellschaft, in: Kreuder (Hrsg.), Der orientierungslose Leviathan (1992), S. 177 ff.

216 Vgl. *An*, Vorfeldkriminalisierung in der Risikogesellschaft (2016).

217 *Roxin*, AT I, 5. Aufl., § 10 Rn. 124; *Schünemann*, JA (1975), S. 796 f.

zentralen Gegenstand des sog. Risikostrafrechts entwickelt hat, zu dessen Lösung herangezogen, vor allem in denjenigen Fällen, in denen die Universalrechtsgüter abstrahiert werden und selten konkrete und tatsächliche Interessenverletzungen darstellen. Gleichwohl ist die Grundlage für die Strafwürdigkeit eines abstrakten Gefährdungsdelikts auch eine Androhung der Rechtsgutsverletzung, und die Wahrscheinlichkeit des Angriffs macht nur einen Unterschied zum Erfolgsdelikt und konkreten Gefährdungsdelikt.[218] Mit anderen Worten: Wenn die Verletzung einzelner Rechtsgüter nicht bestätigt wird, kann auch das Bestehen von Gefahren für diese Rechtsgüter nicht bestätigt werden. Daher weist *Prittwitz* zu Recht darauf hin, dass es bei diesen abstrakten Gefährdungsdelikten nur um die Vorfeldkriminalisierung geht, um zu verbietende Handlungen zu ahnden, die die bestehende Rechtsgutstheorie auf Grundlage des Erfolgsdelikts nicht berücksichtigen kann, indem das Problem der Rechtsgüter der Allgemeinheit hier auch nicht gelöst werden kann.[219]

b) Neue Debatten um abstrakte Gefährdungsdelikte

Hier wäre es schließlich sinnvoll, nur einige Beispiele zu nennen, in denen versucht wird, dieses Dilemma der abstrakten Gefährdungsdelikte und kollektiven Rechtsgüter aufzulösen. Zuerst bezweckt *Schünemann*, ein neues Rechtsgutskonzept zwischen den personalen und universellen Rechtsgütern zu erstellen, so dass nur der begrenzte Begriff der abstrakten Gefährdungsdelikte anerkannt werden kann; er bezeichnet es als „vergeistigtes Zwischenrechtsgut". Darunter versteht sich des Vertrauen in die Neutralität öffentlicher Amtsträger (§ 331 StGB Vorteilannahme), in das normale Funktionieren des Wettbewerbsmarktsystems (§ 298 StGB Wettbewerbsbeschränkende Absprachen bei Ausschreibungen) oder in die Wahrheitsfindung vor Gericht (§ 153 StGB Falsche uneidliche Aussage) usw.[220] Sofern *Schünemann* jedoch auf sein inhaltliches Kriterium verzichtet, das die gesetzgebungskritische Funktion des Rechtsgutskonzepts erfüllt, ist dieses Rechtsgutskonzept in der Mittelzone weder mit der Theorie der personalen Rechtsgüter vereinbar, noch stellt es eine neue Inspiration dar.

Darüber hinaus wird vorgeschlagen, von den traditionellen drei Arten der Deliktstruktur abzuweichen und eine völlig neue Deliktsart einzuführen. Zum Beispiel empfiehlt *Wohlers*, die Deliktsstruktur der abstrakten

---

218 Siehe dazu *Cramer*, Vollrauschtatbestand als abstraktes Gefährdungsdelikte (1962), S. 71.

219 *Prittwitz*, Strafrecht und Risiko (1993), S. 368.

220 Siehe dazu *Schünemann* (Fn. 217), S. 798; *ders.*, (Fn. 207), S. 152.

Gefährdungsdelikte in drei Kategorien – konkrete Gefährdungsdelikte, Kumulationsdelikte und Vorbereitungsdelikte – erneut auszudifferenzieren, um dann jeweils selbständige Kriterien der Strafbarkeitsbegrenzung zu entwickeln.[221] Die Theorie der Kumulationsdelikte, die durch *Kuhlens* hervorragende Analyse von Umweltkriminalität[222] entwickelt wurde, basiert auf der Ansicht, dass, obgleich der kausale Zusammenhang zwischen einzelnen Handlungen und Erfolg nicht konstatiert wird, diese Handlungen aber in der „kumulativen Form" ohne konkrete Folgen oder Risiken bestraft werden können.[223] Zunächst wurde für solche Fälle als eine Form der abstrakten Gefährdungsdelikte argumentiert, aber *Kuhlen* und *Wohlers* behaupten, dass es sich um eine separate neue Art von Delikten handelt, die auf Probleme der kollektiven Rechtsgüter wie Umweltschädigungen angewandt werden kann. Indessen kann die Bestrafung einer Handlung, die allein keinen konkreten Erfolg einbringen soll, auch im Rahmen der personalen Rechtsgutslehre legitimiert werden, wie bereits beschrieben, so dass keine Notwendigkeit bestünde, auf eine solche Theorie zurückzugreifen, die durch die Unrechtsbegründung *ex inuria terti* zu gefährlichen Erweiterungen der Strafbefugnis führen wird.[224]

Hefehndel, der mit der Schaffung einer neuen Deliktsart nicht einverstanden ist, plädiert freilich für die Konstituierung der kollektiven Rechtsgüter auf der ideellen Grundlage dieser Kumulationsdelikte.[225] Bei ihm geht es trotzdem vor allem um angebliche „gesellschaftliche Vertrauensrechtsgüter", deren „Vertrauen" darin besteht, dass sich die anderen Menschen oder die Systeme erwartungsgemäß verhalten. Aus dieser Perspektive ist Vertrauen ein weiterer Aspekt der faktischen Geltung von Normen. Dies gilt auch für das Rechtsgut der Sicherheit, das entsteht, wenn durch die Einhaltung der Verhaltensnormen keine Gefahr oder Bedrohung erfolgt. Soweit sie beide lediglich die Kehrseite der faktischen Geltung von Norm darstellen, haben sie aber nicht mit realen Interessen des Menschen zu tun. Vielmehr ist damit für das Rechtsgutskonzept die Gefahr der Vergeistigung bzw. Verflüssigung verbunden.[226] Im Grunde stuft *Hassemer*

221 Vgl. *von Hirsch/Wohlers,* Rechtsgutstheorie und Deliktsstruktur – zu den Kriterien fairer Zurechnung, in: Hefendehl et al. (Hrsg.), Die Rechtsgutstheorie (2003), S. 196 ff.

222 Vgl. *Kuhlen*, Umweltstrafrecht in Deutschland und Österreich (1994).

223 *Loos*, FS Hans Welzel (1974), S. 891 f.

224 *Roxin* (Fn. 39), S. 587.

225 *Hefendehl* (Fn. 203), S. 132 ff.

226 *Amelung* (Fn. 162), S. 172 ff.

den Begriff des Vertrauens so hoch und abstrakt ein, dass er „nicht Gegenstand sträflichen Schutzes sein dürfe“.[227]

c) *Verfassungsrechtliche Legitimierung*

Wie bereits in A. b) ausgeführt, wird unter Beibehaltung des gesetzeskritischen Rechtsgutbegriffs auch versucht, dessen Quelle eher in der Gesellschaftsvertragstheorie unmittelbar zu finden als in der liberalen Wurzel. In der Praxis müsste diese Theorie zwar kaum einen Unterschied zum Begriff der personalen Rechtsgutslehre, die der liberale Gedanke offensichtlich beeinflusst hat, zeigen, indem beide Theorien zum Schutz der bürgerlichen Freiheiten die staatliche Strafbefugnis begrenzen sollen. Warum die Bedeutung aber diesem „gesellschaftsvertragstheoretischen Rechtsgutsbegriff“ beigemessen wird, ist wiederum auf den Zusammenhang mit der Verfassung zurückzuführen: Sie betont die von der Verfassung gegebene Aufgabe des Strafrechts, dass das Strafrecht als *ultima ratio* das friedliche und freie Zusammenleben der Bürger unter dem Schutz der Grundrechte gewährleisten solle, und verbindet diesen Gedanken ausdrücklich mit der auch dem Grundgesetz zugrunde liegenden Gesellschaftsvertragstheorie. So wird ihr Rechtsgut als „eine verletzbare, reale Gegebenheit, die sich als personale Entfaltungsvoraussetzung“[228] darstellt, definiert.

Man glaubt, dass dieses Gesellschaftsvertragsmodell zwei Nutzen aufweist. Zum einen können hier über die personalen Rechtsgüter hinausgehende abstrakte Rechtsgüter der Allgemeinheit ohne Weiteres geschützt werden. Beispielsweise kann nach Art. 20a GG[229] die Erstreckung des Rechtsgüterschutzes auf künftige Generationen als Schutz der verfassungsrechtlich begründeten Gegebenheiten anerkannt und diese Logik weiter auf den Schutz der anderen Universalrechtsgüter ausgedehnt werden. Zweitens wird argumentiert, dass das Konfliktproblem der systemkritischen Rechtsgutslehre mit der verfassungsrechtlichen Verhältnismäßigkeitsprüfung flexibler gelöst werden könne. Hierbei kann der Begriff der gesetzgebungskritischen Rechtsgüter als nicht rechtlich erzwingbare verfassungsrechtliche Vorgabe aber nur in Form der kriminalpolitischen

227 *Hassemer* (Fn. 2), S. 300.

228 *Sternberg-Lieben*, Rechtsgut, Verhältnismäßigkeit und die Freiheit des Strafgesetzgebers, in: Hefendehl et al. (Hrsg.), Die Rechtsgutstheorie (2003), S. 67.

229 Art. 20a GG: Der Staat schützt auch in Verantwortung für die künftigen Generationen die natürlichen Lebensgrundlagen und die Tiere im Rahmen der verfassungsmäßigen Ordnung durch die Gesetzgebung und nach Maßgabe von Gesetz und Recht durch die vollziehende Gewalt und die Rechtsprechung.

Forderungen verstanden werden, die dem Gesetzgeber vorgelegt werden. In diesem Sinne erklärt *Schünemann* den Begriff der gesetzgebungskritischen Rechtsgüter als „normative Richtlinie"[230] und *Roxin* und *Sternberg-Lieben* scheinen dieser Argumentation zuzustimmen.[231] So verstanden wäre es naheliegend zu erklären, dass das Bundesverfassungsgericht die normative kritische Funktion der Rechtsgutstheorie in seinen früheren Entscheidungen verneint und die Überlegenheit des gesetzgeberischen Entscheidungsspielraums anerkannt hat.

Dies hat allerdings etwas gemeinsam mit dem Punkt, wo die personalen Rechtslehrer die Möglichkeit erörtert haben, den systemkritischen Rechtsgutsgedanken und die Verhältnismäßigkeitsprüfung zu harmonisieren. Darstellungen des systemkritischen Rechtsgüterkonzepts wie die von *Schünemann* scheinen jedoch dem systemimmanenten Konzept insofern näher zu stehen, als sie den Rechtsgüterbegriff in erster Linie auf die Bestätigung des „Schutzzwecks" von Strafvorschriften beziehen, deren Verfassungswidrigkeit in Frage gestellt wird. Solange das Rechtsgüterschutzprinzip nichts anderes ist als eine gegenüber dem Gesetzgeber nicht rechtlich erzwingbaren kriminalpolitischen Forderungen, wird es dabei verfehlt, ein klares und konkretes Kriterium auf der tiefen normativen Ebene bereitzustellen, obgleich sie als „normative" Richtlinie bezeichnet wird. Gerade die Beschaffung dieses Kriteriums, das aber gleichzeitig die Quelle der meisten Kritiken ist, strebt der systemkritische Rechtsgüterbegriff an.

Darüber hinaus kollidiert es mit der Funktion der Strafbegrenzung, das inhaltliche Kriterium des Rechtsgüterbegriffs einfach in der Verfassung zu finden. Die Verfassung schützt ein umfangreiches Paket von Grundrechten und Funktionen des Staatssystems zu deren Gewährleistung, was durch verschiedene rechtliche und soziale Mittel verwirklicht wird. Auch wenn daher z.B. der Umweltschutz für künftige Generationen zum Grundgesetz gehört, ergibt sich daraus nicht unmittelbar die Rechtfertigung, dass er auf jeden Fall strafrechtlich geschützt werden muss. Diese Kritik unterscheidet sich nicht von der Einwendung, mit der die meisten Versuche, die universellen Rechtsgüter über den Bereich der individuellen Rechtsgüter hinaus zu schützen, letztlich konfrontiert sind. Somit ist das Gesellschaftsvertragsmodell in seinem Ausgangspunkt akzeptabel, läuft aber am Ende auf die Verhältnismäßigkeitsprüfung hinaus. Handelt es sich also um das Konzept der gesetzgebungskritischen Rechtsgüter, so bleibt die personale Rechtsgutslehre wohl als einzige Option.

---

230 *Schünemann* (Fn. 210), S. 137.

231 *Sternberg-Lieben*, a.a.O., S. 79; *Roxin* (Fn. 39), S. 585.

3. *Negative Freiheit und Personale Rechtsgutslehre*

a) *Kernbereich der Freiheit*

Gegen das Risikostrafrecht beharrt die personale Rechtsgutslehre weiterhin darauf, im „Freiheitsgesetz“ zu bleiben: Es ging davon aus, dass das Strafrecht nur dann gerechtfertigt wird, wenn es Handlungen bestraft, die die Freiheit und die Rechte des Einzelnen verletzen. Sie verleiht dem Freiheitsschutz des modernen Strafrechts heute immer mehr Bedeutung, da das Strafrecht unter der Welle des Funktionalismus von Instrumentalisierung bedroht ist. Mit anderen Worten ist es für den Schutz der liberalen Demokratie und des Rechtsstaats unerlässlich, als Produkt gesellschaftlicher normativer Kommunikation auf Grundlage moderner Vernunft Rechtsgüter zu konstruieren und die staatliche Strafbefugnis beständig unter die normative Kontrolle der Bürger zu stellen. So nennt *Hassemer* dies auch „die rechtsstaatliche Formalisierung des Strafrechts“.[232] Auf der Idee, dass nach der aufklärerischen Gesellschaftsvertragstheorie Bestrafung die schwerwiegendste Einschränkung der bürgerlichen Freiheiten bedeute, basiert das deutsche Grundgesetz ebenso wie die anderen konstitutionellen Staaten.[233] So enthält das Strafrecht neben dem Prinzip der Rechtsgutsverletzungen auch verschiedene Grundsätze wie das Subsidiaritäts- und das Bestimmtheitsprinzip, die die Strafbarkeit einschränken sollen und jener Grundidee entsprechen.[234]

Letztlich ist demnach die Unzulässigkeit einer Strafe nicht „konsequentialistisch“ aus dem Ergebnis abzuleiten, dass eine Handlung keine Rechtsgüter anderer verletzt hat. Hingegen geht es um das Prinzip der Rechtsgutsverletzung, das sich nicht einfach als kriminalpolitische Forderung bei der Gesetzgebung abwägen lässt, wie das Gesellschaftsvertragsmodell des systemkritischen Rechtsgutskonzepts behauptet[235], sondern unabhängig vom Ergebnis deontologisch aus der Idee der Strafbegrenzung eine Normativität gewinnt. Demnach kommt es gerade auf die negative Perspektive der Freiheit an.

Gerade weil das moderne Strafrecht in der gesamten Rechtsordnung als *ultima ratio* bezeichnet wird, sollte sich ein Spielraum der Freiheit, in den das Strafrecht eingreifen kann, auf einen stark umgrenzten Bereich beschränken: Das Strafrecht sollte gemäß dem liberalen Gehalt bzw. dem Schadensprinzip von *Mill* nicht in die individuelle Freiheit eingreifen, es sei denn, es

---

232 *Hassemer*, Einführung in die Grundlagen des Strafrechts (1990), S. 320 ff.
233 *Roxin*, a.a.O., S. 577 f.
234 *Hassemer* (Fn. 4), S. 88.
235 *Roxin*, a.a.O., S. 585.

handelt sich um Handlungen, die die Rechte oder Interessen anderer verletzen. So fallen selbstbezogene Handlungen, die von einer Person mit dem Recht auf Selbstbestimmung frei ausgeführt werden, z.B. Drogenkonsum, Selbstmord und Euthanasie, nicht unter das Strafrecht.[236] Daher bezieht sich die Sphäre der sog. negativen Freiheit der Individuen, in der ohne äußeren Zwang nach eigenem Wunsch gehandelt werden kann, unvermeidlich auf die Grenzziehung des Strafrechts. Selbst wenn man sich auf Theorien stützt, die die Unverletzlichkeit der Rechte als Pflicht gegenüber dem Staat begreifen, sollten die strafrechtlichen Eingriffe stets außerhalb der Kernsphäre dieser negativen Freiheit stehen. Die Idee, diesen negativen Bereich individueller Handlungen so weit wie möglich von gesetzlichen Einschränkungen fernzuhalten, ist zweifellos das größte Erbe der modernen liberalen Philosophie. Obwohl die Terminologie der negativen Freiheit, die im Gegensatz zur positiven Freiheitsvorstellung steht, erst durch *T. H. Green* am Ende des 19. Jahrhunderts populär gemacht wurde[237], ist sie nicht nur tatsächlich seit *Hobbes* ein Kernbegriff im liberalen Lager gewesen, sondern ihre ideologische Spur kann bereits in der Antike gefunden werden.

Entscheidend ist, dass das deutsche Bundesverfassungsgericht diese negative Vorstellung der Freiheit ebenso wahrnimmt, indem es im Fall des „großen Lauschangriffs"[238] die Existenz „eines Kernbereichs privater Lebensgestaltung" anerkannt hat, der jenseits staatlicher Einmischungen liegt. Auch wenn die Konklusion des Urteils selbst das gegenteilige Ergebnis zur möglichen Antwort des Liberalismus impliziert, scheint das Bundesverfassungsgericht auch das liberale Erkenntnis – allerdings im deontologischen Sinne – zu teilen, dass der bestimmte Bereich, wo die negative Freiheit ausgeübt wird, vom Strafrecht stets unberührt bleibt. Das fällt auch mit Inhalt des Übermaßverbots der Verhältnismäßigkeitsprüfung zusammen.[239]

Im Gegenteil ergeben sich die durch die Strafe geschützten substanziellen Interessen ebenfalls aus dem Konzept der negativen Freiheit. Nach dem Schädigungsprinzip des klassischen Liberalismus wie von *Mill* und *Feinberg* stellt der Schaden hier einen Rückschlag für die Interessen anderer dar, die als die notwendigen und mindesten Mittel dafür, die eigenen Lebensentwürfe ohne äußere

---

236 Zum Paternalismus vgl. *Feinberg*, The moral limits of the criminal law Harm to self (1989); *von Hirsch/Neumann/Seelmann* (Hrsg.), Paternalismus im Strafrecht (2010); *Neumann*, GA (2007), S. 671 ff.

237 Vgl. *Green*, Liberal Legislation and Freedom of Contract (1988).

238 BVerfGE 109, 279–391.

239 *Stächelin* (Fn. 198), S. 163 ff., *Hassemer* (Fn. 2), S. 59 ff.

Hindernisse zu verwirklichen, d.h. die negative Freiheit auszuüben, dienen und deshalb gewährleistet werden müssen.[240] Die begrenzte Art dieser Interessen an Leben, körperlicher Unversehrtheit, Ehre, Eigentum usw. verweist auf nichts anderes als auf den Rechtsgüterbegriff, der im Vordergrund der personalen Rechtsgutslehre liegt. Hingegen wären der Ausbau eines stabileren Gesellschaftssystems, die Bewahrung der öffentlichen natürlichen Umwelt usw. kaum als wesentlich für die Verwirklichung eigener Lebensziele anzusehen, daher würde kein strafrechtlicher Schutz für sie abgeleitet. So steht erst der personale Rechtsgutsgedanke, der als kritischer Maßstab für den Strafgesetzgeber dient, im Einklang mit dem negativen freien Denken. Es würde hier also ausreichen, die Konklusion von *Sina*[241] einfach zu wiederholen, dass die Rechtsgutstheorie wesentlich von der liberalen Tradition beeinflusst wurde.

Zusammenfassend kann festgehalten werden, dass zwar das Strafrecht bei einem Bürger intervenieren kann, um negative Freiheiten anderer zu gewährleisten, dass es aber nicht in „den wichtigen Bereich seiner negativen Freiheit" eindringen darf. Dies ist jedoch nicht damit zu verwechseln, dass Gegenstände der negativen Freiheit als strafrechtlich zu schützendes personales Rechtsgut und der Kernbereich der negativen Freiheit, in den strafrechtliche Eingriffe nicht immer zulässig sind, je nach gesellschaftlicher normativer Kommunikation unterschiedlich bestimmt werden können. Hier stellt sich wiederum heraus, dass das Rechtsgutskonzept keine hinreichende, sondern nur eine notwendige Bedingung der Kriminalisierung ist.

b) Delikte gegen die bloßen Gefühle oder Vorstellungen[242]

Nun bleibt nur noch die letzte Fragestellung, die sich auf die Kompetenz der personalen Rechtsgutslehre bezieht: ob und inwieweit Straftatbestände der Delikte gegen die bloßen Gefühle legitimiert werden sollten. Anders als bei der Problematik kollektiver Rechtsgüter oder der Vorfeldkriminalisierung hängen sie wesentlich mit der Problematik der Erweiterung des Bereichs negativer Freiheit zusammen. Abgesehen vom Ehrenschutz wurde der Schutz der Gefühle im Grunde genommen nicht als Interesse, das als wesentliches Mittel der Verwirklichung negativer Freiheit dient, angesehen. Darüber hinaus ist auch die Freiheit, die eigenen Gedanken trotz der Möglichkeit, die Gefühle anderer zu verletzen,

240 *Feinberg* (Fn. 187); Für eine deutsche Erklärung vgl. *Seher*, Liberalismus und Strafe (2000).

241 Vgl. *Sina* (Fn. 7).

242 Zu Gefühlsdelikten vgl. *Hörnle* (Fn. 171).

frei zu äußern, wie später beschrieben wird, meist im Kernbereich der negativen Freiheit angesiedelt. So hat die personale Rechtsgutslehre in ursprünglicher Form keinen reinen Gefühlsschutz erlaubt.

Daher stehen z.B. Strafzwecke der folgenden Tatbestände in Frage: Verunglimpfung des Andenkens Verstorbener (§ 189 StGB), Beschimpfung religiöser Bekenntnisse (§ 166), Hervorrufung unerwünschter Anblick wie von Pornographie (§ 184 Abs. 1 Nr. 6 StGB) oder von sexuellen Handlungen (§ 183a StGB), Leugnung historischer Tatsachen (§ 130 Abs. 3 StGB) usw. In diesen Fällen wird keine Allgemeinheit geschädigt. Selbstverständlich reicht es zur Legitimierung einer Strafbarkeit nicht aus, dass sich jemand durch das Verhalten anderer unangenehm berührt fühlt. Sofern deswegen die Strafwürdigkeit dieser Handlungen beim Schutz der negativen Freiheit konstatiert wird, kommt es darauf an, die Frage des bloßen Gefühlsschutzes innerhalb der personalen Rechtsgutslehre zu berücksichtigen. Dies bildet also ein wesentliches Thema dieser Arbeit, das im Folgenden näher auszuführen ist.

1 Teil: Zwischenergebnis

In Teil 1 ging es um die Entstehung des personalen Rechtsgutsgedankens basierend auf der Idee der Strafbegrenzung auf der Grundlage des Liberalismus, um die Kritik daran und die Widerlegung der personalen Rechtsgutslehre. Zunächst lässt sich sagen, dass der Begriff des Rechtsguts im deutschen Strafrecht aus der Staatszwecklehre der aufklärerischen Gesellschaftsvertragstheoretiker hervorgegangen ist. Die Idee, die staatliche Strafbefugnis als schwerwiegende Einmischung in die bürgerlichen Freiheiten durch den materiellen Verbrechensbegriff einzuschränken, entwickelte sich später zu Rechtsverletzungstheorie von *Kant* und *Feuerbach*. Bei *Birnbaum* tauchte die erste Theorie der Gutsverletzung im Strafrecht auf und wurde zum Mainstream. *Binding* und *Liszt* verkörperten dieses Rechtsgutskonzept erneut, darunter beeinflusste der auf Liszts empiristischem Positivismus basierende Rechtgüterbegriff das spätere personale Rechtsgutskonzept von *M. Marx, Hassemer* und *Neumann*. Die personale Rechtsgutslehre ist eine Theorie, die den Begriff der Rechtsgüter an die freien Entfaltungsbedingungen des Einzelnen sowie an die nach dem Krieg einsetzende Reformbewegung knüpft und die Interessen des Einzelnen in den Vordergrund des strafrechtlichen Schutzes stellt. Dies steht in direktem Zusammenhang mit dem Gehalt des klassischen Liberalismus.

Die personale Rechtsgutslehre hat insofern einen systemkritischen Charakter, als sie den Rechtsgüterbegriff dem Strafgesetzgeber vorstellt und ein konkretes inhaltliches Kriterium setzt. Dieser gesetzgebungskritische Rechtsgutsbegriff wird jedoch von den folgenden Kritiken angetrieben, die davon ausgehen, dass der Rechtsgutsbegriff in der Realität nicht klar ist und nicht ausreicht, um alle neuen Arten von Straftaten zu berücksichtigen. Zunächst beharren *Jakobs* und *Stratenwerth* auf dem normverletzenden Modell bzw. dem Verhaltensdeliktmodell und argumentieren, dass der Rechtsgüterschutzgedanke bei der Frage, welche Art von Verhalten bestraft werden soll, vollständig ausgeklammert werden sollte. Zweitens wird argumentiert, dass der systemkritische Rechtsgutsbegriff die von der Verfassung genehmigten Rechte des Gesetzgebers verletze und nur auf der Ebene der systematischen Bestätigung der geschützten Rechtsgüter von Tatbestandsmerkmalen mit der Verhältnismäßigkeitsprüfung in Einklang gebracht werden könne. Da der personale Rechtsgutsbegriff keinen Strafschutz für allgemeine oder entmaterialisierte Rechtsgüter bieten kann, muss der Schutz dieser Rechtsgüter durch ein gesondertes Argument gerechtfertigt werden.

All diese Kritikpunkte entstammen jedoch einem Missverständnis der personalen Rechtsgutstheorie, die durch gesellschaftliche normative Kommunikation von einem räumlich und zeitlich variablen Rechtsgutsbegriff ausgeht. Daher sollte er zusammen mit anderen Grundsätzen wie dem Subsidiaritätsprinzip als Argumentationstopos für die Ableitung der Unzulässigkeit der Bestrafung angesehen werden. Hierbei ist hervorzuheben, dass das Rechtsgutskonzept keine hinreichende, sondern nur eine notwendige Bedingung der Kriminalisierung bedeutet. Da es sich also um eine normativ tiefe Ebene handelt, die sich von der Ebene der Prüfung der konkreten Verfassungswidrigkeit von Gesetzen unterscheidet, kann sie nicht als Widerspruch zur Verhältnismäßigkeitsprüfung bezeichnet werden. Da das personale Rechtsgutskonzept zugleich die Interessen schützt, die für die freie Verwirklichung des Individuums wesentlich sind, d.h. die Interessen im Zusammenhang mit negativer Freiheit, ist sein normativer Charakter im Prinzip fest, aber es lässt genügend Möglichkeiten für den Schutz universeller Rechtsgüter wie der Umwelt und der Tiere. In der Welle des Funktionalismus, die zur Ausweitung des Strafrechts führt, ist es zum Schutz der Rechtsstaatlichkeit und der liberalen Demokratie von Bedeutung, an einer solchen personalen Rechtsgutstheorie festzuhalten, anstatt ein Normverletzungsmodell oder ein Verhaltensdeliktmodell zu wählen, die normativen Standards von vornherein aufgeben, oder die abstrakten Gefährdungsdelikte hervorzuheben.

Eine unabhängige Betrachtung ist jedoch für Delikte gegen Gefühle oder Vorstellungen zu fordern. Dies hängt mit dem Problem zusammen, welche Freiheiten bzw. Interessen der Einzelnen zu notwendigen Bedingungen für die Entfaltung individueller Lebensziele gehören, im Gegensatz zur Betonung der kollektiven Rechtsgüter oder der abstrakten Gefährdungsdelikte, die über den Rahmen der personalen Rechtsgüter hinausgehen. Der Begriff der negativen Freiheit, der die

Grenzen des staatlichen Strafrechts festlegt, wurde hauptsächlich von der liberalen Philosophie entwickelt und ist ein Schlüsselbegriff in der personalen Rechtsgutslehre. Daher kommt es darauf an, ob der bloße Gefühlsschutz innerhalb der personalen Rechtsgutsvorstellung gerechtfertigt werden kann. Dazu ist zunächst zu erläutern, was das Ideal der negativen Freiheit genau impliziert.

2. Teil: Freiheitstheorien in der politischen Philosophie

A. Negative Freiheit vor dem Liberalismus

Bisher wird für das personale Rechtsgutskonzept argumentiert. Der personale Rechtsgütergedanke ist zwar das am meisten unterstützte Konzept in der Debatte der politischen Philosophie in Hinsicht auf die Rolle des Strafrechts im modernen Staat, weil es sich dabei hauptsächlich um ein Ideal der negativen Freiheit handelt, indem staatliche Eingriffe in bürgerliche Freiheit stets begrenzt werden sollten. Dieses Argument wird aber im deutschen strafwissenschaftlichen Feld nicht gut eingeführt, wenn versucht wird, die personale Rechtsgutslehre zu verteidigen, da ein unzureichendes Verständnis darüber besteht, woher die negative Freiheitsvorstellung kommt und welche Bedeutung ihr in der Politikphilosophie beigemessen wird.

Dies liegt wohl daran, dass der Gedanke negativer Freiheit in der angloamerikanischen liberalen Tradition seinen eigenständigen Ursprung haben zu scheint. Diese Vorstellung findet sich dennoch nicht nur in der vergangenen Römerzeit, sondern auch nach Verbreitung der Aufklärung in ganz Europa, wo der Schutz der individuellen Freiheiten im Mittelpunkt der Politik stand. Die Tatsache, dass Deutschland keine Ausnahme dazu bildet, stellt sich, wie bereits verdeutlicht, bei der Entstehung des Zweckgedankens der Strafe und des Rechtsgüterschutzkonzepts heraus. In der Tat geht der Begriff der negativen Freiheit auf Hegel zurück: Er bezeichnete die individuelle Freiheit als „negative Freiheit", einen Zustand, in dem ein Individuum frei ist, seinem eigenen Willen und seinen Wünschen zu folgen und freie Entscheidungen zu treffen.[243] Daher wäre es zutreffender, die Idee des liberalen Gehalts, der in Kapitel 1 die Geburt des Rechtsgüterschutzgedankens zugeschrieben wurde, als Ideal der negativen Freiheit zu nennen, weil sie bereits lange vor der Aufklärung und dem Liberalismus existierte. So verstanden bin ich der Meinung, dass die Entwicklungsgeschichte des Ideals der negativen Freiheit viel zum Verständnis des Rechtsgutskonzepts beitragen kann. Es ist daher vonnöten, um die personale Rechtsgutslehre zu begründen, auch die historisch relevanten politikphilosophischen Konzipierungen vor dem Auftreten des Liberalismus zu skizzieren.

---

243 Vgl. Hegel (Fn. 54).

Darüber hinaus hat die Analyse hier im Grunde mit moralischer Freiheit nichts zu tun. Beim Konzept der negativen Freiheit handelt es sich nämlich in erster Linie um die Frage der politischen Verhältnisse eines Individuums zu staatlicher Gewalt. In der Antike entstand der Begriff der Freiheit in dem eindeutig politischen Sinne, dass Recht und Politik nicht vom Leben getrennt waren und Bürger direkt am Prozess der Gesetzgebung teilnehmen konnten. Hingegen geht die moderne Welt davon aus, dass es einen privaten Bereich geben muss, in den nicht durch öffentlichen Zwang eingegriffen wird, und es wird als das Konzept der Freiheit etabliert, nach eigenem Belieben handeln zu können, solange dabei die Rechte anderer nicht verletzt werden. Die Frage der Freiheit erweitert sich daher von „Wer soll mich regieren?" zu „Wie weit soll ich regiert werden?". Hervorzuheben ist, dass es für beides gleichermaßen auf die Frage nach den politischen Verhältnissen ankommt. Auch wenn daher der Freiheitsbegriff eine moralische Idee darstellt, findet er unausweichlich seine Bedeutung in der politischen Philosophie, so dass er sich in Form der negativen Freiheitsvorstellung zeigt. So erhalten hier nur die ausgewählten Ansichten im politikphilosophischen Kreis Aufmerksamkeit, obgleich die Interpretation dessen, was Freiheit ist, von zahlreichen Moraltheoretikern unterschiedlich vertreten wurde.

Als Letztes muss noch erwähnt werden, dass Demokratie oft als das politische System angesehen wird, das die bürgerlichen Freiheiten am effektivsten gewährleisten kann, und dass Liberalismus heute mit dieser Demokratie verbunden ist. Doch bereits vor der Entstehung des Liberalismus im späten 17. Jahrhundert bestand selbstverständlich die Forderung nach einem politischen System, das dem Ideal der negativen Freiheit entspricht und auf die kompetente Überwachung der öffentlichen Macht abzielt. Dieses politische System war jedoch keine Demokratie, sondern stand dem „allgemeinen Republikprinzip" nahe. Mit anderen Worten: Das Ideal der negativen Freiheit war seit der Antike in konkreten Gesetzen und sozialen Institutionen verankert, indem es mit dem Geist der Republik verbunden war. Hierbei bleibt noch fraglich, ob diese Ideale der negativen Freiheit, d.h. die Freiheitsvorstellungen als Befreiung von willkürlicher Kontrolle, die sich in der langen Geschichte der politischen Philosophie in vielfältiger Weise finden, unter dem republikanischen Konzept vollkommen subsumiert werden können. Daher ist anzumerken, dass diese begriffliche Kategorisierung dem einzigartigen Ansatzpunkt der Neo-Republikaner seit den 1950er Jahren unterworfen ist.

I. Antike und Machiavelli

1. Aristoteles und antike römische Republik: Beginn des Republikanismus

Aristoteles[244] hat in Bezug auf die antiken griechischen Stadtstaaten Individuen aus Beziehungen innerhalb einer Gemeinschaft konstruiert, und daher gilt eine Person als freie Person, die aktiv an der Bildung einer Gemeinschaft mitwirken und das Gemeinwohl durch die Tugend der praktischen Vernunft, *phronêsis*, verfolgen kann. Diese Vorstellung vom freien Bürger geht nur von inländischen erwachsenen Männern aus, die sich an der Politik in der Polis beteiligen können. Das politische System Athens wird meist als direkte Demokratie angesehen. Allerdings war *Aristoteles* auch der Ansicht, dass die Demokratie stark gefährdet sei, in Populismus zu verfallen und nicht der Verwirklichung des Gemeinwohls und der Tugend verpflichtet zu bleiben; daher zielte er auf eine Form der gemischten Regierung, also einer „Mischverfassung", ab, die Aristokratie und Demokratie vereinte.[245] Die Tatsache, dass er Demokratie als Gegenbegriff von Politik verwendet, verdeutlicht diese ideologische Ausrichtung:[246] „Das demokratische Freiheitsverständnis ist hingegen reine Zügellosigkeit, die letztlich die Demokratie selbst untergräbt."[247] Freilich steht *Aristoteles* nicht für das Ideal der negativen Freiheit, sondern für das sog. „Bürgerideal", in dem sich ein guter Staat nicht bloß in maximaler Verwirklichung individueller Freiheit befindet. Er setzt stattdessen einen Schwerpunkt auf den Staat, wo die Maximierung des Gemeinwohls ohne die Verfolgung privater Interessen ermöglicht wird. Dies kommt vielmehr dem allgemeinen Prinzip der Republik zu, aus dem sich also eine klassische Strömung der politischen Philosophie ergab, die als Republikanismus bezeichnet wird.

Was die negative Freiheit angeht, ist die römische Republik *prima facie* von größerer Bedeutung. Seinerzeit war es eindeutiger, dass die *res publica* der ideale Staat war, der das Gemeinwohl anstrebt, und nicht ein politisches System, das private Interessen, *res privata*, verfolgt. *Cicero* definierte diese Republik als „einen Staat, in dem die Regierungsführung auf der Verfolgung gemeinsamer Interessen und einer gemeinsamen Vereinbarung über Gesetze und Rechte basiert",

244 Vgl. *Hahmann*, Aristoteles' Nikomachische Ethik (2022).

245 *Aristoteles,* (Fn. 192), S. 1279a.

246 Zu Monarchie, Aristokratie, Politik stehen jeweils Tyrannei, Oligarchie, Demokratie im Gegensatz. Siehe oben S. 1279b.

247 Siehe dazu *Höchli*, Der Florentiner Republikanismus (2005), S. 49.

und betrachtete ebenfalls die Mischverfassung, in der die gesetzgebenden und exekutiven Befugnisse verteilt werden sollten, als das beste politische System.[248] So bestand die wichtigste Angelegenheit der römischen Politikphilosophen[249] darin, die Macht öffentlicher Amtsträger unter Kontrolle zu halten, damit sie die bürgerlichen Freiheiten nicht verletzen und ihre Macht willkürlich zum persönlichen Vorteil nutzen konnten. Zu diesem Zweck waren sowohl vorhersehbare Gesetze als auch Tugenden wieder erforderlich, durch die Beamte dem Gemeinwohl dienen können. Diese Gesetze, die die Prinzipien der Gewaltenteilung und der Korruptionsbekämpfung vorschreiben, soll auch eine verfassungsrechtliche Quelle sein.[250] Immerhin setzen sich aus den bürgerlichen Freiheiten, der Mischverfassung, der Rechtsstaatlichkeit, der Betonung des Gemeinwohls und der Tugend die typischen Merkmale des römischen Republikanismus zusammen. Diese Figuren scheinen sich nicht wesentlich von der modernen Demokratie zu unterscheiden.

Die politischen philosophischen Freiheitsvorstellungen in der Antike konzentrierten sich letztlich auf die Schaffung eines politischen Systems, das das Gemeinwohl verfolgt und die willkürliche Machtausübung zum Schutz der bürgerlichen Freiheiten verteidigt. Während aber in der antiken griechischen Polis die Freiheit in der Teilhabe am politischen System verankert war, wurde in der römischen Republik eher betont, dass sie vor der Willkür des Staates geschützt werden muss. Freilich war der an der Politik teilnehmende Aspekt der Freiheit durch die bürgerliche Tugend in der römischen Republik nicht so bedeutungslos, dass das Konzept der negativen Freiheit zu dieser Zeit einen positiveren Aspekt als das des Liberalismus heute innehatte. Dennoch sollte dies unter die Kategorie des negativen Freiheitskonzepts fallen anhand seines Kerngedankens, dass die Macht öffentlicher Amtsträger durch die strikte Rechtsstaatlichkeit eingeschränkt werden muss. Zu diesem Punkt folgt später noch eine ausführliche Argumentation. Auf jeden Fall wird der römische Republikanismus in diesem Zusammenhang als „instrumenteller Republikanismus" bezeichnet. Andererseits wird der Republikanismus des *Aristoteles*, der die Freiheit im Bürgerideal,

---

248 Vgl. *Cicero,* De re publica (2014).

249 *Sallust* (86–34 v. Chr.), *Marcus Tullius Cicero* (106–43 v. Chr.) oder *Titus Livius* (59 v. Chr.–17 n. Chr.) Über die klassischen Republikaner siehe *Hölzing*, Republikanismus (2014), S. 50 ff.

250 *Pettit*, Republicanism (1997), S. 283 f.

d.h. in der Tugend der öffentlichen Beteiligung findet, als athenischer, entwicklungsorientierter und teleologischer Republikanismus benannt.[251]

Diese alten Vorstellungen über den Schutz der Freiheit und des Staatssystems gerieten dennoch im Mittelalter in Vergessenheit. Im späten 15. Jahrhundert wurden sie erst vom Florentiner Philosophen *Machiavelli* wiederentdeckt und verbreiteten sich in ganz Europa und der angloamerikanischen Welt. Hervorzuheben ist, dass heute die Grenze der zwei Arten des antiken Republikanismus, nämlich der athenischen und der römischen Art, verschwimmen, weil häufig akzentuiert wird, dass sich die beiden auf die gleiche *aristotelisch*e Tugendlehre berufen.[252] Für die Entwicklung der folgenden Diskussion ist jedoch die Erkenntnis von Bedeutung, dass die beiden Theorien offensichtlich unterschiedliche Schwerpunkte haben und dass die Quelle der negativen Seite der Freiheit nur im römischen Republikanismus zu entdecken ist. Laut *Polybius* verabscheuten die Römer sogar die athenische Demokratie.[253] Auch wenn jedenfalls der athenische Republikanismus zum allgemeinen republikanischen Prinzip gehört, steht dabei das Konzept des partizipativen, d.h. positiven Aspekts der Freiheit im Vordergrund, das aber in dieser Diskussion nicht von Belang ist. Dieser athenische Republikanismus hat jenseits des modernen Republikanismus eine tiefere Verbindung mit der partizipatorischen demokratischen Strömung der neo-athenischen Schule, der Lehre von *Rousseau* und dem Kommunitarismus.

2. Machiavelli*: neo-römischer Republikanismus*

In der Übergangszeit vom Mittelalter zur Neuzeit hat *Niccolò Machiavelli* das antike Konzept des Republikanismus wiederentdeckt mit dem Ziel, einen Staat für das Gemeinwohl zu gründen.[254] Da er selbst davon ausging, das römische Deutungsmuster des politischen Gemeinwesens erneut zu rekonstruieren, wird sein politikphilosophischer Standpunkt „neo-römische“ Schule genannt. So hat er „als ein Sattelzeitdenker das Übergangsstadium vom antiken bis zum modernen Republikanismus“ verschafft.[255]

---

251 Schutzrepublikanismus und Entwicklungsrepublikanismus sind *Held*s Konzepte. Vgl. *Held*, Models of Democracy (2016).

252 *Hölzing* (Fn. 249), S. 48.

253 *Springborg*, Western Republicanism and the Oriental Prince (1992), S. 499.

254 Vgl. *Machiavelli*, Discorsi: Gedanken über Politik und Staatsführung (1977).

255 *Hölzing*, a.a.O., S. 49.

a) Römische Republik

Machiavelli wuchs im 16. Jahrhundert, in einer wohlhabenden Familie in Florenz, nämlich am Höhepunkt der politischen Unruhe,[256] auf. Trotz der dortigen ausgeprägten politischen Unruhe befasste er sich intensiv mit humanistischen Wissenschaften und war bereits im frühen Alter als Diplomat tätig.[257] Nachdem aber seine Reformationsidee in Bezug auf die Familie *Medici* gescheitert war, wendete er sich der historischen Untersuchung der Römerzeit[258] zu, über das Geschichtswerk des römischen Historikers *Livius*[259] eine Vorlesung zu geben. Dies hat wesentlich zur Bildung seiner eigenen politischen Philosophie beigetragen. Aus seinen Geschichtsstudien zog er die bedeutsame Schlussfolgerung, dass „Staaten – wie die Römische Republik –, in denen das Volk regiert, in kürzester Zeit außerordentliche und viel größere Fortschritte machen als solche, die immer unter einem Alleinherrscher gelebt haben."[260] Hier hebt der den grundsätzlichen Vorrang der Republik vor der Monarchie hervor.

Dennoch führt dies aber zum erwähnenswerten Streitpunkt, ob sich *Machiavelli* den reinen Republikanern zuordnen lässt. Es muss eingeräumt werden, dass er in seinem anderen hervorragenden Werk „*Il Principe*"[261] die monarchische Regierungsform verfochten hat, was aber seiner Idee des Republikanismus in *Discorsi* zusehends entgegentritt. Auch wenn der Republikanismus als ein Komplex von nicht zu vereinheitlichenden politiktheoretischen Traditionen in Erscheinung tritt, trifft es zu, dass bei seinen Vertretern die Republik als das optimale oder einzig mögliche Politikwesen gilt.

Dagegen gibt es jedoch zwei mögliche Einwände: Erstens, wird unter dem Republikanismus eine Staatsform verstanden, wäre es zwar richtig, die Republik als das einzig mögliche politische System zu betrachten, das der Monarchie gegenübersteht. Wird aber *res publica* als Staatszweck angenommen, so wird dies, wie erwähnt, als Verfolgung des Gemeinwohls exklusive privater Vorteile angesehen.[262] Daraus lässt sich erkennen, dass *Machiavelli* scheinbar die Monarchie nicht befürwortete, weil die seinerzeit herrschende Ordnung, die er als

---

256 Die Florentiner-Debatte um die Republik brach nach dem Übergang von Medici zur Republik im Jahr 1494 aus; Vgl. *Höchli* (Fn. 247).

257 Siehe dazu *Skinner*, Machiavelli zur Einführung (2008), S. 14–15.

258 *Discorsi sopra la prima deca di Tito Livio.*

259 *Livius, Titus*, Ab urbe condita (2017).

260 Discorsi 152, in: *Skinner* (Fn. 257), S. 81.

261 Ursprünglich war *De Principatibus*; Vgl. *Machiavelli*, Der Fürst (2013).

262 *Isensee*, Republik (1981), S. 3 f.

korruptes politisches System von *res privata* definierte, in Form der Monarchie existierte und nach seiner Auffassung mit der Idee einer *res publica* zu überwinden war. Trotzdem sollte sein Verständnis der Republik weiter gefasst werden, und zwar als Antimonarchie schlechthin.[263] Dass er auch die Mischverfassung als politisches System der Republik anerkannt hat, unterstützt diese Ansicht. Diese Haltung, die Republik als Staatszweck zu verstehen und die gemischte Verfassung zu betonen, die die Ideologie von *res publica* am besten umsetzen kann, hat sich auf das *Commonwealth* von England und auf *Montesquieu* in Frankreich erstreckt. Zweitens, beim *Il Principe* geht es in erster Linie darum, der gravierendsten politischen Krise, die es geben kann, bzw. der Anarchie zu entgehen. Im Grunde muss die Monarchie durch die Republik als eine dauerhafte Ordnung ersetzt werden, nachdem sich die Notwendigkeit einer Alleinherrschaft für die Bekämpfung der Krise erschöpft hat.[264] Somit können seiner Theorie zwangslos republikanische Züge zugeschrieben werden.

Immerhin bezeichnete *Machiavelli* die römische Republik als den nach innen wie außen erfolgreichsten Staat. Daher stellte er deren Merkmale denen der damaligen degenerierten Florentiner Stadtstaaten gegenüber. In Rom besaßen die Bürger äußere Unabhängigkeit und verfügten gleichzeitig über persönliche Freiheit gegen Sklaverei, die mit der Gleichheit vor den Gesetzen verbunden ist: „Mit Freiheit, *libertas* bezeichneten die Römer sodann alle jene rechtlichen Garantien, die den Schutz vor willkürlichen Handlungen und Übergriffen der Amtsträger gewährleisten sollten."[265] Dies entspricht der instrumentellen republikanischen Vision von Rom, dem negativen Ideal der Freiheit.[266] Außerdem wurden in der römischen Republik freie Menschen, *libera*, den Sklaven, *servus*, gegenübergestellt. Hieraus ergab sich der Kontrast zwischen Freiheit und Knechtschaft, was eine wichtige Voraussetzung für das negative Freiheitskonzept darstellt.

Um die dauerhafte Selbsterhaltung des Gemeinwesens zu gewährleisten, ist nicht nur die innere Freiheit, sondern auch die äußere Abhängigkeit von besonderer Bedeutung. So setzte *Machiavelli* die individuelle Freiheit von Bürgern mit dem freien Staat gleich: Daraus ergibt sich der wichtige republikanische

---

263 *Lee*, Journal of Law 21 (2011), S. 82 f.

264 *Hölzing* (Fn. 249), S. 55.

265 *Höchli* (Fn. 247), S. 51.

266 Wer kein positives, sondern das negative Ideal der Freiheit bei *Machiavelli* sah: Vgl. *Skinner*, Politics 18 (1983); *Spitz*, Ratio Juris 7 (1994); *Patten*, The Republican Critique of Liberalism (1996).

Ausdruck, *civitas libera*: „Freie Städte und Regionen bekommen viel. (...) Sie wissen nur, dass sie *libera* geboren und nicht nur keine *servus* sind, sondern dass sie entsprechend ihren Fähigkeiten berühmt werden können. (...) Das Gegenteil davon geschieht in Ländern, in denen Mitglieder als *servus* leben."[267] Daraufhin widmet sich fast die Hälfte des *Discorsi* dazu, verschiedene militärische Kampftaktiken für Kriege auszuführen. *Machiavelli* hielt die Ausdehnung der Macht für unerlässliche zur Selbsterhaltung: „Die einzige Lösung besteht darin, Angriff als die beste Verteidigung zu behandeln und sich eine Politik der Expansion zu eigen zu machen, um sicherzustellen, dass die eigene Stadt sich gegen Angriffe verteidigen kann."[268] Dieses Ideal der äußeren Unabhängigkeit findet seinen Sinn weiterhin im anschließenden englischen Republikanismus sowie im Kampf der amerikanischen Untertanen gegen die koloniale Herrschaft und im Kosmopolitismus wie bei *Kant*.

b) virtù *und Gesetze*

Solche rechtlichen Garantien für Freiheit sollen aber stets mit der Gefahr der Korruption verbunden sein, indem Magistrate oder das Gemeinwesen dazu neigen, parteiische Entscheidungen um ihrer selbst willen zu treffen. Diese menschliche Hinwendung sollte seit der Antike stets unter Kontrolle gebracht werden. *Aristoteles* brachte dafür die Bürgertugend vor, die nichts anderes als das an Gemeinwohl orientierte Leben besagte. Auch *Cicero* übernahm diesen Tugendbegriff[269] als das Gemeinwohl. Dabei handelt es sich aber um die Tugend eher aus persönlicher Motivation heraus, die nicht nur zum Wohl des Staates, sondern auch zur persönlichen Prosperität beiträgt.[270]

Machiavelli ging auf die Bürgertugend weiterhin tief ein, und zwar mit seinem pessimistischen Ansatz in Bezug auf die menschliche Natur: „Die meisten Menschen neigen eher zum Bösen als zum Guten"[271] und tendieren dazu, „das Gemeinwohl zu ignorieren und ihren bösen Neigungen zu folgen."[272] Mit anderen Worten: Um über die Freiheit zu verfügen und damit das Wohl des Staates zuzuspitzen, sollte die Tugend bewahrt werden, um jene Neigung zu

267 *Skinner* (Fn. 257), S. 33.

268 Discorsi 9 in: oben S. 110.

269 Über die ausführliche Ideengeschichte des Tugenddiskurses siehe *Münkler*, „Die Idee der Tugend", AKG 73 (1991).

270 *Höchli*, a.a.O., S. 58.

271 Discorsi 37 in: *Skinner*, a.a.O., S. 86.

272 Discorsi 17 in: oben S. 87.

kontrollieren. Allerdings weicht *Machiavellis* Tugendideal von dem der Antike ab, indem die Tugend nicht mit dem Guten im ethischen Sinne zusammenfallen kann.[273] Da sein oberstes Ziel in der dauerhaften Selbsterhaltung eines Gemeinwesens besteht, stellt sich für ihn das Gemeinwohl nur als ein Mittel heraus, das solchem Ziel dienen kann. Seinem Wortlaut nach kommt „*virtù*" diesem Zweck besser nach als die Tugend, die selbst schon den sittlichen Sinn ausstrahlt. Hingegen sei „*fortuna*" etwas, dessen Vorhandensein für das Fortkommen des Gemeinwesens vorteilhaft ist und das gleichwohl den Menschen oder dem Staat nur *per accidènte* gegeben ist.[274] So stellt sich Folgendes heraus: „Die *virtù* ist eben die Fähigkeit der Menschen, den Einfluss solcher *fortuna* auf ein unbeeinflussbares Minimum zu reduzieren und den beeinflussbaren Teil der Geschichte im eigenen Sinn zu gestalten".[275]

Quentin Skinner hebt in diesem Sinne *Machiavellis* Dilemma hervor: Wie kann man dann der Menschheit gegenüber in die Bürger *virtù* einpflanzen, um die Freiheit zu wahren und ferner das Allgemeinwohl zu steigern?[276] Dazu hat *Machiavelli* zwei wesentliche Institutionen eingerichtet, nämlich die Religion und die Gesetze. Bei der Religion handelt es sich aber nur um Nützlichkeit für die Sozialintegration, die nur utilitaristisch fassbar ist: *Machiavelli* „interessiert sich einzig und allein für die Rolle, die die religiöse Empfindung spielt, wenn es darauf ankommt, das Volk in Eintracht zu halten, die guten Menschen zu stärken und die schlechten zu beschämen".[277] Die Herrschaft des Gesetzes spielt hingegen noch eine wichtigere Rolle für die Stabilisierung der *virtù*, „indem die Zwangsgewalt des Gesetzes in einer solchen Weise benutzt wird, dazu zu zwingen, das Gemeinwohl über selbstsüchtige Interessen zu setzten"[278]: „Gesetze machen die Menschen gut."[279] Dies ruft aber wiederum das Gesetzgebungsproblem hervor, wie „gute Gesetze" zu verfassen sind. Nach *Machiavelli* sollten sie notwendigerweise auf einer gemischten Verfassung basieren, in der „sich ein gut ausbalanciertes Gleichgewicht zwischen den feindlichen sozialen Kräften herstellt und alle Parteien am Regierungsgeschäft beteiligt sind und sich gegenseitig überwachen".[280] Unter der Mischverfassung verstanden die Römer also eine

273 *Höchli*, a.a.O., S. 513.
274 Discorsi 63 in: *Skinner*, a.a.O., S. 86.
275 *Höchli*, a.a.O., S. 504, 505.
276 *Skinner*, a.a.O., S. 88.
277 Discorsi 44 in: oben S. 96.
278 Oben S. 97.
279 Discorsi 18 in: oben S. 97.
280 Discorsi 15 in: oben S. 101.

solche Einrichtung, in der als Aristokratie eine Gruppe von Eliten die Republik leitet, aber gewisse Gegenmittel wie die Vetooption oder das Votum für Plebejer im Sinne von Politik zur Verfügung stehen.[281] Diese Mischverfassung macht gerade einen bedeutenden Zug des römisch ausgeprägten Republikanismus aus. Insofern besteht hier kein Anlass dazu, Demokratie zum wirksamsten politischen System zum Schutz der bürgerlichen Freiheiten zu erheben.

3. Einfluss von Machiavelli auf den weiteren Republikanismus in Europa

Darüber hinaus ist bei *Machiavelli* der klar zweckgerichtete und instrumentelle Charakter des Tugendbegriffes – besser *virtù* – zu erkennen, der nachgerade ein orthodoxes Merkmal des neo-römischen Konzepts konstruiert, wo also die partizipatorische Freiheit dem Schutz der negativen Freiheit dient. Während sich bei *Cicero* das Tugendideal noch in der bürgerlichen politischen Partizipation niederschlug, wurden die partizipatorischen Freiheitsrechte bei *Machiavelli* lediglich ein Mittel zur Bewahrung der persönlichen Abwehrrechte gegen die Willkür der anderen oder der Mächtiger.[282] Dieses Spannungsverhältnis beider Freiheitskonzepte bildet den wesentlichen Ausgangspunkt der modernen neo-römischen Denkart im 20. Jahrhundert, in der freilich der negative Aspekt der Freiheit im Zentrum steht. Zugleich bezieht sich solche Freiheitsvorstellung unmittelbar auf das System der Gewaltenteilung und Gewaltenkontrolle in der modernen Demokratie, damit das neo-römische Ideal von *res publica* weiterhin in Kraft bleiben kann, auch wenn die gemischte Verfassung in der Gegenwart nicht mehr existiert. Allerdings heißt dies noch nicht, dass *Machiavelli* und seine Deutungen über die römische Republik bereits die modernen Konzepte wie das Individuum, das subjektive Interesse oder Recht vollkommen erfasst haben. Seinerzeit hat die Demokratie noch keine Bedeutung gefunden unter dem Einfluss der antiken negativen Erkenntnis. Diese Konzepte wurden erst nach Entstehung der Gesellschaftstheorie und des Liberalismus ab dem 17. Jahrhundert einer Öffentlichkeit vorgestellt.

Machiavellis republikanische Ideologie beeinflusste damals ganz Kontinentaleuropa; dazu gehörten nicht nur Frankreich in der Revolutionszeit, sondern auch die polnische Adelsrepublik und die holländische Republik zwischen dem

281 *Hölzing* (Fn. 249), S. 46 ff.
282 *Höchli*, a.a.O., S. 66.

16. und dem 18. Jahrhundert sowie Deutschland durch *Kant*.[283] Sie wurde hauptsächlich als Konzept des revolutionären politischen Kampfes gegen die absolute Monarchie oder Macht, die *res privata* betraf, verwendet. Es muss jedoch hervorgehoben werden, dass diese Rezeption des neo-römischen Republikanismus in Europa meist nur eine begrenzte Bedeutung hatte. Das ist auf verschiedene Faktoren zurückzuführen. Zuerst wurde nämlich auf Grundlage der Gesellschaftsvertragstheorie eine Theorie entwickelt, die die Beteiligung der Bürger an der politischen Gemeinschaft hervorhebt. Das verweist genau auf die Idee von *Rousseau*, dem Vater des französischen Republikanismus im 18. Jahrhundert: Er betonte die öffentliche Freiheit, durch den Gesellschaftsvertrag an der Gesetzgebung von Gesetzen und öffentlichen Entscheidungsprozessen teilzunehmen[284], im Gegensatz zu *Locke*s Theorie des Gesellschaftsvertrags, die darauf abzielte, den Bereich der privaten Freiheit gegenüber dem Staat zu maximieren.[285] Mit dem berühmten Konzept des Gemeinwillens, *volonté générale*, stellte *Rousseau* die Idee einer Republik vor, die durch Gesetze regiert wird, die dem Gemeinwohl entsprechen und die Freiheit für alle fördern.[286] In diesem Kontext, in dem der teilnehmende Aspekt der bürgerlichen Freiheit im Fokus liegt, stehen *Rousseau*s Ideen darum eher dem athenischen republikanischen Typus als dem Machiavellismus nahe.

Des Weiteren schaffte *Rousseau*s Republikanismus eine neue Perspektive auf die Demokratie und führte zu einer neuen politischen Philosophie bezüglich der negativen Freiheitsvorstellung, d.i. zum Liberalismus und nicht zum Republikanismus. In diese Kategorie fallen Gelehrte wie *Sieyès* und *Condorcet*: Sie wollten die republikanische Idee „auf der Grundlage von *Rousseau*s Theorie einer demokratischen Gründung aufgreifen und transformieren."[287] *Rousseau* befürwortet nämlich ein direktdemokratisches Entscheidungssystem, weil die Herrschaft durch den Gemeinwillen der Bürger die Voraussetzung einer Republik bildet, womit aber die Bedeutung der republikanischen Mischverfassung verblasst.

283 Über die Geschichte der Republiken ggf. Republikanismus im Europa der Mittelalter siehe Schlussbetrachtung, in: *Königsberger* (Hrsg.), Republiken und Republikanismus im Europa der frühen Neuzeit (1988), S. 285 ff. Über die deutsche Ideengeschichte in Hinsicht auf den Republikanismus und Liberalismus siehe *Nolte*, HZ (1992), S. 609 ff.

284 Siehe dazu *Rousseau*, Der Gesellschaftsvertrag (1958), S. 2.6.

285 *Locke*, Zweite Abhandlung über die Regierung (2007), Abschnitt 2, S. 135.

286 *Rousseau* (Fn. 284), S. 1.6.

287 *Lembcke/Weber*, ZPTh (2014), S. 1 ff. Für die deutschsprachlichen Schriften der beiden, vgl. *Condorcet*, Freiheit, Revolution, Verfassung (2010); *Lembcke/Weber* (Hrsg.), Emmanuel Joseph Sieyès: Was ist der dritte Stand? Ausgewählte Schriften, (2010).

Allerdings ging es bei seinem Begriff der Republik ebenso wie bei *Machiavelli* nicht einfach um antimonarchische oder antiaristokratische Herrschaft im Sinne der Regierungsform.[288] Immerhin, wie weiter unten noch einmal erläutert wird, bedeutet Demokratie seither nicht einfach, dass die Autorität den Bürgern gehört, sondern eine politische Form, die im Streben nach dem Gemeinwohl gemäß der freien Entscheidungsfindung der Mitglieder betrieben wird und somit statt des Prinzips von *res publica* verwendet wird. Zu dieser Zeit ist sie mit den neuen Ideen des Konstitutionalismus und Liberalismus kombiniert.

Hingegen wird im Fall von *Montesquieu* argumentiert, dass er den Machiavellistischen instrumentellen Republikanismus in seiner ursprünglichen Form geerbt hat. Er übertrug ja getrennte Befugnisse der Exekutive, Legislative und Judikative des Staates, d.i. eine Form der gemischten Verfassung, bei der die Legislative dem Volk und dem Adel, die Exekutive dem Monarchen anvertraut wurde, damit sich Machtkonzentration und Machtmissbrauch verhindern und nationale Stabilität und individuelle Freiheit gewährleisten lassen. Er nahm jedoch an, dass das Prinzip der Gewaltenteilung eher im Rahmen des Konstitutionalismus verwirklicht werden kann, der dies klar gesetzlich vorschreibt, anstatt vom guten Willen jedes Gruppenmitglieds abhängig zu sein, das Gemeinwohl zu verfolgen. Dies zeigt sich darin, dass er ausdrücklich einen „Abschied von Tugend" erwähnt, da selbst die Tugend einer Begrenzung bedarf.[289]

Schließlich kann in *Kant*s politiktheoretischen Ideen ein Zweig des Republikanismus gesehen werden. Bei *Kant* und beim neo-römischen Republikanismus ging es um die Republik als eine Staatsform, die das Gemeinwohl unter Gewaltenteilung ohne willkürliche Herrschaft durch das Gesetz verfolgt, und nicht darum, wer das Herrschaftsrecht ausübt.[290] So lehnte er die Demokratie ab, in der Exekutive und Legislative vereint sind, akzeptierte stattdessen das repräsentative System als eine Form der Mischverfassung, die sie trennt. Damit kann *Kant* sich auf die *machiavellistisch* angelegte Neo-Romanistik beziehen.

Dennoch scheint keine Notwendigkeit zu bestehen, auf seinen Freiheitsbegriff, der im deutschen philosophischen Feld von besonderer Bedeutung ist, hier vertieft einzugehen. Denn es handelt sich bei seinem komplexen Freiheitsbegriff nicht nur um die politische Freiheitsvorstellung, sondern auch um einen moralischen Schutz der menschlichen Natur und Persönlichkeit auf Grundlage des

---

288 *Rousseau* (Fn. 284), S. 2.6.

289 *Malowitz/Selk*, Republikanischer Konstitutionalismus, ZPTh (2014), S. 46 f.; Vgl. *Montesquieu*, Vom Geist der Gesetze (2011).

290 Vgl. *Kant*, Zum ewigen Frieden (2022); *Dreier*, JZ 59 (2004), S. 745 ff.

anderen epistemischen Ansatzes als des empirischen: *Kant*s Freiheitsvorstellung wird aufgrund seines Verständnisses der menschlichen Natur erklärt, indem er darauf besonderes Gewicht legt, die Bedingungen der Freiheit zu schützen, anstatt die Freiheit selbst auszuüben. Wesentlich ist, dass er davon ausging, dass Freiheit, die gemäß dem von der Vernunft anerkannten kategorischen Imperativ ausgeübt wird, im Grunde niemals im Widerspruch zur Freiheit anderer stehen kann.[291] Diese Prämisse ist jedoch nicht nur im späteren Liberalismus, der auf Werterelativismus oder -pluralismus *prima facie* basiert, sondern auch im instrumentellen Republikanismus schwer zu akzeptieren. *Machiavelli* wies nämlich darauf hin, dass der Grund für die Betonung von Tugend und Rechtsstaatlichkeit darin liegt, dass Menschen und Gemeinschaften von Natur aus das öffentliche Interesse ignorieren und in die Richtung gehen, die Freiheit anderer zu verletzen. *Isaiah Berlin* ordnet in diesem Sinne *Kant*s Freiheitskonzept der positiven Freiheitsvorstellung zu. Das Gleiche gilt ebenfalls für den Freiheitsbegriff von *Hegel*. Obwohl dieser das Konzept der negativen Freiheit fast als Erster formuliert hat, wird heute seine Theorie, in der die negative Freiheit nur im Kontext von wechselseitigen Beziehungen und sozialer Ordnung sinnvoll sein kann, eher als positive Freiheit kategorisiert.[292] Darüber hinaus wurde bereits darauf hingewiesen, dass *Kant* im Hinblick auf den Zweckgedanken der Strafe eher die Theorie der Rechtsverletzung als die der Gutsverletzung zugrunde legt. Vor diesem Hintergrund scheint nur eine politiktheoretische Welle in Europa als signifikante Quelle des neo-römischen Konzepts zu verbleiben: das *Commonwealth*-Regime im 17. Jahrhundert. Während *Machiavelli* zum Überwinden der politischen Krise zu jener Zeit den Republikanismus der alten Römerzeiten anführte, wurde sein Gedanke als politiktheoretisches Vorbild ebenfalls im *Commonwealth of England* zur Begründung der Unabhängigkeit der monarchischen Obrigkeit herangezogen. Dieser Trend stieß jedoch bald auf großen Widerstand von *Thomas Hobbes*.

II. England: Commonwealth versus hobbessche Kritik

1. Commonwealth of England*: englischer Republikanismus*

Im 16. und 17. Jahrhundert hat *Machiavelli*s Idee über die Grenze des Florentiner Gebietes hinaus seine Anhänger gefunden. Dieser republikanische Geist beherrschte noch ein anderes Krisenland nach dem Regizid, England. Dort gab es ein Regime namens *Commonwealth und Free State* in der kurzen Zeit

291 *Berlin*, Freiheit, Vier versuche (2006), S. 218.
292 Siehe *Hegel* (Fn. 54).

der englischen Republik, nämlich von der sich aus dem Bürgerkrieg ergebenden Hinrichtung von *Charles I* (1649) bis zur Wiederkehr der Monarchie von *Charles II* (1660): *Oliver Cromwell* ließ den König im Zuge der puritanischen Revolution hinrichten und gründete eine Republik, die jedoch 1653 durch seinen Staatsstreich mit der Auflösung des Parlaments und der Amtsübernahme als „Lord Protector" auf Lebenszeit ihr Ende fand. Die Übernahme von *Machiavelli* geschah jedoch vor dem Hintergrund, dass das republikanische Denkmodell im Grunde genommen die revolutionäre Regierungsform gegen die Monarchie untermauern konnte, zumal es später einen bedeutenden Einfluss auf Amerika als britische Kolonie ausgeübt hat. Gleichzeitig verbreitete sich im 17. Jahrhundert die konkurrierende Theorie der Freiheit von *Hobbes*, aus der sich letztlich nach der *Stuart*-Restauration 1660 der Umbruch der politiktheoretischen Leitideen auf der Suche nach der englischen Verfassung ergab. Nach dem Zusammenbruch von *Cromwells* Republik bildeten die republikanischen Ideen bis zum Beginn des 18. Jahrhunderts weiterhin eine reformistische politische Kraft, die auf protestantischen Wurzeln basierte und den Namen „Commonwealthmen" erhielt.

a) Freiheit als Abwesenheit der Sklaverei

Die englischen Republikaner gingen zuerst vom römischen Begriff *civitas libera* aus, in dem die Freiheit einer Person stets in Verbindung mit der Freiheit eines Gemeinwesens gesetzt wurde. Dies kommt unter dem anderen römischen Begriff von *body politic* zustande, der bedeutet, dass ein Land oder eine Gemeinschaft wie ein lebender Organismus ist, in dem alle Mitglieder voneinander abhängig sind und zusammenarbeiten, um ein einziges Ziel zu erreichen. Die englischen Republikaner fußten also auf dem gleichen Ziel wie die antiken Republikaner, nämlich durch die Freiheit die Prosperität des gesamten Gemeinwesens auszurichten. Deswegen ging es dabei ebenfalls darum, was die Freiheit überhaupt besagt. Hier kam das negative Konzept der Freiheit in Betracht. Die Engländer entdeckten die Lösung in *Digest*, also im römischen Recht, wo die Freiheit stets dem Status *servus* gegenübergestellt wurde. Demzufolge ist ein Sklave „jemand, dessen Unfreiheit sich aus der Tatsache ergibt, dass er der Gerichtsbarkeit einer anderen Person unterliegt und folglich innerhalb der Macht einer anderen Person ist."[293] So verstanden wird die persönliche Freiheit analog zum freien Staat begriffen, das heißt, dass ein Staat, der vom Willen des anderen abhängt,

293 Digest (1985), I. 6. 1, vol. 1. S. 18; in: *Skinner*, Liberty before Liberalism (1998), S. 41.

nichts anderes als *servus* bedeutet. Allerdings waren die nicht männlichen und ansässigen Einwohner vom Konzept von *libera* ausgeschlossen.

Weil sich *civitas libera* nur durch Gesetze in vollem Umfang verwirklichen lässt, müssen die Gesetze entgegen der Willkür eines Mannes oder bestimmter Gruppen fair und unparteiisch eingeführt und vollzogen werden. Gesetze können nur dann gerecht und unwillkürlich sein, wenn sie der Einwilligung des Volkes unterliegen.[294] Dennoch lassen sich in der Realität nicht Willenserklärungen aller Mitglieder, sondern nur des repräsentativen Systems erreichen, das beim englischen Republikanismus in Form eines Zweikammerparlaments erschien, das aus der reichen Elite für den Senat und dem Bürgertum für „the House of Commons" bestehen sollte. Dieses Konzept der Mischverfassung ist im Grunde dem Vorkämpfer des englischen Republikanismus, *James Harrington*[295], zu verdanken der damit „die Machtbalance des Gemeinwesens sowohl absichern und langfristig die Freiheit der Republik stabilisieren wollte."[296]

Harrington war Soldat während des Englischen Bürgerkriegs, der wegen einer korrupten Monarchie von *Charles I* ausbrach. Danach als Mitglied der Nationalversammlung kritisierte er wieder die korrupte Aristokratie als *res privata* und befürwortete demokratische Institutionen als *res publica*. So bestand er auf der Idee einer Republik als eines Systems, das die Korruption verhinderte, die durch die Verfolgung von Eigeninteressen in der Despotie verursacht wurde, und für neu entstehende Landbesitzer im 17. Jahrhundert geeignet war. Das stand im Gegensatz zur Feudalherrschaft im Mittelalter, in dem ein einzelner Monarch oder eine kleine Anzahl von Familien das gesamte Ackerland monopolisierte. Da aber *Harrington* hier die Partizipation durch die Tugend hervorgehoben hat[297], findet sich eine Ansicht, nach der die rein neo-römische Tradition dem englischen Republikanismus zuzuschreiben ist, der teils auf dem gesamten antiken Republikanismus basiert und sowohl die römische als auch die athenische Art beinhaltet.[298] Diese Behauptung scheint doch widerlegt zu sein, weil seine Freiheitsvorstellung einen großen Einfluss auf das negative Freiheitsideal des modernen Republikanismus hat.

---

294 *Skinner*, a.a.O., S. 27.

295 *Harrington*, The commonwealth of Oceana (1992).

296 *Riklin*, Die Republik von James Harrington 1656 (1999), S. 119; *Schulz*, Die Krise des Republikanismus (2015), S. 44.

297 *Lee* (Fn. 263), S. 93.

298 *Hölzing* (Fn. 249), S. 65.

Um die Freiheitsvorstellung als Abwesenheit von Sklaverei zu verdeutlichen, führt *Harrington* das Beispiel an, in dem das „Sultans Land" und „Lucca" miteinander verglichen werden:[299] Sultan ist seit dem 10. Jahrhundert der Titel der islamischen Herrscher gewesen, die die monarchische Regierungsgewalt innehatten, während Lucca im Mittelalter und in der Renaissance eine einflussreiche Stadtrepublik in Italien war, die die Demokratie bereits im 14. Jahrhundert übertrug. Für *Harrington* sei der „geringste Landbesitzer von Lucca ein *libera* gewesen, der allein der Herrschaft des Gesetzes unterliegt, das von allen Privatpersonen nur zu dem Zweck abgefasst wurde, die Freiheit aller Privatpersonen zu schützen, die auf diese Weise zur Freiheit des Gemeinwesens wird."[300] Deswegen lässt sich die Freiheit in Lucca nicht mit der Freiheit im Regierungsgebiet von Sultan gleichsetzen, auch wenn ein toleranter Sultan seinen Untertanen große Aktionsfreiheit erlauben und keine Zwangsgewalt ausüben würde. Das heißt, dass allein ein Mann in einem freien Land, in dem alle vor dem Gesetz gleich sind – in diesem Fall Lucca –, als freie Person gelten kann.

Dagegen kritisierte *Hobbes* diese Aussage: „Ob ein Gemeinwesen monarchisch oder demokratisch sei, sei für die Freiheit unerheblich."[301] Im Folgenden wird seine Argumentationsstruktur näher untersucht. Hier werde ich es dabei bewenden lassen, dass bis zu dieser Zeit die republikanische Denkweise in Bezug auf Freiheit von *Harrington* weitaus herrschender war als die von *Hobbes*. Das stellt sich am Beispiel des englischen Wortes „obnoxious" heraus[302], dessen ursprüngliche Bedeutung auf die Lebensweise, auf Gnaden der anderen angewiesen zu sein, verwies. Das wandelte sich aber in das Adjektiv „hässlich" oder „unausstehlich" nach der Erscheinung der republikanischen Freiheitsvorstellung.

Wie in diesem Fall zu sehen ist, zeigte sich bei den englischen Republikanern die noch deutlichere Hinneigung als bei *Machiavelli*, indem die Freiheit als Status oder Kondition von *servus* bezeichnet wird: „Sobald sie erkennen, dass sie in einer solchen Situation leben, wird dies an sich schon dazu führen, dass sie von der Ausübung einer Reihe ihrer Bürgerrechte ausgeschlossen werden."[303] Hieraus ergab sich zuletzt eine Kernidee der gegenwärtigen Neo-Römer, die negative Freiheitsvorstellung als Nicht-Abhängigkeit oder Nicht-Beherrschung.

---

299 Vgl. *Harrington* (Fn. 295).

300 *Hölzing*, a.a.O., S. 70; *Harringto*, a.a.O., S. 31.

301 *Hölzing*, a.a.O., S. 70.

302 *Skinner* (Fn. 293), S. 94.

303 Oben S. 84.

b) Cato's Letter

Zu den einflussreichsten „Commonwealthmen" im 18. Jahrhundert gehören *John Milton, Algernon Sidney, Richard Price, Joseph Priestley, Thomas Paine et al.*[304] , deren republikanische Gedanken aber erst durch die Studien der „Cambridge Schule" im späten 20. Jahrhundert, nicht zuletzt von *Quentin Skinner*, erhellt worden sind.[305] Die republikanische Tradition basierend auf *Harrington* beeinflusste einen Konflikt zwischen *Whig* und *Tory* bis zum 18. Jahrhundert, indem sich ihre wichtige Kritik gegenüber der Rückkehr des Despotismus im Namen von „Cato's Letters"[306] äußerte. „Cato's Letters" ist eine Sammlung politischer Essays, die von *John Trenchard* und *Thomas Gordon* im frühen 18. Jahrhundert veröffentlicht wurde. „Cato" war der Name eines römischen Republikaners[307], der ein Gegner von *Julius Cäsar* war. Die Bedeutung dieses Werkes besteht darin, dass es dabei um Kritik an der Zentralisierung sowie Besteuerung und um eine Verfechtung der demokratischen Prinzipien auf der Grundlage des römischen negativen Freiheitsideals geht. Folglich hatte es so großen Einfluss auf die amerikanische Unabhängigkeitsbewegung, dass zahlreiche Amerikaner während des Unabhängigkeitskrieges davon inspiriert wurden, zu denen wichtige Unabhängigkeitsaktivisten wie *Thomas Jefferson* gehörten.

Unabhängigkeit der Amerikaner

Die republikanische Freiheitsvorstellung spielte noch eine bedeutende Rolle für das Spannungsverhältnis zwischen dem Parlament Großbritanniens und den amerikanischen Untertanen, das im 18. Jahrhundert eskalierte. Die Amerikaner zogen das republikanische Konzept der Freiheit als Abwesenheit der Abhängigkeit, das in „Cato's Letters" herausgestellt wird, heran, um ihre Befreiung von der britischer Kolonialherrschaft zu begründen, auch wenn die britische Regierung ihren „Sklaven" gegenüber ein „guter Herrn" sein mochte. Der Konflikt wurde auf die Spitze getrieben, als das englische Parlament 1765 den sog. „Stamp Act" verkündete. Hierzu stellte *Priestleys* seine berühmte Auffassung dar: „Mit derselben Macht, mit der das englische Volk die Amerikaner zwingen kann, einen Penny zu zahlen, kann es sie zwingen, ihren letzten Penny zu zahlen."[308]

304 Vgl. *Sidney*, Discourse Concerning Government (1990); *Price,* Political Writings (1991); *Priestley*, Political Writing (1993); *Paine*, Political Writings (1989).

305 Vgl. *Skinner* (Fn. 293).

306 Vgl. *Trenchard*, Cato's Letters.

307 *Cato the Younger*, B.C. S. 46–95.

308 *Priestley*, Political Writings (1993), S. 140: *Pettit*, Gerechte Freiheit, S. 40 ff.

So urteilte *Philip Pettit*, dass diese Beschließung der Besteuerung es dem Parlament ermöglichte, sich „nach Gutdünken in das Leben der amerikanischen Untertanen einzumischen,"[309] welches genauso dem republikanischen negativen Freiheitskonzept der Unabhängigkeit entgegentreten wollte. Somit wurde der republikanische Geist in die amerikanische Verfassung von 1787 eingebettet.[310]

Allerdings wird oft behauptet, dass nur die Prinzipien der Demokratie und des Liberalismus in der US-Verfassung verankert sind. Angesichts des Hintergrunds des Unabhängigkeitskrieges liegt es jedoch auf der Hand, dass die Begründer der Verfassung der Vereinigten Staaten vom römischen Ideal der *civitas libera* beeinflusst wurden. Die republikanische Ideologie z.B. von *James Madison*, dem Verfasser der US-Verfassung und Vertreter des amerikanischen Republikanismus, kam in den „Federalist Papers"[311] zum Ausdruck. *Madison* argumentierte hier, dass eine Republik nicht nur in einem kleinen Land wie einer antiken Polis möglich ist, sondern auch in einem ausgedehnten Gebiet, das von einer großen und heterogenen Bevölkerung bewohnt wird, indem er ein föderales System vorschlug, um die Gewaltenteilung, demokratische Prinzipien und die Rechte des Volkes zu schützen.[312] Da aber *Rousseau*s direkte Demokratie letztlich in den Populismus übergehen würde und es ihr nicht gelingen würde, *res publica* zu erreichen, wollte *Madison* auf ein repräsentatives System zurückgreifen, das noch mit dem neo-römischen Republikanismus in Einklang stand.

2. Hobbes: *Proto-Liberalismus*

Was die Republikaner in Krisenzeiten nicht zu Recht zu prophezeien vermochten, war, dass sich das herannahende revolutionäre ökonomische Wachstum aus den auf Verträge basierenden neuen Wirtschaftsbeziehungen entwickeln würde und damit Schutzbedürfnisse für die Interessen der Individuen und nicht des Gemeinwohls hervorgerufen würden, was zugleich mit einer Sittenverderbnis gekoppelt wäre, die „weder mit einer verriegelten Ordnung noch mit den

309 Pettit, a.a.O., S. 40 f.

310 *Hölzing* (Fn. 249), S. 71.

311 Es handelt sich dabei um eine Sammlung von 85 Artikeln, die zwischen 1787 und 1788 zur Verteidigung des amerikanischen Föderalismus und zur Annahme der Verfassung der Vereinigten Staaten veröffentlicht wurden. Zu dieser Aufsatzsammlung haben *Alexander Hamilton, James Madison* und *John Jay* beigetragen, die jeweils unter dem Pseudonym „Publius" daran teilnahmen.

312 Die Federalist Papers (1987), S. 10.

grundsätzlichen Interessen der Gesellschaft in Einklang steht".[313] So hat *J. C. Pocock* herausgestellt, dass „bei der Entwicklung des auf Besitzverteilung basierenden Republikanismus, in seinem Wort ‚bürgerlichen Humanismus', der entscheidende Widerspruch (…) zwischen der unspezialisierten agrarischen und der hochspezialisierten, durch Renditestreben und Bürokratie gekennzeichneten Gesellschaft liegt".[314] Bei den dem Gemeinwesen vorgehenden Interessen der Menschen ging es um „die Interessen an der Sicherung des Lebens, an der Gewährleistung des Eigentums und an der Garantie individueller Freiheit".[315] Indem vor dem Hintergrund des wirtschaftlichen und des damit einhergehenden gesellschaftlichen Wandels das tugendbasierte Ideal des Republikanismus im Lauf der Zeit an Bedeutung verlor, trat das den neuen Gesellschaftsformen entsprechende normative Handlungsmuster zutage, nämlich der Liberalismus.[316]

Hobbes schuf sozusagen das Fundament dieses neuen Politikdiskurses – die *hobbessche* Theorie wurde daher durch den „Proto-Liberalismus" gekennzeichnet –, indem er wohl die größte Rolle dafür spielte, dass das *machiavellistische* Programm scheiterte, das sich allerdings auch nicht in Florenz dauerhaft zu entfalten vermochte: Im Grunde genommen ging *Machiavelli* von den Vorwürfen gegenüber der egoistischen Alleinherrschaft der Familie *Medici* aus, die mit dem Auftreten der neuen Republik von *Piero Soderini* 1494 einmal deportiert wurde, deren Macht aber unglücklich bald im Jahr 1512 wiedereingesetzt war. Dies ist darauf zurückzuführen, dass *Soderini* die *Medici* nicht hatte hinrichten lassen, was für *Machiavelli* „allerfatalster Fehler" war, da er es für „wesentlich hielt, dass die Söhne des ‚*Brutus*' getötet werden müssen, wenn eine Alleinherrschaft von einer Republik abgelöst wird."[317] Das gleiche Versagen der Revolution wiederholte sich, wie erwähnt, in der Republik des „Commonwealth" in England. So wird die Theorie von *Hobbes* oft als ideologische Grundlage für die Wiederherstellung des autoritären Staates oder der Monarchie angesehen.

a) Leviathan

Im Hintergrund des *hobbesschen* Werkes „Leviathan", das 1651 herausgegeben wurde, stand auch der englische Verfassungsdiskurs des 17. Jahrhunderts. Der

313 *Millar*, Von dem Ursprung des Unterschieds in den Rangordnungen und Ständen der Gesellschaft (1985), S. 123.

314 *Pocock,* Die andere Bürgergesellschaft (1993), S. 46.

315 Vgl. *Münkler et al.*, Politische Theorie und Ideengeschichte (2016).

316 *Schulz* (Fn. 296), S. 11.

317 Discorsi 281, in: *Skinner* (Fn. 257), S. 107.

grundsätzliche Unterschied zum herkömmlichen Republikanismus *Machiavellis* besteht im Existenzzweck des Staatwesens, dessen Erhaltung bei *Hobbes* selbst der Zweck war: „Die (*machiavellistische*) Republik kann legitimerweise das Leben ihrer Bürger zum Zweck des staatlichen Selbsterhalts auf das Spiel setzten. Der *hobbessche* Staat hingegen ist einzig und allein als Schutzinstrument der individuellen Sicherheit errichtet worden und verliert, sobald er diesem Zweck nicht mehr genügen sollte, seine politische Daseinsberechtigung."[318] So schrieb Leviathan, dass der Staat errichtet wird, weil „ohne eine einschränkende Macht der Zustand der Menschen, die die Natur sowohl hinsichtlich der Körperkräfte wie der Geistesfähigkeiten untereinander gleichmäßig begabt hat, ein solcher sei, (…), nämlich ein Krieg aller gegen alle."[319] Hieraus ergab sich, dass der „Staat eine Person ist, deren Handlungen eine große Menge Menschenkraft der gegenseitigen Verträge eines jeden mit einem jeden als ihre eigene ansehen, auf dass diese nach ihrem Gutdünken die Macht aller zur gemeinschaftlichen Verteidigung und zum Frieden anwendet."[320] Dessen Erhalt ist das höchste Gebot der natürlichen Gesetze, denen alle Menschen unterliegen. *Hobbes'* stark zentralisiertes Staatskonzept unterscheidet sich von dem des auf *Locke* und seiner Theorie basierenden Liberalismus. Ironischerweise wurde jedoch der negative Freiheitsbegriff, der sich auf das atomare Individuum ohne demokratische Beteiligung bezieht, um die autoritäre Herrschaft einer Ein-Mann-Monarchie zu rechtfertigen, zur Quelle des späteren liberalen Denkens.

b) Freiheit und Gesetze

Die *hobbessche* Freiheitskonzeption weicht in erster Linie von der *machiavellistischen* in Bezug auf das Verhältnis der Freiheit zu den Gesetzen ab, das bei der Letzteren miteinander verstärkend, aber bei der Ersteren gegenteilig ausfällt. Im engeren Sinne geht es hier darum, was unter Zwang gegen die Freiheit zu verstehen ist bzw. ob die Gesetze dem Zwang zuzuordnen sind.[321] Die Proto-Liberalen waren im Stande, sich allein mit dem individuellen Bedürfnis an Sicherheit zur Rechtsbefolgung zu verpflichten. Anders lagen die Dinge indes beim republikanischen Gesetzesbegriff. Als unerlässliches Mittel zur Freiheit,

---

318 *Münkler*, Machiavelli (2004), S. 98, in: *Schulz*, a.a.O., S. 40.

319 *Hobbes,* Leviathan (1983), S. 112, 115: „Ich übergebe mein Recht, mich selbst zu beherrschen, diesem Menschen oder dieser Gesellschaft unter der Bedingung, dass du ebenfalls dein Recht über dich ihm oder ihr abtrittst."

320 Oben S. 155.

321 *Skinner* (Fn. 293), S. 82.

ferner zu einer freien Republik musste sich dieser Begriff stets auf eine normative Art von intrinsischer Motivation für den Gehorsam gegenüber den Rechtsnormen stützen, die genau auf *virtù* verweist. Anstatt eine solche „gute Verfassung" zu verkörpern, geht es bei *Hobbes* um die vom Gemeinwesen abgelösten Freiräume des individuellen Gewissens und die Moralität auf der Grundlage seiner gegenteiligen Positionierung der Freiheit und Gesetze: Erst seitdem zeichnet es sich ab, „Freiheit negativ als Abwesenheit von Hindernissen für die individuelle Handlungsautonomie zu definieren und die gemeinschaftliche Dimension von der Freiheit zu verabschieden."[322]

In Bezug auf den *hobbesschen* Gesetzesbegriff wurde zudem vorausgesetzt, dass der Oberherr keineswegs den von ihm selbst gegebenen bürgerlichen Gesetzen unterworfen ist.[323] Diese Gleichsetzung des Oberherrn mit dem Staat stellt zu Recht seine Verfechtung der Monarchie dar. Er glaubte, dass die monarchische Staatsform am effektivsten dem Zweck der Sicherheit dienen kann, der man nach dem Vertrag eigene Rechte anvertraut hatte: „Wo das öffentliche Wohl mit dem besonderen Wohl auf das genaueste verbunden ist, ist jenes am stärksten gesichert."[324] Demgegenüber hat auch *Viroli* hervorgehoben, dass die Republikaner in früheren Studien eher als die Liberalen mit dem Prinzip der Gewaltenteilung und damit der Mischverfassung eng verbunden waren: „Auch wenn (…) die Überlegungen der Theoretiker des Liberalismus weit über die der Klassiker des Republikanismus hinausgegangen sind, so gilt doch (…), dass das Prinzip der Gewaltenteilung als Unterscheidung der Funktionen souveräner Machtausübung in den Schriften zum Republikanismus sehr wohl vorhanden war.[325] Die *hobbessche* Monopolisierung der Macht zeigte sich auch in seiner Analyse des Falles „*Sultan* und *Lucca*", die oben bereits zitiert wurde: „Ob ein Gemeinwesen monarchisch oder demokratisch sei, sei für die Freiheit unerheblich."[326]

So konnotiert die *hobbessche* Aussage, dass das Ausmaß der Freiheit nicht davon abhängt, ob man in einer bestimmten Regierungsform, d.h. in einer Republik, lebt, sondern davon, inwieweit man dem gesetzlichen Zwang unterliegt.[327] In der Tat bestand bei diesem englischen Politiktheoretiker von Anfang an eine Skepsis gegenüber antiken Politikwissenschaften. Er sah die Annäherung an die

322 *Schulz* (Fn. 296), S. 38.
323 *Hobbes*, a.a.O., S. 270.
324 Oben S. 169.
325 *Viroli*, Die Idee der republikanischen Freiheit (2002), S. 74.
326 *Hölzing* (Fn. 249), S. 68.
327 *Skinner* (Fn. 293), S. 79.

antiken Klassiker sogar als eine Ursache für die „Tyrannenscheu" an, die ggf. zur Rebellionen gegenüber dem monarchischen Staat führen könnte. Seine angebliche „Antikenscheu" erweist sich als zutreffend, indem *Hobbes* die Schriften der athenischen oder römischen Geschichte sogar „mit der Wasserscheu oder der Krankheit verglichen hat, welche aus dem Biss eines tollen Hundes entsteht".[328]

Freilich gründet die *hobbessche* Theorie auf einem Idealismus, indem sich der Alleinherrscher ausschließlich den Imperativen der natürlichen Gesetze unterwirft und damit kein Raum für seine eigenen Interessen besteht, was aber für die Politik in der Realität nicht immer zutreffend wäre. Überdies gilt dieselbe optimistische Erwartung für die Kolonialpolitik, in der eine Kolonie dann stets in der Lage sein wird, einen eigenen Staat zu errichten, wenn „sie von dem Staat, aus welchem sie stammte, für unabhängig erklärt wird".[329] Und was das kolonisierende Land von der Kolonie verlangt, wäre das, was bloß „Väter von ihren erwachsenen Söhnen zu verlangen pflegen, nämlich Ehrerbietung und Freundschaft".[330] Aber es hat sich bald herausgestellt, dass diese Zuversicht nichts weiter als eine Verharmlosung der wahren Machtverhältnisse zwischen Herrschern und Beherrschten war. Dennoch entwickelten sich die Ideen von *Hobbes* zu einer neuen Hegemonie im Einklang mit der Forderung nach Konstitutionalismus, die nach dem Zusammenbruch der englischen Republik aufkam. Dies führte bald zur Entstehung eines neuen Trends namens Liberalismus.

Zusammenfassung

Das negative Ideal der Freiheit vor dem Liberalismus, das Ideal der Gewährleistung bürgerlicher Freiheiten gegen die öffentliche Gewalt, wurde durch die Republikideologie des antiken Griechenlands und Roms verwirklicht. Dies war aber nicht einfach ein Konzept als Staatsform, das der Monarchie gegenübergestellt wurde. Die umfassende Idee von *res publica* wurde begleitet von der Rechtsstaatlichkeit und dem repräsentativen System als einem politischen System, das private Interessen ausschloss und das Gemeinwohl verfolgte, sowie von einem Ethos, der im Namen der Tugend die Amtsträger auf eine Orientierung am Gemeinwohl verpflichtete, und der gemischten Verfassung zur Gewaltenteilung. Vor allem im römischen Republikanismus ragte das negative Freiheitsideal heraus, durch Rechtsstaatlichkeit die bürgerliche Freiheit gegen willkürliche

---

328 *Hobbes*, a.a.O., S. 272–273.

329 Ebenda.

330 Oben S. 220.

Machtausweitung des Staates möglichst stabil zu verteidigen. Hier genossen Bürger die Freiheit im Sinne der Unabhängigkeit von der Willkür anderer.

Dieser Trend wurde von *Machiavelli* in den frühen Tagen der Neuzeit wiederentdeckt und führte zur Bezeichnung „neorömischer Republikanismus". Dies beeinflusste nicht nur direkt den englischen Republikanismus des „Commonwealth" und die amerikanische Unabhängigkeitsbewegung, sondern unterstützte auch die republikanische Revolutionsbewegung in ganz Europa, einschließlich der Französischen Revolution. Nach dem 17. Jahrhundert wurde die Genealogie jedoch aufgrund des Aufkommens liberaler Ideen, die ursprünglich von *Hobbes*, einem englischen Gesellschaftsvertragstheoretiker, abgeleitet waren, unterbrochen. Mit dem Auftreten des Liberalismus musste die Idee der *res publica* sich hinter der Rechtsstaatlichkeit, der Demokratie und dem Konstitutionalismus verbergen.

Hierbei ist zu bedenken, dass dieses republikanische Konzept auch im modernen Deutschland zu finden sein wird. Dennoch bedeutet dies nicht einfach, dass die Weimarer Verfassung die Idee einer Republik als Staatsform beinhaltet. Im Folgenden wird es Gelegenheit geben, dies noch einmal zu erläutern. Hier lasse ich es dabei bewenden, festzustellen, dass die Kontrolle der öffentlichen Macht, die den Kern der Ideologie der römischen Republik bildet, also das negative Ideal der Freiheit in seiner ursprünglichen Form, bereits in den Anfängen der Rechtsgutstheorie existierte: Dieses erlangte seine volle Entfaltung mit dem Aufkommen des Liberalismus.

B. Negative Freiheit nach dem Liberalismus

Das Ziel dieser Studie liegt darin, durch die Analyse des Konzepts der negativen Freiheit in der politischen Philosophie die Legitimität der personalen Rechtsgutslehre erneut zu bestätigen. Die Freiheitstheorie, die in diesem Vorhaben zentrale Bedeutung hat, ist der Liberalismus. Es wurde dargestellt, dass gleichzeitig mit der neo-römischen Renaissance bereits im 17. Jahrhundert die solche Denkform in Erscheinung trat, in deren Hintergrund vornehmlich die Kritik von *Hobbes* stand und die allmählich den Ruf des Republikanismus verletzte: Im Hinblick auf das Verhältnis der individuellen Freiheit zum Staat stand *Hobbes* dem vom alten Rom stammenden politischen Ideal entgegen, woraus sich der Liberalismus am Ende ergab. Sein Staatsgedanke prägte noch das derzeitige Rechtsstaatsprinzip. Zugleich leistete der Utilitarismus einen Beitrag zum Aussterben der Idee der Republik, als er mit den auf dem Kapitalismus fußenden modernen Flächenstaaten besser zusammenfiel als die Letzteren. Infolgedessen blieb die republikanische Freiheitsvorstellung verborgen, bis sie sich den Blicken der Politikwissenschaftler im 20. Jahrhundert, die eine Begrenztheit des klassischen Liberalismus kritisierten und alternative Konzepte aufstellen wollten, wieder enthüllt hat. Unter diesen ist der Neo-Republikanismus für das Ideal der negativen Freiheit vor allem von Belang. Dies wird in der zweiten Hälfte dieses Kapitels behandelt. Hingegen versucht die liberale Partei, die einmal den Republikanismus an den Rand der Politikwissenschaft gedrängt hat, sich dadurch weiterzuentwickeln, dass sie die egalitäre Denkweise in ihre negative Freiheitsvorstellung einbezieht.

Dahingehend ist darauf hinzuweisen, dass sich die unten zu debattierenden Freiheitstheorien in erster Linie auf die englische Tradition des Empirismus beziehen, wobei z.B. *Hume*[331] den epistemologischen Ansatz von *Locke* weiterentwickelt und argumentiert hat, dass der einzige Weg für Menschen, Wissen und Verständnis zu erlangen, die empirisch-kausale Inferenz ist. *Hume* glaubte, dass sich aus der Anerkennung individueller Erfahrungen, die auch durch Erfahrung gewonnen wurden, und aus deren Verfeinerung und Verallgemeinerung allgemeine Gesetze oder Prinzipien ableiten lassen. Zwischen diesem Empirismus und dem angloamerikanischen Liberalismus gibt es also insofern eine bedeutende Beziehung, als beide Philosophien menschliche Freiheit und individuelle Rechte als relevant halten und sie auf der Grundlage menschlicher Erfahrung und Vernunft unterstützen. Mit anderen Worten schützt es nicht zuletzt die individuelle Freiheit und die Autonomie die Denkweise, individuelles Wissen und Verständnis auf Grundlage von Erfahrung und Vernunft zu erklären. Im Hinblick auf die Rechtsgutsdebatte steht *Liszt* damit im direkten Zusammenhang. So liegt der Grund dafür, dass *Kant*s Freiheitsbegriff im Widerspruch zum Liberalismus steht, obwohl er politisch-philosophisch auf der Idee von *res publica* basiert, wie gesehen in der Verschiedenheit der erkenntnistheoretischen Standpunkte.[332] Dieser Unterschied in der erkenntnistheoretischen Sichtweise führt schließlich zu der Frage, nach welchem Freiheitsbegriff man mehr strebt, dem negativen oder dem „positiven". Was die Unterscheidung zwischen diesen beiden Freiheitsvorstellungen betrifft, ist die Analyse von *Isaiah Berlin*, einem Verfechter des klassischen Liberalismus, hilfreich.

Wesentlich ist jedoch das Konzept der negativen Freiheit, das die Grundlage der personalen Rechtsgutslehre bildet, in dessen Schranke sich sowohl Liberalismus als auch Republikanismus bewegen. So erklärt *Pettit*, dass das moderne politikphilosophische Terrain weitgehend in die Lager Populismus und

331 Vgl. *Hume*, Eine Untersuchung über den menschlichen Verstand, (2016).
332 Vgl. *Kant*, Kritik der reinen Vernunft (2022).

Liberalismus/Republikanismus unterteilt werden kann.[333] Das heißt, das populistische Ideal der direkten Bürgerbeteiligung, das vom Republikanismus des athenischen und *Rousseau*-Stils geprägt ist, wäre nicht geeignet für die politikphilosophische Ideologie, die den modernen Staat leitet, der auf einer pluralistischen Grundlage aufrechterhalten wird. Liberalismus und Republikanismus hingegen gehen davon aus, einen lebensfähigen modernen Staat auf der Grundlage einer Vielfalt von Präferenzen und Werten zu organisieren, und es ist genau das Ideal der negativen Freiheit, das dies untermauert. Der Liberalismus umfasst allerdings eine Vielzahl unterschiedlicher Denkschulen, während der Republikanismus schwieriger zu kategorisieren ist. Wird jedoch diese Konstellation in Hinsicht auf die Rolle des Strafrechts betrachtet, so lassen sich die Theorien, die dem traditionellen Ideal der negativen Freiheit anhängen, leichter identifizieren. Geht es um die Strafbefugnisse, haben wir es mit den konservativsten politischen Philosophien zu tun.

I. Liberalismus als neue Hegemonie

1. Aufkommen des Liberalismus

a) Ausgangspunkt des Liberalismus

Hobbes war der Erste, der für die Freiheit vom Gesetz argumentierte, d.h. dafür, dass die Menschen nur dann frei sind, wenn sie nicht durch das Gesetz gezwungen werden; damit versuchte er, eine autoritäre Regierung zu verteidigen.[334] Dieser Gedanke mag auf seine Unterscheidung zwischen natürlicher und bürgerlicher Freiheit zurückzuführen sein: Die natürliche Freiheit, die Freiheit in einem Zustand vollkommener Natur bedeutet und deren Idee von den Gesellschaftstheoretikern erdacht wurde, wurde in der republikanischen Tradition als Nachrangig betrachtet[335], während *Hobbes* sie privilegierte. Allerdings galt diese hobbessche Auffassung von Gesetz und Freiheit im angelsächsischen Raum des 18. Jahrhunderts nicht als Common Sense. In seiner Debatte über Gesetz

---

333 *Pettit* (Fn. 250), S. 7 f.: *Pettit* verbindet den Republikanismus mit der Haltung des Mitte-Links-Liberalismus und versucht tatsächlich, den Libertarismus, der die Beziehung zwischen Individuen und Staat nur als eine atomisierte Gruppe von Individuen und Instrument zur Gewährleistung ihrer individuellen Zufriedenheit betrachtet, als einen separaten politikphilosophischen Zweig zu klassifizieren. Aber im Hinblick auf das Ideal der negativen Freiheit wird es von ihm zuletzt dem breiten Liberalismus zugeordnet. Hier wird dieser breiten Klassifizierung des Letzteren gefolgt.

334 *Hobbes* (Fn. 319), S. 264.

335 *Reid*, The Concept of Liberty in the Age of the American Revolution (1988), S. 34.

und Freiheit vertrat z.B. *Locke* wie Harrington die Auffassung, dass Freiheit im Gegensatz zur Sklaverei steht[336] und dass Gesetze Freiheit schaffen. Auch *Price* hielt die republikanische Tradition aufrecht, indem er argumentierte, dass eine gerechte Regierung die Freiheit herstellt und nicht verletzt.[337] *William Blackstone* unterstützte diesen „gesunden Menschenverstand" in „Commentaries on the Laws of England" von 1760, indem er erklärte, dass das Gesetz, wenn es sorgfältig ausgearbeitet ist, niemals die Freiheit zerstört, sondern sie vielmehr schafft.[338] Wie wurden *Hobbes*' Ideen also zur neuen Hegemonie erhoben?

In Opposition zu den *Whigs* und den englischen *Commonwealthmen* standen die *Tories*, die die amerikanische Unabhängigkeit ablehnten und eine autoritäre Regierung befürworteten. Sie gingen nicht von der republikanischen Tradition aus, dass Freiheit das Gegenteil von *servus* sei, sondern von *Hobbes*' Annahme, dass Freiheit nicht mehr oder weniger sei als die Abwesenheit von Zwang. Auf dieser Basis argumentierten sie, dass es keinen Grund gebe, die Menschen in den amerikanischen Kolonien für weniger frei zu halten als die Engländer, wie es sich beim Fall der Untertanen des autoritären Leviathan zeigte.[339] Diese Idee war im 17. Jahrhundert nicht populär, sondern fand erst Mitte bis Ende des 18. Jahrhunderts, als die Revolutionen in Amerika und Frankreich in vollem Gange waren, einen Platz in der Opposition. Aus demselben Motiv wurde *Jeremy Benthams* Konzept der Freiheit als Abwesenheit von Zwang, also Nichteinmischung, zu einem modernen Konzept, das mit dem Gebot der Demokratie verbunden ist.

Pettit zufolge wurde der Siegeszug dieses Freiheitsbegriffs auch von einem britischen Utilitaristen des 18. Jahrhunderts, *William Paley*, bestätigt.[340] *Paley* räumte ein, dass die vorherrschende Auffassung von Freiheit bis zu seiner Zeit die republikanische Bürgerfreiheit war, aber er behauptete, dass dies das Konzept der Freiheit mit dem der „Sicherheit der Freiheit" verwechselt. Ferner sei die Definition von Freiheit als Abwesenheit von Einmischung näher an der überprüfbaren „genauen Erkenntnis" von *Humes* Empirismus und ein konkretes, realisierbares Ideal, während die Freiheitsvorstellung als Abwesenheit von Sklaverei zu viel Revolutionsrhetorik enthalte und ein zu idealistisches und komplexes Ziel für die Regierung fordere: „Ein solcher Freiheitsbegriff, der empirisch unerreichbare bürgerliche Freiheiten zur Voraussetzung macht (…) und den

336 *Locke*, Two Treatise of Government (1965), S. 325.

337 *Price* (Fn. 304), S. 81.

338 *Blackstone*, Commentaries on the Laws of England (1978), S. 126.

339 Vgl. *Lind*, Three Letters to Dr Price (1776).

340 *Pettit* (Fn. 250), S. 45 ff.

weder so große Klugheit noch so guter Wille der Regierung zum Schweigen bringen kann, muss abgelehnt werden."[341]

Nachdem darüber hinaus im 18. Jahrhundert die Idee aufgekommen war, dass alle Menschen gleich sind, wurde auch der Widerspruch des traditionellen republikanischen Freiheitsbegriffs eindeutig, der nach Unabhängigkeit rief, aber nur bestimmten Klassen von Menschen politische Freiheit gewährte. Ironischerweise unterstützten frühe Utilitaristen wie *Bentham, Paley*, der sich gegen die koloniale Unabhängigkeit wandte, und der Vater des Liberalismus *Mill* diese egalitäre Idee. Als sich der Schwerpunkt darauf verlagerte, durch das Ideal der Gleichheit mehr Menschen in die Kategorie der „Bürger" einzubeziehen, ging das komplexe und widersprüchliche republikanische Freiheitsideal, das Ideal der Nicht-Beherrschung, zurück. Der Liberalismus, der sich auf utilitaristische Ideen stützte, machte die größtmögliche Reduzierung staatlicher Eingriffe zum Kern seines negativen Freiheitsideals.[342]

Auch wenn *Paley* anerkannte, dass im Prinzip Gesetze Menschen ihrer Freiheit berauben, aber dass Gesetze, die ein hohes Maß an öffentlichem Wohl bewirken, auch die Freiheit fördern können,[343] basiert der Liberalismus grundsätzlich auf der Prämisse, dass Gesetze die individuelle Freiheit einschränken. Das Ideal der negativen Freiheit nach dem Aufkommen des Liberalismus wird daher von dieser gegensätzlichen Auffassung von Gesetz und Freiheit dominiert. So hat *Benjamin Constant* den Republikanismus als Ideal der positiven Freiheit verworfen: Er sagte, dass die Freiheit der Antike eine positive Freiheit sei, die mit den Konzepten des Populismus und Republikanismus verbunden sei, während die moderne Freiheit eine negative Freiheit sei, die nur im Liberalismus verwirklicht werde.[344]

b) Synthetisierung von Republikanismus und Liberalismus im 19. Jahrhundert

Es war jedoch nicht etwas, das so einfach klassifiziert werden konnte, wie *Constant* es vornahm. Trotz ihres Ehrgeizes waren die frühen Liberalen nicht im Stande, sich vollkommen vom alten republikanischen Ideal zu verabschieden. Ob dies dem gegenwärtigen Liberalismus gelungen wäre, scheint ebenfalls zweifelhaft zu sein. Das ist wohl darauf zurückzuführen, dass ihnen die

---

341 *Paley*, The Principles of Moral and Political Philosophy, 1825, S. 359 f.

342 *Pettit* (Fn. 250), S. 49 f.

343 *Paley*, a.a.O., S. 355.

344 Vgl. *Constant*, The Liberty of Ancients Compared with that of Moderns (1819).

vorpolitischen Grundlagen fehlten, die nämlich die Ermöglichungsbedingungen der Freiheit bedeuten, wie es in Bezug auf die Tugend bei den Republikanern der Fall war.[345] Die Liberalen haben sie aber später tatsächlich angenähert, wie es bei *John Locke* geschieht: „Als quasi-transzendentes Fundament (…) wirken *Locke*s Annahmen über die Bedingungen der Vertragsfähigkeit, d.h., ‚Toleranzanschrift' als funktionales Äquivalent der versunkenen republikanischen Tugenddiskurse über die soziomoralischen Voraussetzungen politischer Ordnung."[346] Das hat sich zudem bei *Adam Smith*[347] als zutreffend herausgestellt, indem sein Vorhaben nicht nur auf den Markt, sondern auch auf „das Prinzip der Sympathie" angewiesen war: „Für Adam Smith bleibt die Tugend das wichtigste erhaltende Moment in der menschlichen Gesellschaft. (…) Sympathie wird zum Schlüsselbegriff eines Liberalismus, der es nicht bei den aufsummierten und ausbalancierten Eigeninteressen belassen will und doch die erzieherischen Anstrengungen ablehnt, die in der herkömmlichen Moralökonomie und im Republikanismus mit der Tugendvorstellung verbunden sind."[348] Somit muss es zugestanden werden, dass nicht nur der Republikanismus, sondern auch der Liberalismus derjenigen Vorbedingungen bedarf, unter denen Freiheit weitestgehend zu entfalten ist. Dadurch kann zuletzt Sicherheit, nämlich ein friedliches Zusammenleben des Gemeinwesens gegenüber der egoistischen menschlichen Natur, gewährleistet werden, auch wenn es den Proto-Liberalen ursprünglich so erschien, dass keine Republik dem beschriebenen Zweck genügen kann. So hat *Henry Sidgwick* noch im 19. Jahrhundert Folgendes behauptet: „Individuelle Freiheit hat keine notwendige Verbindung mit Regierungsformen, da es durchaus möglich ist, dass eine repräsentative Legislative mehr als ein absoluter Monarch in das freie Handeln einzelner eingreift."[349] Dies scheint allerdings darauf zurückzuführen zu sein, dass er die Idee der Republik als eine Staatsform missverstanden hat. Ohnehin hatte der Liberalismus – mehr oder weniger paradoxerweise – zur Folge, dass nach einer geeigneten institutionellen Struktur gesucht wurde, die die Funktion einer guten Verfassung, also *res publica*, zu übernehmen vermag.

Eine solche Suche nach einer guten Institution erweist sich als zutreffend für den zeitgenössischen Liberalismus, der mit der demokratischen Republik assoziiert ist. In diesem Zusammenhang macht *Daniel Schulz* seine hervorragenden

345 Zum Begriff der Tugend aus historischer Sicht siehe *Münkler* (Fn. 269), S. 379–403.
346 *Schulz* (Fn. 296), S. 47.
347 Vgl. *Smith/Eckstein* (Hrsg.), Theorie der ethischen Gefühle (1985).
348 Siehe dazu *Münkler* (Fn. 315).
349 *Sidgwick*, Elements of Politics (1897), S. 375. Siehe dazu *Skinner* (Fn. 293), S. 98.

Analyse, wo die „Verfassungsgerichtsbarkeit“ vom Liberalismus erneut angebracht werde, um „die stets prekäre soziomoralische Geltungsgrundlage der Republik auf Dauer stellen“ zu können, und zwar ohne Hilfe der republikanischen Tugend.[350] Die konstitutionelle Kontrolle greift aber wieder auf die Republik zurück, wo die Gewaltenteilung garantiert wird; denn es ist nicht vorstellbar, dass der monarchische Oberherr von dem überprüft wird, das über ihm steht. *Schulz* bezeichnet dieses Phänomen als „Synthetisierung von dem Republikanismus und Liberalismus im 19. Jahrhundert“[351], die unter allem während der amerikanischen Revolution bereits nachgewiesen wurde.[352] Mit der Diversität, die sich aus dem ökonomischen und sozialen Wachstum ergab und folglich der direkten Demokratie entwachsen ist, wurde zugleich ein Repräsentativsystem zum neuen Muster der Demokratie erhoben, die aber nun mit der Normenkontrolle durch das Verfassungsgericht, nicht mit der gemischten Verfassung im republikanischen Sinne, verbunden ist. Dahingehend geschieht die Umwandlung zum Liberalismus wohl zur selben Zeit wie bei der Repräsentativverfassung[353], obwohl das repräsentative System in einem begrenzten Sinne auch in der römischen Republik zu finden war. So wurden die republikanischen Ordnungselemente allmählich liberalisiert, deren originärer republikanischer Sinn aber nachher vollständig ausgeblendet wurde, indem „sich die in der Verfassung angelegte Dominanz eines individualrechtlichen Liberalismus in der Folge durchgesetzt hat.“[354]

Dieselbe Tendenz der Synthetisierung der beiden politischen Theorien ist auch in einem europäischen Feld, nämlich in Frankreich, erfolgt, und zwar nicht auf die radikale liberalisierende Weise. Dieser Punkt wurde bereits bei der Erörterung von *Machiavellis* neo-römisch-republikanischem Einfluss auf Kontinentaleuropa angesprochen. *Constant oder Condorcet*[355] vertraten allerdings nicht die Idee einer Republik auf der Grundlage des *rousseau*schen Populismus. Dies stellt sich auch bei *Montesquieu* heraus. Dass die republikanische Idee damals als revolutionäre politische Bewegung gegen eine korrupte Monarchie angesehen wurde und dass *Rousseau* den allgemeinen Willen und die direkte Demokratie sowie die gleichberechtigte politische Beteiligung der Bürger betonte, führte

---

350 Vgl. *Vorländer*, Hegemonialer Liberalismus (1997); Siehe auch Schulz (Fn. 296), S. 53.
351 *Schulz*, a.a.O., S. 62.
352 Die Revolution beruhte zusehends auf dem republikanischen Freiheitsgedanken.
353 *Schulz*, a.a.O., S. 59.
354 Siehe dazu *Vorländer* (Fn. 350); *Schulz*, a.a.O., S. 53.
355 *Schulz*, a.a.O., S. 57 ff.

jedoch dazu, dass die Demokratie zur einzigen Alternative wurde, die zur Verfolgung des Gemeinwohls und zur Aufrechterhaltung der Rechtsstaatlichkeit mit Gewaltenteilung dienen kann. Mit anderen Worten: Die Demokratie wurde als ein politisches System an sich betrachtet, indem sie vom Mittel der gemischten Verfassung abgelöst wurde, die im Republikanismus als optimale Gewaltenteilung angesehen wurde. Die Annahme der Demokratie entsprach der liberalen Auffassung von Freiheit, die mit dem Ideal der Gleichheit verbunden werden konnte, und nicht dem republikanischen Freiheitsideal, das die bürgerlichen Freiheiten nicht für alle anerkannte.

Auf diese Weise scheint der Übergang von den republikanischen Freiheitsidealen zum Liberalismus ideologisch nicht stark konfrontativ gewesen zu sein. Das Ideal der negativen Freiheit, das die Kontrolle über die öffentliche Macht voraussetzt, wurde stets beibehalten, aber seine Umsetzung änderte sich je nach den Veränderungen der Staatsform. Dieser Punkt zeigt die Möglichkeit einer fruchtbareren und vielfältigeren Konzeptualisierung im Rahmen des Ideals der negativen Freiheit. Diese Überlegungen sind daher auch für die Verfechter der personalen Rechtsgutstheorie von Bedeutung.

2. Mill: *Freiheit als Abwesenheit äußerer Hindernisse*

a) Utilitarismus

Bislang hat sich gezeigt, dass die neuen politischen Grundlagen die Synthetisierung von Republikanismus und Liberalismus einschneidend beeinflussten, die zur Durchsetzung des Letzteren führt. Der frühere Republikanismus, der auf der unmittelbaren Integration des Gemeinwesens basiert, entsprach nicht der vergrößerten, pluralisierten, aber gleichzeitig atomisierten Gesellschaft, zumal dessen Freiheitskonzept wegen seiner Komplexität und Abstraktheit im rechtlichen Sinne schwer begreifbar wäre: „(…) dass insbesondere das republikanische Denken (…) hier eine problematische Tendenz zur Homogenisierung entfaltete, da es unter modernen Bedingungen seine Annahmen vorpolitischer Geltungsgründe der konstitutionellen Ordnung nur um den Preis einer Vereinheitlichung des immer heterogeneren Gesellschaftskörpers aufrecht erhalten konnte.“[356]

Darüber hinaus haben immer mehr Staaten schon seit dem 18. Jahrhundert den angeblichen „Utilitarismus“ als ihre Leitidee angenommen, der eine „Nutzenmaximierung“ zum einzigen Prinzip für die Sicherung des Gemeinwesens erhebt. Dem Staat fällt leichter, ein solches utilitaristisches Ideal, mit anderen

356 Oben S. 28.

Worten den Wert einer blinden Steigerung des Nutzens, anzunehmen, als auf dem anspruchsvollen republikanischen Ziel zu beharren. Wie erwähnt hat dazu *Paley* kommentiert, dass die Republikaner das Mittel, die Freiheit zu sichern, selbst als Zweck verstanden hatten und dass der Staat durch sein Ideal überfordert worden war.[357] In Hinblick auf Freiheit war es ein schlichtes Prinzip, dass sich diese erhöht, wenn der Grad der Nichteinmischung so weit wie möglich gesteigert wird. Diesen utilitaristischen Ansatz hat *Bentham* zum ersten Mal genutzt. Denn er wollte die seinerzeitige reformistische Bewegung scheitern lassen und damit einhergehend die Krise der Gesellschaft aufgrund der sozialen Desintegration abmildern, wie oben bereits dargestellt. Seine Motivation ist zugleich bei seinem Kampf gegen die Änderung des damaligen Familienrechts auffällig, nach der sich beispielsweise eine Ehefrau nicht mehr der Verfügung ihres Mannes unterwerfen musste.[358] In der Folge ist es ihm gelungen, mit der utilitaristischen Taktik dem Liberalismus zu neuer politischer Hegemonie zu verhelfen.

b) Mills *Liberalismus*

Genauer gesagt hat sich der endgültige Sieg des Liberalismus erst bei *John Stuart Mill* verwirklicht, indem das oberste Fundament der Nutzenmaximierung durch die Bewahrung der Freiheit substituiert wurde.[359] *Mills* Theorie wird daher auch als klassischer Liberalismus bezeichnet. Dennoch sind im klassischen Liberalismus noch die Spuren des Republikanismus zu erkennen. *Mill* ging von der tiefen Skepsis gegenüber der populistischen Hinwendung zur Demokratie aus, genauso wie die antiken Republikaner. Deswegen war es für ihn von besonderer Bedeutung, eine geeignete Institution für die Abwehr gegen die Tyrannei der Mehrheit zu finden. Dies wäre nach *Mill* in Gestalt des sog. politischen Perfektionismus möglich, der nur mit der demokratischen Repräsentativverfassung zu koexistieren vermag, in der die Wahlrechte wie bei der elitären Oligarchie von *Platon* tatsächlich nach dem Grad der Bildung und Rationalität abgestuft werden sollten.[360] Solange das nichts weiter als die Mischverfassung des Republikanismus besagt, geht das *millsche* Programm ebenfalls auf eine synthetisierende Tendenz mit dem Liberalismus zurück, die vom Republikanismus das Konzept der

357 *Pettit* (Fn. 308), S. 45.

358 Über die Konstellation um die amerikanische Revolution und den Beginn des Liberalismus legt *Philip Pettit* ausgezeichnete Analysen vor.

359 Vgl. *Mill*, Der Utilitarismus (2006); Über die Freiheit (1974).

360 *Schulz* (Fn. 296), S. 66.

Geltungsvoraussetzung eines freien politischen Gemeinwesens übernommen hat. Es war im Fall von *Mill* eine gute Institution, die nämlich dieses modifizierte Wahlverfahren und die sich an den politischen Handlungen orientierenden Rechte des Individuums betraf.[361] Zudem seien Bildung und Kampagnen auch zur Förderung einer Art von bürgerlichem Ethos wichtig.[362]

Hieraus lässt sich möglicherweise schließen, dass sich bei den einflussreichsten Vordenkern des klassischen Liberalismus die republikanischen Elemente noch aufspüren lassen. Genauso glaubt *Pocock*: „Auch wenn (…) liberale gegenüber republikanischen Vorstellungen langsam die Überhand gewannen, so blieb doch die Tradition des klassischen Republikanismus präsent als kritische Begleitung der politisch-moralischen Auswirkungen der sozioökonomischen Entwicklung."[363] Mithin gruppiert *Cecile Laborde* diese frühliberalen Theoretiker mit der Kennzeichnung der „Verfassungsliberalen"[364], bei denen nämlich die konstitutionelle Institutionalisierung wie die Rechtsstaatlichkeit, die Gewaltenteilung und die gesetzlich geschützten Rechte so signifikant erscheinen, dass die Gesetze der Freiheit nicht entgegentreten sollen.[365]

Mill brach jedoch schließlich mit dem Republikanismus, indem er die Bedeutung der Freiheit als Nichteinmischung und die ihr zugrunde liegende Demokratie hervorhob. *Mill*s „Über die Freiheit" im Jahr 1859 war der Prüfstein für das heutige Konzept der Freiheit als Nichteinmischung und das Schädigungsprinzip. In seiner Theorie der Freiheit werden zuerst zwei Arten von Freiheit genannt: politische Freiheit und Freiheit als Nichteinmischung. Politische Freiheit bedeutet, dass der Einzelne frei handeln und denken kann, ohne dass er vom Staat oder von anderen kontrolliert oder gezwungen wird. *Mill* argumentierte, dass die wahre Freiheit des Menschen darin besteht, politische Freiheit zu haben, und dass es die Aufgabe des Staates ist, diese zu schützen und zu achten.[366]

Das Konzept der Freiheit als Abwesenheit von Einmischung verweist darauf, dass ein Individuum frei ist, ohne Einmischung von irgendjemandem in dem Maße zu handeln, in dem es frei ist zu handeln. Dieses Konzept besagt, dass der Einzelne so lange frei handeln kann, wie seine Freiheit nicht mit der Freiheit anderer kollidiert: „Solange sie anderen keinen Schaden zufügen, haben alle

---

361 Oben S. 65.
362 *Mill* (Fn. 19), S. 299 ff.
363 *Pocock*, Reflections on the Revolution in France (1987), S. 344.
364 *Pettit* (Fn. 308), S. 56.
365 Oben S. 56.
366 *Mill*, a.a.O., S. 13.

Menschen das Recht, das zu tun, was sie für sich selbst am besten halten, ihre eigene Meinung zu vertreten und auf ihre Weise zu leben."[367] So betonte *Mill* die Wichtigkeit der Freiheit als Nichteinmischung, die es dem Einzelnen ermöglicht, die Dinge zu verfolgen, die er im Leben schätzt, seine Meinung und seinen Glauben frei zu äußern und sein Leben sinnvoll zu gestalten. Dieser Schwerpunkt in der Meinungsfreiheit führte zum ersten Zusatzartikel zur US-Verfassung.[368] Die individuellen Freiheiten und Rechte sollten absolut geschützt werden, aber nicht jedes Verhalten sollte frei sein. So kann beispielsweise ein Verhalten, das eine direkte Bedrohung für die Freiheit oder Sicherheit anderer darstellt oder deren Rechte verletzt, eingeschränkt werden: Dies macht das „Harm Principle" aus, das später weiter ausgeführt wird.

Mill betrachtete zudem die politische Freiheit als eng mit der persönlichen Freiheit verbunden: Die politische Freiheit sollte es dem Einzelnen ermöglichen, frei zu denken und sich frei zu äußern, und sollte das Recht auf Selbstbestimmung schützen sowie in einem ordnungsgemäßen Verfahren durch rechtliche Verfahren und Vorschriften ausgeübt werden. Er war auch der Meinung, dass diese politische Freiheit neben der Demokratie bestehen sollte, die er als wichtigen Faktor für die Aufrechterhaltung einer freien Gesellschaft ansah. Die Demokratie spielt eine bedeutende Rolle für die individuelle Freiheit und die fortschrittliche Entwicklung, weil sie ein System der freien Debatte, der freien Meinungsäußerung und des Schutzes von Minderheitenrechten und -interessen bietet, wo Entscheidungen von der Mehrheit getroffen werden.[369]

Schließlich war *Mill*s klassischer Liberalismus ein politikphilosophischer Trend, der mit der modernen Industriegesellschaft und der Expansion des Kapitalismus in Einklang gebracht werden konnte. Sein Konzept der Freiheit als Nichteinmischung wurde auch als am geeignetsten für eine neue Gesellschaftsform angesehen, in der atomisierte Individuen priorisiert und Werte diversifiziert werden, was es schwierig macht, in der Praxis das Gemeinwohl zu erkennen. Das Problem besteht jedoch darin, dass diese Tradition das negative Ideal der Freiheit monopolisiert hat.[370] Das liberale Konzept der negativen

---

367 Oben S. 43.

368 US-Verfassung: Der erste Verfassungszusatz sieht vor, dass der Kongress kein Gesetz erlässt, das die Gründung einer Religion respektiert oder ihre freie Ausübung verbietet. Es schützt die Meinungs-, Presse- und Versammlungsfreiheit sowie das Recht, bei der Regierung eine Petition zur Wiedergutmachung von Beschwerden einzureichen.

369 *Mill*, a.a.O., S. 15 f.

370 *Pettit* (Fn. 250), S. 50.

Freiheit ist, wie *Paley* sagte, zwar empirisch überprüfbar und klar, aber es ist andererseits zu eng und passt nicht zu den herkömmlichen Vorstellungen von Gesetz und Freiheit, die die vorliberale Ära dominierten. Somit ist es nach dem 20. Jahrhundert zahlreicher Kritik ausgesetzt.

3. Berlin: *Negative Freiheit gegen positive Freiheit*

a) Problem des rationalistischen Determinismus

Berlins 1958 in Oxford gehaltene Antrittsvorlesung „Two Concepts of Liberty" gilt als einer der wichtigsten Texte der politischen Philosophie über das liberale Konzept der Freiheit, der dazu führte, dass der positive Aspekt der Freiheit seitdem völlig aus der liberalen Freiheitsdebatte entfernt wurde. Zu dieser Zeit war der klassische Liberalismus aufgrund des aufkommenden Sozialismus und der Weltwirtschaftskrise zwar bereits erheblicher Kritik ausgesetzt, aber vor dieser Kritik wird im Folgenden zunächst *Berlins* Freiheitskonzept vorgestellt.

Er beginnt mit einer Widerlegung des historischen Determinismus, der diesen kritischen Denkschulen zugrunde liegt: der Erkenntnis, dass mit der Entwicklung der Naturwissenschaften die Entscheidungen des Einzelnen ebenfalls durch kausale Gesetze bestimmt werden. Das Leben, der Charakter und das Verhalten der Individuen werden daher vom größeren Ganzen bestimmt, von dem sie ein Teil sind, sei es geistig oder körperlich[371] So sind sowohl die rationalistische als auch die empiristische Tradition letztlich durch die gemeinsame Prämisse verbunden, dass sie sich lediglich über die Gegenstände des Wissens oder die Methoden der Entdeckung streiten, dass aber die Wirklichkeit erkennbar ist und nur absolutes Wissen absolute Befreiung hervorbringt: *Spinoza, Hegel*, die Rationalisten, die Metaphysiker, die dogmatischen Empiriker, die amerikanischen Soziologen und *Marx* sind alle diesem historischen Determinismus verpflichtet.[372] Alles ist also in einer großen historischen Strömung unwiderruflich determiniert und der Einzelne kann als Mitglied dieser Strömung die richtige Antwort erkennen, wenn er richtig nachfragt. Für diese historische Tradition seien Freiheit und Verantwortung nur Illusionen, die durch die Zerstreuung von Unwissenheit und Angst geschaffen werden.[373]

Berlin entgegnet jedoch, dass in der Soziologie und der Geschichtswissenschaft bisher nie empirische Kausalgesetze gefunden wurden, die mit der

371 Berlin (Fn. 291), S. 136.
372 Oben S. 152 ff.
373 Oben S. 155.

Einheitlichkeit der Naturwissenschaften vergleichbar sind.[374] Freilich befürwortet er keinen Relativismus, sondern erkennt auch die Rolle des Determinismus bei der Aneignung von Wissen an. Werden diese Kausalgesetze trotzdem auf die subjektive Freiheit des Menschen angewendet, seien die Grenzen nicht klar.[375] Mit anderen Worten hat der Mensch in der alltäglichen Welt die Freiheit, aus eigenem Antrieb Entscheidungen zu treffen, wenn auch nur in geringem Maße, und Verantwortlichkeiten. Folglich ist die Vorstellung, dass alles determiniert ist, nur eine Fata Morgana, die dem Wunsch dient, der Verantwortung oder der Notwendigkeit, richtige Urteile zu fällen, zu entgehen und sich so in eine Fantasiewelt zu flüchten, in der alles von unpersönlichen Wesenheiten geregelt wird.[376] Paradoxerweise werden vielmehr im letzteren Fall das rationale Argument und die Überprüfung durch Erfahrung zurückgewiesen.[377]

b) *Ideal der positiven Freiheit*

Für *Berlin* führt dieser entmenschlichende Determinismus direkt zum Konzept der positiven Freiheit. Die positive Freiheit geht davon aus, dass es unter der rationalistischen Tradition eine richtige Antwort auf den Zweck des menschlichen Handelns gibt: Wenn Menschen also ihr wahres Selbst erkennen, werden sie notwendigerweise eine bestimmte Wahl treffen.[378] Das Ideal der positiven Freiheit sieht nämlich die Menschheit als eine zweigeteilte Angelegenheit, mit einem transzendenten Herrscher, dem wahren Selbst, das aus der Vernunft stammt, um die Masse der Begierden und Leidenschaften auf der anderen Seite zu disziplinieren und zu heilen.[379] So postuliert *Kant* ein transzendentes, vom Bereich der natürlichen Kausalität unabhängiges Wesen und sieht den Menschen nur dann als frei an, wenn er sich von unheiligen Begierden befreit und kritisch und vernünftig denkt.[380] Dies führt zu seiner Auffassung von Freiheit als „Autonomie"[381], in der Freiheit darauf verweist, wie *Rousseau* es ausdrückt, dass der Mensch nur den Gesetzen unterworfen ist, die er sich selbst vorschreibt, und sich niemals der Kontrolle anderer unterwirft.[382] Als Beispiel für die Kritik führt *Berlin* aber an,

---

374 „Die Soziologie wartet noch auf ihren Newton." Siehe oben S. 189 f.
375 Ebenda.
376 Oben S. 193 f.
377 Oben S. 194.
378 Oben S. 218.
379 Ebenda.
380 Oben S. 219.
381 Vgl. *Kant*, Kritik der reinen Vernunft (2022).
382 *Rousseau* (Fn. 284), Kap. 8.

dass Frankreich für die individuelle und nationale Freiheit kämpfte zu einer Zeit, in der der Quietismus in Deutschland zunahm, wo es in Zeiten äußerer Unruhen ausreicht, sich „in die eigene innere Zitadelle zurückzuziehen" wie der Fuchs und die sauren Trauben.[383] Das heißt, sich in ein kleines Zimmer einzuschließen, um dem Feind zu entkommen, oder von einem Schlachtfeld zu fliehen, um die Welt aus der Ferne zu betrachten, fördert die Freiheit ebenso wenig wie die Beseitigung unmittelbarer physischer Hindernisse für den eigenen Willen.

Noch problematischer sei es, dass die Vermeidung von Konflikten mit anderen hier einfach eine Frage der Schaffung einer gerechten Ordnung ist, die präzise Antworten auf alle möglichen Probleme geben kann, die in ihr auftauchen können: Die Antworten auf alle Probleme müssen kompatibel sein und sich eng in ein einziges Ganzes einfügen.[384] Das rationale Gesetz ist somit die von der Vernunft vorgeschriebene Regel und ist nur für diejenigen ärgerlich, die kein wahres Selbst haben. Im rationalen Zustand ist die Freiheit wie das Gesetz, so dass ein Gesetz, das einem verbietet, etwas zu tun, was man bei gesundem Verstand nicht tun würde, kein Zwang ist. Entsprechend glaubte *Kant,* dass „Abhängigkeit in Übereinstimmung mit dem Gesetz (…) wahre Freiheit ist, denn sie ist das Werk meines Willens, der als Gesetzgeber handelt."[385] Dass aber genau auf diese Weise Diktatur und Totalitarismus, die Dinge, die *Kant* am meisten ablehnte, gerechtfertigt wurden, stellt einen weiteren Widerspruch dieser Tradition dar.

Da das Ideal der positiven Freiheit nicht die Frage aufwirft, inwieweit der Mensch regiert wird, sondern wer ihn regiert, ist es unvereinbar mit der Vorstellung von der Abwesenheit der „Selbstregierung" und wird daher zwangsläufig mit einem System assoziiert, das diese Selbstregierung durch das partizipatorische Recht garantiert, wie die Demokratie im Allgemeinen.[386] Sie verwechsele gemäß *Berlin* jedoch den Wunsch nach sozialem Status und Anerkennung mit dem Wunsch nach Freiheit.[387] Ihm zufolge sei die Französische Revolution auch als Wunsch nach dieser partizipatorischen Freiheit gekennzeichnet, wo der negative Aspekt der Freiheit für die Bildung der nationalen Identität preisgegeben werden konnte: „Ich gebe mich niemandem hin, indem ich mich allen hingebe."[388] So erweist es sich als zutreffend, dass die Demokratie oft auch in

383 *Berlin*, a.a.O., S. 220.
384 Oben S. 227 f.
385 Oben S. 230 f.
386 Oben S. 209 f.
387 Oben S. 244.
388 Vgl. *Rousseau*, a.a.O.

der Lage ist, die individuelle Freiheit zu zerstören. Daher sind die positiven Freiheiten für den Liberalismus nur insofern wertvoll, als sie zur negativen Freiheit beitragen.[389]

c) Negative Freiheit im Pluralismus

Das Konzept der negativen Freiheit hingegen bezieht sich einfach auf die Sphäre, in der eine Person ungehindert von einer anderen handeln könnte, während ein Zwang vorliegt, wenn eine andere Person absichtlich in eine Sphäre eingreift, in der Person A ohne Person B so gehandelt hätte, wie Person A will, und Person B Person A dazu bringt, anders zu handeln. *Berlin* erklärt, dass Freiheit jedoch nicht unbegrenzt sein kann, weil sie mit verschiedenen menschlichen Zielen in Konflikt steht.[390] Dies erfordert ein Prinzip. Auf dieser Linie hat sich *Constant* zu Recht geäußert: „Ein Mindestmaß an individueller Freiheit muss erhalten bleiben, es sei denn, unser Ziel ist es, unsere eigene Natur zu entwürdigen oder zu verleugnen."[391] Die einzige Freiheit, die diesen Namen verdient, wie *Mill* sagte, ist die Freiheit, die eigenen Ziele auf selbst gewählte Weise zu verfolgen: Es ist eine negative Freiheit.[392] Demnach soll der Wunsch, nicht verletzt zu werden, oder der Wunsch nach persönlichem Freiraum ein Indikator für eine hochentwickelte Zivilisation sein.[393]

Mit anderen Worten: Freiheit ist Freiheit, und selbst wenn Gleichheit, Gerechtigkeit und menschliches Glück zunehmen, die individuelle Freiheit aber abgenommen hat, gibt es immer noch eine Abnahme dessen, was der Liberalismus Freiheit nennt. Dies ist selbst dann der Fall, wenn andere Arten sozialer und wirtschaftlicher Freiheit zugenommen haben. Mithin muss Freiheit den Begriff der negativen Freiheit implizieren, dass es stets Grenzen für die Auferlegung des Willens einer Person auf eine andere geben soll, d.h., dass es bestimmte unantastbare Sphären der Freiheit für jeden gibt.[394] Allerdings ist die Freiheit nicht das einzige Kriterium, wo auch Gleichheit, Sicherheit, Glück und eine Vielzahl anderer moralischer, religiöser und ästhetischer Werte das von der Gesellschaft geforderte Gut und die vom Einzelnen verfolgten Ziele mitbestimmen. So ist es letzten Endes nötig, den richtigen Sinn des Pluralismus zu erkennen, dass es

---

389 *Berlin*, a.a.O., S. 248.
390 Oben S. 247 ff.
391 Vgl. *Weber*, VS (2004).
392 *Berlin*, a.a.O., S. 207.
393 Siehe dazu *Mill* (Fn. 19), Kap. I ff.
394 *Berlin*, a.a.O., S. 249.

keine einzig richtige Antwort gibt, sondern die menschlichen Ziele vielfältig und austauschbar sind und einige in ständiger Konkurrenz zueinander stehen.[395]

Um alles zusammenzufassen kam *Berlin* zu dem Schluss, dass die Einrichtung von Systemen der Rechtsstaatlichkeit und der Gewaltenteilung, die von der traditionellen republikanischen negativen Freiheitsvorstellung als wesentlich angesehen wurden, keinen notwendigen Zusammenhang mit der Freiheit im *hobbes*schen Sinne hat: Er unterstreicht vielmehr die Tatsache, dass die Existenz des Rechts die negative Freiheit untergraben kann.[396] *Berlin*s Theorie kann unter dem klassischen Liberalismus als das stärkste negative Freiheitsideal angesehen werden. So fungiert sie als Ideologie des rigorosesten Freiheitschutzprinzips, aber sie ist auch weit entfernt von älteren konventionellen Weisheiten über politische Systeme und rechtliche Institutionen. *Berlin*s Interpretation der Freiheit ist bis heute die Standardkonzeption des Liberalismus hinsichtlich negativer Freiheit und ein Großteil der Kritik, der die personale Rechtsgutslehre anhand der Enge dieses Begriffs ausgesetzt ist, lässt sich auf diese Interpretation zurückführen. Allerdings basiert dies bis zu einem gewissen Grad auf einem Missverständnis über *Berlin*, der im Grunde die Grenze der negativen Freiheitssphäre offen darlegte.

II. Krise des klassischen Liberalismus

1. Über Marktversagen

Dem *hobbes*schen originalen Schema und seinen Anhängern nach dürfe einzig das Ethos der Eigennutz- und Gewinnmaximierung verfolgt werden, weil durch die „unsichtbare Hand des Marktes“ in Sinne *Adam Smiths* das Gemeinwohl stets aus der privaten Selbstsucht resultieren sollte. Jedoch ging *Smith* auch davon aus, dass der intakte Wirtschaftsliberalismus den Tugenddiskurs voraussetzen sollte, weil er bereits in Kauf nahm, dass ein freier Markt die moralische bzw. die freiheitliche Gesellschaft, die allerdings nicht im engen Sinne des Liberalismus liegt, kaum gewährleisten könnte. Dies ist auf den grundsätzlichen Unterschied zwischen der wechselseitigen Anerkennung und dem wechselseitigen Vorteilstausch zurückzuführen. Das Prinzip der wechselseitigen Anerkennung des moralischen Rechtes kann in keiner Weise auf das Prinzip der Eigennutzenmaximierung reduziert werden, weil der *homo oeconomicus* kein Interesse an den moralischen Rechten der anderen hat, sondern alles bloß als Einschränkung

395 Oben S. 256 f.
396 Oben S. 209 f.

der individuellen Freiheit ansieht, was einem anderen moralischen Zweck als der Eigeninteressenoptimierung nachkommt, etwa Gerechtigkeit oder Gleichheit.[397] Die „unsichtbare Hand des Marktes" wird somit unweigerlich auf die Entmoralisierung und Entpolitisierung der Marktgesellschaft hinauslaufen müssen.[398]

Dies hat sich im „Marktversagen" am Anfang des 20. Jahrhunderts bewahrheitet. Unter diesem Begriff ist zu verstehen, dass, wenn jeder Marktakteur um jeden Preis nur die eigene Vorteilsmaximierung verfolgt, die automatische Ausbalancierung der Machtverhältnisse durch die „unsichtbare Hand" zusammenbricht und sich in Folge daraus nicht die Gemeinnutzmaximierung für die Marktteilnehmer ergibt, sondern nur die Hierarchie zwischen ihnen verstärkt wird. Die durch dieses Marktversagen verschärfte wirtschaftliche Ungleichheit bis in die 1920er Jahre führte zur Abhängigkeit des einen Akteurs vom anderen und bewirkte am Ende auf eine Reduktion der Summe von Freiheiten. Demnach verwies das Marktversagen im 20. Jahrhundert auf ein Scheitern des klassischen Liberalismus als der einzig geeigneten Moralphilosophie in Bezug auf die Freiheit. Daher sollte der Liberalismus zu Recht von seinen Alternativen herausgefordert werden.

a) Kommunismus

Eine berühmte entgegengesetzte Richtung war der als Kommunismus vertretene politische Diskurs. Die von *Karl Marx*[399] stammende Theorie fokussiert auf die Auflösung der ökonomischen Hierarchie zwischen Bürgern, die mit dem Begriff „Klasse" bezeichnet wird. Es war die radikalste Reaktion auf das Marktversagen. Trotzdem stellte der Kommunismus in Hinsicht auf die Freiheitstheorie keinen relevanten Rivalen gegenüber dem Liberalismus dar. Freiheit hat zwar für die *Marx*isten eine institutionelle Bedeutung ebenso wie für die römischen Republikaner, aber dabei handelt es sich nur um eine eingeschränkte Funktion der Freiheit, die letzten Endes zur klassenlosen Gesellschaft einen Beitrag leisten kann. Die individuelle Freiheit im kommunistischen Sinne soll schlicht in der kollektiven Kontrolle des gemeinschaftlichen Lebens bestehen.[400] Darüber hinaus war der *Marx*ismus in den Ländern nicht beliebt, die ihre Lebensgestaltung bereits völlig auf die fortgeschrittene Marktgesellschaft umgestellt hatten. Die

397 *Ulrich*, Wirtschaftsethik als politische Ethik: eine republikanisch-liberale Perspektive (2000), S. 72 f.

398 Ebenda.

399 Vgl. *Marx, Karl*, Philosophische und ökonomische Schriften (2008).

400 *Taylor*, Negative Freiheit? (2008), S. 119.

schwache Freiheitsvorstellung des Kommunismus schuf also vielmehr eine neue Chance für den Liberalismus seit der Krise des Republikanismus, den theoretischen Markt über Freiheit fast zu monopolisieren.

Der Sozialismus ist ein extremerer Fall, bei dem die republikanische Tradition radikalerweise einbezogen worden ist. *Marx* zeigte auf, dass „in der konstituierten Bourgeoisrepublik die bürgerliche Herrschaft vom Schleier der Verfassung und des allgemeinen Wahlrechts legitimiert wird, sie in Wirklichkeit jedoch eine Klassenherrschaft gegen das Gemeinwohl ist."[401] Seine Kritik der liberalen Industriegesellschaft verläuft entsprechend zu tradierten republikanischen Vorstellungen: „*Marx*s historische Analysen der Kämpfe und sozialen Konflikte sowie die klassengebundenen Solidaritätserwartungen des sozialistischen Diskurses knüpfen an diese politische Tradition des republikanischen Realismus an."[402] Seit seinem Auftreten wird jedoch der Sozialismus als der fast einzige Gegner des Liberalismus im Feld der Politologie bezeichnet. Aus diesem Grund bleibt es bis heute zweifelhaft, welche theoretischen Werte der moderne Republikanismus im Unterschied zum Sozialismus tragen könnte. Darauf wird im Folgenden einzugehen sein.

b) Neoliberalismus

In Bezug auf das Thema „Marktversagen" engagiert sich vor allem der in den 1970er Jahren erneut auftretende Neoliberalismus, der im Grunde die Marktgläubigkeit weiterhin zementieren wollte. Der Neoliberalismus stellte im Gegensatz zum totalitaristischen oder kommunistischen Trend eine erneute Form des Liberalismus dar, in der die staatlichen Eingriffe auf ein Minimum reduziert werden und die Autonomie der Marktwirtschaft im Vordergrund steht. Diese Ideologie wurde von Wirtschaftswissenschaftlern entwickelt, die die negativen Auswirkungen aktiver staatlicher Eingriffe in den Bereichen Wirtschaft, Politik und Gesellschaft hervorhoben: Dazu gehören vor allem *Friedman* und *Hayek*. Der Neoliberalismus legt Wert auf wirtschaftliche Freiheit und setzt sich dafür ein, dass die Wirtschaftsakteure eine effiziente Ressourcenallokation durch marktbasierten Wettbewerb und das Zusammenspiel von Angebot und Nachfrage erreichen. Zu diesem Zweck sind die Minimierung staatlicher Eingriffe und der Abbau von Regulierungen wichtige Grundsätze. Der Neoliberalismus befürwortet die Autonomie der Märkte und den Wettbewerb, um die Wirtschaftsleistung und die Innovation voranzutreiben, wobei die Freiheit

---

401 *Schulz* (Fn. 296), S. 68.
402 Oben S. 67.

und die Wahlmöglichkeiten des Einzelnen in höchstem Maße respektiert werden. Dahingehend geht es bei der Freiheitsvorstellung von *Friedman* um freie Wahl: Er vertrat die Ansicht, dass sich die wirtschaftliche Freiheit des Einzelnen, eigene Entscheidungen zu treffen, auf die Autonomie der Wirtschaftsakteure, auf dem Markt zu handeln und eigenes Eigentumsrecht auszuüben, bezieht, um individuelle Bedürfnisse und Präferenzen zu befriedigen.[403]

In dem Maße, in dem der Neoliberalismus die Rolle des Staates einschränkt, wird er jedoch auch von Bedenken hinsichtlich sozialer Ungleichheit begleitet. Es wird zudem kritisiert, dass die vollständige Autonomie der Märkte nicht unter allen Umständen die besten Ergebnisse garantiert, was genau das Marktversagen darstellt. *Hayek* war daher der Ansicht, dass dazu ein wirksames Rechtssystem erforderlich ist. Der Zustand, aufgrund sozialer Ungleichheit nicht lediglich nach dem eigenen Willen frei wählen zu können, wird als Zwang bezeichnet und die einzige Möglichkeit, Zwang zu verhindern, ist die Androhung von Zwang. In einer liberalen Gesellschaft liegt diese Zwangsgewalt ausschließlich beim Staat, was bedeutet, dass der staatliche Zwang so gering wie möglich gehalten werden sollte, aber letztlich unvermeidbar ist: Er sollte somit streng an allgemeine und abstrakte Regeln, d.h. Gesetze, gebunden sein.[404] Diese Wiederbelebung des klassischen Konzepts der „Freiheit im Rahmen des Gesetzes" im Neoliberalismus, der oft als konservativer als der klassische Liberalismus beschrieben wird, steht vielleicht im Widerspruch zur gängigen Meinung. Auf *Hayek*s Ideen zu Freiheit und Gesetz wird später zurückkommen sein.

2. *Ideal der Gleichheit*

Die Bindung an die negative Freiheit als „Nichteinmischung" befindet sich aber noch im Kern des Liberalismus, auch wenn er durch die egalitären oder kontraktualistischen Prinzipien ergänzt worden ist. Dieses Ideal der negativen Freiheit ist nach wie vor auf *Hobbes* und *Bentham* zurückzuführen, die die Entfaltung des Lebensentwurfs ausschließlich dem individuellen Entscheidungsbereich zuschreiben. Demgegenüber schafft die moderne, alternative Konzeption negativer Freiheit einen Raum für die Selbstverwirklichung, indem sie nicht nur in der Abwesenheit der äußeren Hindernisse gegenüber dem, was man tun will, sondern auch in der Abwesenheit der Hemmnisse gegenüber dem, was man „wirklich" will, besteht. Anders formuliert: Das Konzept der Freiheit muss mit

---

403 Vgl. *Friedman*, Chancen, die ich meine (1980).

404 *Hayek*, The Constitution of Liberty (2006), S. 21 f.

dem eigenen höchsten Wunsch oder Ziel verbunden sein, sich auf eigene Weise zu verwirklichen.

a) Rawls' *Theorie der Gerechtigkeit*

Die Liberalen haben selbst angestrebt, die wachsende Ungleichheit zwischen Bürgern zu handhaben. *John Rawls* bietet hierfür das beste Beispiel, indem er eine Wirtschaftsethik in Betracht gezogen hat, aber sich noch im Rahmen des Liberalismus bewegt.[405] Um die parteiischen Machtverhältnisse des Marktes in der Praxis nachträglich unter Kontrolle bringen zu können, setzt *Rawls* seinen Schwerpunkt auf die Gerechtigkeit bei der Verteilung von Ressourcen oder Güter. Infolgedessen lässt das Konzept der Freiheit sich durch die Egalität ergänzen. Seine kreative Perspektive zählt zur sog. egalitären Strömung des Liberalismus.[406] *Rawls* stellt zwei Gerechtigkeitsgrundsätze auf, für die jedes Gesellschaftsmitglied sich entscheiden wird, um eine Einigung auf den Gesellschaftsvertrag zu erreichen. Diese Einigung kann aber nur in einer fiktiven, konstituierenden Entscheidungssituation durchgeführt werden: im Urzustand. Hier entscheiden die Mitglieder nämlich unter dem „Schleier des Nichtwissens", indem sie keine Kenntnis über die gesellschaftliche Position, den Vermögensstand oder die Zugehörigkeit zu einer sozialen Klasse in Bezug auf sich selbst oder die anderen haben. Nur die aus diesem Schleier des Nichtwissens ergebenden Grundsätze sollen die substanzielle Gerechtigkeit der Gesellschaft – im Sinne von *Rawls* die distributive Gerechtigkeit – ermöglichen. Ferner bestehen die beiden Gerechtigkeitsgrundsätze aus dem Prinzip des gleichen Rechtes auf Freiheit und dem Differenzprinzip, das dem Ersteren stets nachgeordnet ist. Soziale und wirtschaftliche Ungleichheiten können nur dann erlaubt werden, wenn sie die faire Chancengleichheit oder den größtmöglichen Vorteil für die am wenigsten Begünstigten ermöglichen.[407]

Auch eine derartige Konzeption konnte aber kaum die liberale Tendenz der Antipolitisierung verhindern. Dadurch, dass er den Wertekonflikten gegenüber auf dem Schleier der Neutralität, folglich auf *Berlins* Ideal der negativen Freiheit, beharrt, verliert nämlich der Staat seine zwischen entgegengesetzten Werten grenzziehende Rolle in der pluralistischen Welt.[408] Ebenfalls stießen

---

405 Vgl. *Rawls*, Politischer Liberalismus (2016); Justice as Fairness, Political not Metaphysical, Philosophy & Public Affairs 14 (1985), S. 223 ff.

406 Vgl. *Dworkin*, Taking rights seriously (2013).

407 Siehe dazu *Rawls*, Theorie der Gerechtigkeit (2014).

408 Siehe *Mouffe*, Socialist Review 2 (1990), S. 61; *Rzepka/Straßenberger* ZPTh 5 (2014), S. 229.

die individualistischen und atomistischen Prämissen von *Rawls* auf den Widerspruch, dass sie von mangelhaften Erkenntnissen über die einer Gemeinschaft zugrunde liegende Intersubjektivität ausgingen. Diese Kritik hat sich zu einer unabhängigen politiktheoretischen Strömung weiterentwickelt, zum Kommunitarismus[409], während egalitäre Liberale seine Ideen erneut übernahmen.

b) Kommunitarismus: neo-athenische Schule

Es ist kaum zu leugnen, dass das republikanische Politikverständnis ursprünglich von *Aristoteles* stammt. Seine Konzeption der Bürgertugend und der partizipatorischen Freiheit weist noch in Gestalt der neo-athenischen Bewegung einen Zug des Republikanismus auf. Zu jener Tendenz gehören vorzugsweise *Michael Sandel, Charles Taylor* oder *Richard Bellamy*. Jedoch geht die neo-athenische Denkart bisweilen über die Grenze des Neo-Republikanismus hinaus, indem sie in sachlicher Hinsicht ein bestimmtes Gemeinwohl priorisiert, weshalb jenseits des Republikanismus ihre gesonderte Betrachtung nötigt ist. Hierbei handelt es sich um den sogenannten Kommunitarismus, der sich folgendermaßen einordnen lässt: „Mithin divergiert der Kommunitarismus tatsächlich von der römischen Art des Republikanismus darüber, ob in erster Linie es um entweder einen negativen oder einen positiven Freiheitsbegriff geht und inwieweit jegliche Theorie auf der Neutralitätsthese gegen Werte beharrt."[410]

Die republikanische Idee befand sich bis zu den 1970er Jahren am Rande der angelsächsischen akademischen Kreise. Sie trat erst dann prominent in Erscheinung, als die jungen Kritiker des Liberalismus wie *Sandel, Taylor, Rorty, Walzer, MacIntyre et al.*[411] versuchten, sich auf das *aristotelisch*e humanistische Ideal der Politik einschließlich seines Tugendbegriffes zu beziehen, das der britische Politikphilosoph *Pocock* im Namen des Bürgerhumanismus bereits freigelegt hatte.[412] Basierend auf dem athenischen Ideal der Aktivbürger haben diese Kritiker eine intensive Auseinandersetzung mit dem Wertpluralismus und den atomistischen, individualisierenden Prämissen der liberalen Theoretiker wie *Berlin, Hayek, Rawls, Dworkin,* oder *Nozick* geführt[413] und sich ferner selbst als

---

409 Gegen *Rawls* vgl. *Walzer*, Political Theory 18 (1990); *Honneth*, Philosophische Rundschau 83 (1991).

410 *Hölzing*, Republikanismus und Kosmopolitismus (2011), S. 12.

411 Vgl. *MacIntyre*, Verlust der Tugend (1993).

412 *Pocock* (Fn. 314), S. 16 f.

413 Ausgehend vom *Sandel*, Liberalism and the Limits of Justice (1982) folgen *Walzer*, Spheres of Justice (1993), *Sandel*, Liberalism and its Critics (1985) usw.

Kommunitaristen bezeichnet. Diese Konstellation am Ende der 1980er Jahre verweist auf nichts anderes als auf die Debatte zwischen Liberalismus und Kommunitarismus, die sich im Rahmen der modernen Politikphilosophie als eine der bedeutsamsten Diskussionen einstufen lässt.

Im Kern dieser Debatte steht der Vorwurf von *Sandel* gegen *Rawls*, der vom Begriff des Selbst ausgeht. *Sandel* behauptet, dass die Werte der Gemeinschaft konstitutiv für den Subjektbegriff sind, der hingegen bei den *rawls*schen Liberalen allein in einer exklusiven Souveränität des Individuums, der Autonomie besteht.[414] *Rawls* gehe von jener Anthropologie aus, in der jedes unsituierte Subjekt unabhängig von den aktuellen sozialen Beziehungen und geschichtlichen Verortungen seine Ziele jeweils monologisch wählen kann, so dass die Idee der Rechte bzw. gleicher Rechte sich einem Konzept des Guten stets vorordnen lässt, wie oben beschrieben.[415] Ohne die abstrakte Annahme des Urzustandes wäre aber der liberale atomistische Subjektbegriff mit dem Ideal der Gleichberechtigung kaum zu verbinden.

Demgegenüber platziert das kommunitaristische Ideal der vergesellschafteten Intersubjektivität das Konzept des Guten normativ an die vordererste Stelle, unter dem man mit einer bestimmten Lebensform in ethischer Hinsicht übereinstimmen kann, aber trotzdem zugibt, dass der Schutz der Grundrechte der Entfaltung jenes guten Lebens zugrunde liegt.[416] Dieser Ansatz entspricht scheinbar dem *hegel*schen Begriff der Selbstverwirklichung. Somit fasst *Axel Honneth* die Kernidee des Kommunitarismus wie folgt zusammen: „Weil die praktische Realisierung der rechtlich gewährten Freiheiten der solidarischen Mithilfe von Interaktionspartnern bedarf, setzt sie eine soziale Gemeinschaft voraus, deren Mitglieder sich in der Verpflichtung auf bestimmte ethische Werte einig wissen."[417] So hat die Kritik gegen das liberale Programm, die der Kommunitarismus angestoßen hat, immer mehr Anhänger gewonnen, so dass *Rawls* selbst später gemäß ihrer Ansicht seinen Subjektbegriff durch ein kontextgebundenes, gemeinsame Wertüberzeugungen teilendes, moralisches Subjekt ersetzen musste.[418] Dennoch hat *Rawls* argumentiert, dass der Kommunitarismus

---

414 *Brühlmeier*, Zeitschrift für Politik, Wirtschaft, Kultur 72 (1992), S. 359 ff.

415 Siehe dazu *Sandel* (Fn. 413), Kap. 1; *Rothhaar*, Michael Sandel, Liberalism and the Limits of Justice, in: Brocker (Hrsg.), Geschichte des politischen Denkens (2018), S. 672.

416 *Gutmann*, Philosophy and Public Affairs 14 (1985), S. 311.

417 *Honneth* (Fn. 409), S. 97.

418 *Rawls* (Fn. 407), S. 223 ff.

keine kontextübergreifenden normativen Kriterien für das Konzept des Guten aufstellen kann, während sein korrigierter Subjektbegriff auf der Tradition der Demokratie in der abendländischen Kultur beruht.[419] Er hatte wohl Recht, da die verschiedenartigen Kritiken am Kommunitarismus ebenso zu diesem Punkt gelangten, an denen auch der Republikanismus sich beteiligt. Beispielsweise hat *Skinner* dies so kommentiert: „Man sollte zum kommunitaristischen Gemeinschafts- und vor allem Familienideal die Statistiken oder besser noch die Romane befragen."[420]

Der ausschlaggebende Unterschied zwischen dem Kommunitarismus und dem neo-römischen Republikanismus wäre, dass Ersterer versucht, bestimmte gute Ziele zu konstituieren, um frei zu sein, wogegen Letzterer nach Freiheit strebt, um zu vielfältigen Zwecken zu gelangen.[421] Die Problematik des Kommunitarismus ergibt sich stets daraus, dass er vom materiellen Konzept des Gemeinwohls ausgeht. Einen Wert im Namen des öffentlichen Gutes zu würdigen, impliziert nicht weniger als den schlüpfrigen Pfad in den Totalitarismus. Derzeit scheint der Kommunitarismus demnach keine fundamentale Alternative zum Liberalismus zu sein, obwohl er richtigerweise die Dimension der Gemeinschaft, die von den klassischen Liberalen übersehen wurde, wiederum thematisiert hat. Hingegen zieht der Neo-Republikanismus diese Thematik in Betracht, auch wenn er die Normativität nicht aufgibt. So kann man sagen, dass nicht der Kommunitarismus, der die Lehre des athenischen Republikanismus in vollem Umfang zu adaptieren versucht, sondern der Neo-Republikanismus, der nur ihre teilweise Rehabilitation mit sich bringt, mit der liberalen Freiheitsvorstellung zusammengebracht werden könnte. Konkret wird im Folgenden noch einmal diskutiert, wie sich der Neo-Republikanismus vom Kommunitarismus unterscheidet.

c) Egalitärer Liberalismus

Nach der Aufklärung wurde jene Idee omnipräsent, dass alle Menschen gleich sind. Dies hat zu starken Hassgefühlen gegen den klassischen Republikanismus geführt, wie erwähnt, in dem allein die männlichen elitären Einwohner über den bürgerlichen Status verfügen konnten. Die Idee der Gleichstellung hat sich

---

419 Diesbezüglich legt *Honneth* „Diskursethik" vor, die als ein universales Moralprinzip das gute Leben leiten kann. Doch kann dies nur jenseits *Hegel*s Philosophie geschehen; *Honneth*, a.a.O., S. 100 f.

420 *Skinner*, Inquiry 12 (1991), S. 81 ff.

421 *Skinner*, The Republican Ideal of Political Liberty (1990), S. 293 ff.

deshalb zum einen zur Form des Sozialismus entfaltet und zum anderen wurde sie in den Liberalismus eingebettet. Seit den 1980er Jahren zählt die egalitäre Art des Liberalismus, zu der vor allem *Rawls* und *Dworkin* gehören, zu den herrschenden liberalen Schulen, in denen die negative Freiheitsvorstellung als Nichteinmischung fundamental ist, es aber gleichzeitig nicht aufgegeben wird, ungleiche Machtverhältnisse in einer Gesellschaft zu entspannen.[422] Dadurch ist es der modernen liberalen Schule einigermaßen gelungen, sich gegen die weitere republikanische Kritik zu verteidigen.

Wer ferner im Hinblick auf den Republikanismus auf ein solches Ziel der sozialen Gleichheit einen besonderen Schwerpunkt setzt, aber den Liberalismus nicht verlassen will, sei als „liberaler Republikaner" bezeichnet, wozu Theoretiker wie *Hannah Arendt, Michael Walzer* und ggf. *Chantal Mouffe* gehören können.[423] Jedoch scheinen die ersten beiden eher dem Kommunitarismus zugeordnet zu werden: *Arendt* geht z.B. von der neo-athenischen republikanischen Auffassung aus, dass die moderne Gesellschaft das gescheiterte bürgerliche Leben durch die Restaurierung des Politischen wiederherstellen sollte.[424] Hingegen werden sie insofern auch als konfliktiver Liberalismus gekennzeichnet, als sie ihren Schwerpunkt auf den politischen Kampf verschieben: So präsentiert *Mouffe* eine Theorie, mit der sie angeblich einen dritten Weg zwischen dem Sozialismus und dem Liberalismus beschreitet, obwohl sie letztlich im liberalen Ordnungsrahmen bleibt.

Mouffe geht davon aus, dass sowohl Sozialismus als auch Liberalismus vom Rationalismus und Universalismus so gefesselt sind, dass sie keine aktuellen Wertkonflikte, auf die die Demokratie in der pluralistischen Gesellschaft stoßen muss, handhaben können. Dagegen stellt der konfliktive Liberalismus darauf ab, „die Pluralität von Meinungen und Werten in einer paradoxen und nur durch prekäre Entscheidungen zu stabilisierenden Balance von Gleichheit und Freiheit zu verbinden"[425]. Dies geht ferner dem egalitären Liberalismus von *Rawls* voran, indem durch aktive bzw. konfliktaffine Teilnahme am politischen Entscheidungsprozess die Pluralität der Lebensentwürfe garantiert werden soll, die *Rawls* lediglich auf das Prinzip der universalen Gerechtigkeit reduziert.[426]

---

422 *Pettit* (Fn. 308), S. 50.

423 Vgl. *Rezpka/Straßenberger* (Fn. 408); *Walzer*, ZPTh 5 (2014), S. 217 ff.

424 Vgl. *Arendt*, The human condition (1998).

425 *Mouffe*, The Democratic Paradox (2009), S. 5; *Rezpka/Straßenberger*, a.a.O., S. 230–231; Siehe auch *Mouffe*, Hegemonie und radikale Demokratie (2012), S. 23 f.

426 *Rezpka/Straßenberger*, a.a.O., S. 230.

Dieser konfliktive Liberalismus scheint viel mit dem weiter unten zu erläuternden Neo-Republikanismus gemeinsam zu haben: Dabei handelt es sich im Wesentlichen um die negative Freiheitsvorstellung, einen individuellen Lebensentwurf auf eigene Weise zu verwirklichen.[427] In umgekehrter Richtung überträgt *Walzer* die liberale Pluralisierung des autonomen Handlungsbereiches auf das republikanische Politikverständnis, was „pluralistischer Republikanismus" heißt.[428] Da das Ziel dieser Forschung darin besteht, den Begriff der negativen Freiheit zu analysieren und zu rekonstruieren, kommt es jedoch nicht auf den Namen der Theorie an, sondern vielmehr auf den spezifischen Begriff der negativen Freiheit, den diese Konzeptionen vorsehen.

III. Restauration der republikanischen Freiheit

1. Neo-Republikanismus

In der zweiten Hälfte des 20. Jahrhunderts fand der Vorwurf gegen das Marktversagen und die Entpolitisierung der Gesellschaft eine Resonanz und damit einhergehend der alte Republikanismus. Das republikanische Denkmodell war vornehmlich von Bedeutung für die Analyse der liberalen moralischen Korruption: Die Korruption im Sinne des Republikanismus bezeichnet eine degenerative Tendenz, in der eine beschränkte Gruppe die anderen Bürger ohne eine moral-politische Kontrolle, d.h. ohne die Tugend, beherrschen kann,[429] was mit der liberalen Konstellation im 20. Jahrhundert korrespondierte. Dementsprechend weist *Walzer* darauf hin, dass die liberalistisch angelegte Gesellschaft aus sich selbst heraus nicht mehr bremsen kann, dass „Menschen mit mehr politischer Macht, größerer sozialer Reputation oder enormen ökonomischen Kapital ihren Einfluss derart ausweiten, dass andere Interessen dabei untergehen und die Freiheit dadurch radikal beschnitten wird."[430] So erwies sich die grundsätzliche Schwäche des Liberalismus als zutreffend, dass dieser prinzipiell keine Bedingungen und Voraussetzungen für den Bestand seiner Institutionen angeben kann,[431] es sei denn, er wendet sich an die die politische Freiheit hervorhebenden sonstigen Ideale wie den Republikanismus: „Das Verständnis

---

427 *Mouffe*, The Return of the Political (1993), S. 38; Vgl. *Straßenberger*, Konsens und Konflikt; in Ideenpolitik (2011).

428 Vgl. *Malowitz*, Michael Walzer zur Einführung (1998); *Walzer*, Zivile Gesellschaft und amerikanische Demokratie (1996).

429 *Pocock* (Fn. 314), S. 41 ff.

430 *Walzer* (Fn. 413), S. 87 ff.

431 *Schulz* (Fn. 296), S. 87.

vom Republikanismus als einer modernen politischen Theorie wurde so weiter gestärkt und republikanische Ansätze gelten nunmehr wieder als der zentrale Gegenspieler der liberalen Staats- und Politikverständnisse."[432] Hingegen räumt der Republikanismus die vom Gemeinwesen abgegrenzte individuelle Freiheit ein und bietet eine deutlich fruchtbarere Freiheitsvorstellung als die sozialistische Traditionslinie.

Jedoch bleibt fraglich, was überhaupt der Republikanismus im modernen Sinn ist. Er birgt heterogene theoretische Strömungen, die unterschiedliche Schwerpunkte setzen. Dabei stellt die neo-römische Schule eine seiner größten Denkrichtungen dar. Die andere wird als neo-athenisch oder bürgerhumanistisch[433] bezeichnet. Sie ist von *aristotelischen* Traditionen geprägt und teilt ihre Grundideen in hohem Maße mit dem Kommunitarismus, der ursprünglich aus amerikanischen akademischen Kreisen stammt und seit den 1990er Jahren als Kritik am Liberalismus auftritt, wie oben ausgeführt. Diese beiden divergierenden Politiktheorien lassen sich zumindest im folgenden Sinne gleichermaßen als Republikanimus bezeichnen, dass sie die Freiheit des einzelnen Bürgers nur durch die freie Verfassung eines freien Gemeinwesens, d.h. durch die Republik, auf Dauer garantieren.[434] Allerdings wird unter dem Republikanismus häufig einfach diese neo-athenische Richtung verstanden. Dieses Missverständnis, den modernen Republikanismus lediglich als kommunitaristisch oder populistisch zu bezeichnen, geht wohl auf die bekannte Auffassung von *Arendt* zurück, wo die positive Freiheit und die Idee der partizipativen Demokratie im Mittelpunkt stehen.[435] Dennoch wird hier die neo-römische Denkrichtung des Republikanismus, die sich auf das negative Ideal der Freiheit konzentriert, in den Vordergrund gestellt.

a) Konzept des Neo-Republikanismus

Während das Gemeinwohl z.B. das letztliche Ziel für athenische Stadtstaaten war, hielten die Römer, wie oben erwähnt, sowohl den Wohlstand der Gemeinschaft als auch den Schutz des Privateigentums für ebenso wichtig. Diese Spaltung innerhalb der republikanischen Traditionslinie hat erst in der Debatte zwischen den Liberalen und ihren Gegnern seit der zweiten Hälfte des 20. Jahrhunderts erneut an Bedeutung gewonnen. Das heißt, das republikanische Denkmodell hat

432 *Amelung* (Fn. 8), S. 9.
433 Vgl. *Pocock* (Fn. 314).
434 *Schulz* (Fn. 296), S. 264.
435 *Pettit* (Fn. 250), S. 7 ff.

als Alternative oder Ergänzung zum Liberalismus wiederum die Aufmerksamkeit der Politikphilosophen geweckt, indem diese sich nun in zwei Spielformen differenzieren: die neo-römische und die neo-athenische Schule. Unter ihnen stellt die neo-römische Denkart die römische, institutionsorientierte und quasiliberale Form dar, die in der britischen ideengeschichtlichen Forschung seit den 1960er Jahren von Cambridge ihren Ausgang gefunden hat. Hingegen wird auch behauptet, dass weder die neo-römische noch die neo-athenische Schule die Wiederbelebung des Republikanismus in der Gegenwart untermauern, sondern die beiden lediglich neue Wellen innerhalb der Politikphilosophie darstellen: entweder die angeblich transformierten Arten von Liberalismus oder den Kommunitarismus in eigenständiger Gestalt. In der vorliegenden Untersuchung wird davon ausgegangen, dass der zeitgenössische Republikanismus in sich vielfältige theoretische Traditionslinien birgt, und ein derartiger Republikanismus wird nun als Neo-Republikanismus bezeichnet.

Welche Elemente für den Neo-Republikanismus charakteristisch sind, bleibt wegen seiner internen Heterogenität noch umstritten. Manche behaupten sogar, dass neben der neo-römischen und der neo-athenischen Schule ebenfalls die sozialistische Tradition zum Neo-Republikanismus im weiteren Sinne gehört. Den Neo-Republikanismus von den anderen Politikphilosophien klar abzugrenzen, zählt somit zu den wichtigsten Aufgaben. Dennoch sind dessen Theoretiker sich darüber einig, dass zumindest die folgenden vier Aspekte die Kernelemente des Neo-Republikanimus markieren, in deren Priorisierung die Strömungen sich jedoch unterscheiden: der fruchtbarere Freiheitsbegriff als der liberale, die grundsätzliche und politische Gleichheit, das Ideal der deliberativen Demokratie und die Idee der Bürgertugend.[436]

Der neo-republikanische Freiheitsbegriff verdankt sich unter allem dem Konzept von *Philip Pettit*, der als Hauptvertreter der neo-römische Schule von Cambridge das Freiheitskonzept der neo-republikanischen Tradition verfeinert und infolgedessen das Ideal der Nichtbeherrschung präsentiert hat. Diese negative Freiheitsvorstellung als Nichtbeherrschung steht im Zentrum der vorliegenden Forschung, bei der es sich endgültig um das Verhältnis des strafgesetzlichen Zwanges zur Freiheit handelt, das im nächsten Abschnitt wiederum ausführlich erörtert wird. Was nun aber von Bedeutung wäre, ist die neo-republikanische Intuition der Freiheit, die je nach Theoretiker unterschiedlich gekennzeichnet wird, wie „das neo-römische Ideal der Unabhängigkeit“ für *Skinner*, die „politische

436 *Besson/Martí*, Law and Republicanism: Mapping the Issues, Legal republicanism (2009), S. 13.

Freiheit“ für *Taylor* oder die „volle Autonomie“ für *Habermas*.[437] Trotzdem tritt die Gestalt der Selbstregierung oder Selbstbeherrschung in den meisten Fällen gemeinsam auf, gleichgültig, ob die aktive politische Partizipation im Sinne positiver Freiheit oder lediglich die Abwesenheit der politischen Beherrschung als negative Freiheit hervorzuheben ist.[438]

Zudem zieht der neo-republikanische Freiheitsbegriff den Gleichheitsbegriff nach sich. Unter dem republikanischen Ideal von Gleichheit wird die politische Gleichberechtigung verstanden, bei der alle Bürger gleichermaßen frei sein müssen, sowohl sich in der Privatsphäre zu vergnügen als auch Zugang zur öffentlichen Macht zu haben. Damit kann jedes Mitglied der Gesellschaft gleichermaßen politischen Einfluss ausüben.[439] Dies besagt nichts anderes als die Vorstellung der Selbstregierung, die am besten durch die Demokratie ggf. in der modernen deliberativen Form zu stützen ist. So wird die deliberative Demokratie an Liberalismus gekoppelt, aber nicht in notwendiger Weise: Für den Liberalismus steht kein notwendiges Mittel gegen die Korruption der Demokratie zur Verfügung, die in der Regel in Gestalt von Tyrannei der Mehrheit oder von Populismus geschieht.

Der Republikanismus verwirft dagegen den Populismus als Möglichkeit der politischen Beherrschung, so gibt er die Vorbedingung für die Erhaltung der partizipativen Demokratie vor: Bürgertugend oder *virtù*. Die Bürgertugend, die von modernen Republikanern erneut angedeutet wird, verweist nun auf das Interesse an öffentlichem Leben oder Gemeinwohl, das aber nichts anderes als das Ideal der Selbstregierung darstellt. Überdies ist die positive Unterstützung der Bürgertugend durch ein Bildungssystem auch ins neo-republikanische Programm einbezogen sowie in die Programme von *Machiavelli* und *Mill*, da sie keine direkte Einmischung in die Freiheit darstellt. Zusammenfassend kann die Kernidee des Neo-Republikanismus so skizziert werden, dass Freiheit als Nichtbeherrschung in organischem Zusammenhang mit politischer Gleichheit, deliberativer Demokratie und Bürgertugend steht, damit diese zusammen einen Beitrag zum Erreichen des Ideals der Selbstregierung leisten.[440]

437 Oben S. 13; Vgl. *Skinner* (Fn. 293); *Taylor*, What's wrong with Negative Liberty or "Cross-Purposes" (1989).

438 *Besson/Martí*, a.a.O., S. 17–18.

439 Oben S. 18 ff.

440 Oben S. 21–25.

b) *Rechtsrepublikanismus und republikanisches Strafrecht*

Alle normativen Politiktheorien weisen zwar ihre eigenen Aspekte für das Rechtssystem auf, aber für den Republikanismus kommt, wie vorstehend erläutert, dem Rechtsbegriff eine besondere Bedeutung im funktionellen Sinne zu. Aus diesem Grund scheint es sinnvoll zu erwähnen, was der Begriff des Rechtsrepublikanismus bedeutet. Den Rechtsrepublikanismus haben die Neo-Republikaner konzipiert. Bei diesem handelt es sich nicht nur um das republikanisch angelegte positive Rechtssystem, sondern auch um die republikanische Rechtstheorie oder Rechtsphilosophie.[441] Die sog. republikanischen Gesetze beziehen sich in erster Linie auf das Verfassungsrecht[442], das Strafrecht[443] und das Völkerrecht.[444] Die republikanische Strafrechtstheorie z.B., die Freiheit als Nichtbeherrschung auffasst, basiert auf demselben negativen Freiheitsideal wie der Liberalismus, indem sie die Vorstellung der Strafbegrenzungstheorie übernimmt, dass die strafrechtliche Bestrafung durch den Staat nur dann auf Klarheit beruhen sollte, wenn ein gesetzliches Verbot zum Schutz der Bürger eindeutig erforderlich ist.[445] Die Republikaner stützen sich zwar auf die Idee der Freiheit unter dem Gesetz, stimmen aber auch zu, dass Strafgesetze gefährliche Waffen sind, die das Ideal der negativen Freiheit verunsichern können. Besonders lautstark wenden sie sich gegen die Korruption der Polizei, die nicht nur im traditionellen Republikanismus zu beobachten war, sondern sich auch in modernen Staaten bestätigt hat.[446]

So bestand das klassische Hauptanliegen des republikanischen Strafrechts in der Vermeidung von Repressalien und willkürlicher Verhaftungen vonseiten absoluter Monarchen, nicht in der Konzipierung des Freiheitsbegriffs. *Braithwaite* und *Pettit* liefern somit fast den einzigen Entwurf für eine moderne

---

441 Oben S. 26.

442 Zu konstitutionellen Ansatzpunkten vgl. *Honohan*, Civic Republicanism (2002); *Bellamy*, Political Constitutionalism (2007).

443 Zur republikanischen Strafrechtslehre siehe *Braithwaite/Pettit*, Not Just Deserts (1990); Zur Diskussion zwischen *Braithwaite* und *v. Hirsch* in The Journal of Criminal Law and Criminology 73 (1982); *Pettit*, „Is Criminal Justice Politically Feasible?", Buffalo Criminal Law Review 5 (2002), S. 427 ff.

444 Vgl. *Habermas*, „Hat die Konstitutionalisierung des Völkerrechts noch eine Chance?" in: *ders.*, Der gespaltene Western. Kleine politische Schriften X (2004), S. 113 ff.; *M. Sellers*, Republican Principles in International Law: The Fundamental Requirements of a just World Order (2006).

445 *Pettit* (Fn. 250), S. 154 f.

446 Vgl. *Caplow*, Perverse Incentives: The Neglect of Social Technology in the Public Sector (1994).

republikanische Theorie des Strafrechts, in der im Wesentlichen die Bestrafung nicht nur im Sinne der Förderung des Ideals der Nichtbeherrschung, sondern auch als Mittel zur Korrektur der Auswirkungen von Verbrechen gerechtfertigt wird: So erfordert es das republikanische Strafrecht sowohl materiell als auch prozedural, die strafwürdigen Verhaltensweisen und die strafgesetzlichen Prozesse im Hinblick auf die republikanischen Kernideen zu rekonstruieren, indem diese sich in der Praxis in Form der Bildung, Prävention, restaurativen Gerechtigkeit und gesellschaftlichen Kontrolle des Strafrechtssystems usw. verwirklicht.[447] Eine solche Theorie unterscheidet sich also nicht grundlegend von der von *Liszt* etablierten Sozialzwecktheorie und der Entwicklung des materiellen Verbrechtsbegriffs sowie der Rechtsgutslehre als Prinzip des Freiheitsschutzes: „Die Freiheit triumphiert, wenn das Strafrecht seine jeweiligen Strafen aus der bestimmten Eigenart von Verbrechen ableitet. Jeder Willkür ist ein Ende gesetzt, denn das Strafrecht ergibt sich nicht aus der Laune des Gesetzgebers, sondern aus der Natur der Sache."[448]

Hingegen zielt die republikanische Jurisprudenz oder Rechtsphilosophie darauf ab, basierend auf einer rechtspositivistischen Methodik die Normativität des positiven Rechtssystems mit der republikanischen Idee zu begründen. Jedoch geht der Rechtsrepublikanismus nicht von der apriorischen Grundnorm aus, aus der sich die Geltung des Rechts ableitet. Stattdessen bezieht er sich auf den angeblichen „normativen Rechtspositivismus" von *Jeremy Waldron*[449], der quasi einen dritten Weg zwischen Sein und Sollen darstellt, dass Recht entsprechend der sozialen Interaktion und dem Kontext geformt wird und gleichzeitig normative Merkmale aufweist. Demzufolge soll der wesentliche Bestandteil des republikanischen Rechtsbegriffs im Rechtsstaatlichkeitsprinzip bestehen, das für die Nichtbeherrschung oder Selbstregierung sowohl im privaten als auch im öffentlichen Leben und ferner für die Demokratie notwendig ist. Somit kann im Republikanismus selbst das Rechtsstaatlichkeitsprinzip als ein normativer Teil gelten, während es beim Liberalismus schlichthin einen formalen Charakter des Systems darstellt.[450]

---

447 *Besson/Martí* (Fn. 436), S. 29.

448 *Montesquieu*, The Sprit of the Laws (1989), S. 189; in: *Pettit* (Fn. 250), S. 157.

449 Über das genaue Konzept des normativen Rechtspositivismus vgl. *Waldron*, Law and Disagreement (1999); *Waldron*, „Normative Positivism", in Coleman J. (Hrsg.), Hart's Postscript (2001), ch. 12.

450 *Besson/Martí*, a.a.O., S. 31 ff.; Sihe auch *Waldron*, „The Rule of Law as a Theater for Debate", in Burley (Hrsg.), Dworkin and his Critics (2004); *Waldron, Ratio Juris* 2 (1989).

Die Frage nach Methoden sollte tatsächlich vertieft untersucht werden. Wenn es um die Geltung des Rechts aus rechtsphilosophischer Sicht geht, muss jeder eine theoretische Perspektive auf die Frage der Normativität des Rechts, also auf die Frage von Sein und Sollen, einnehmen. Aus politikphilosophischer Sicht können hingegen die liberale Ideologie und ihr System als Ganzes im utilitaristischen Ideal der negativen Freiheit begründet werden. Da diese Studie darauf abzielt, den Inhalt dieser politikphilosophischen Grundlage selbst, die die Institution des Rechts einschließt, zu analysieren und nicht die Problematik der Geltung des Rechts, muss ich es dabei bewenden lassen, dass die hier verteidigte These über das Strafrecht auf das Ideal der negativen Freiheit zurückgeht.

2. Pettit*: Freiheit als Nichtbeherrschung*

a) Ausgangspunkt der modernen Neo-Römer

Während sich die republikanische Denkart in Gestalt des Kommunitarismus in den USA mit dem Liberalismus auseinandersetzte, haben sich junge Politikwissenschaftler mit Sitz in Cambridge, England seit den 1960er Jahren wiederum der vormodernen Geschichte des Republikanismus zugewendet. Zu dieser Gruppe gehören *Fink, Raab, Pocock, Skinner, Oldfield, O'Sullivan* und *Pettit* et al.[451] Wie vorstehend hat die republikanische Tradition sich aufgrund der Genese des Liberalismus zurückziehen müssen. Seitdem der Liberalismus die politische Hegemonie erobert hatte, gerieten daher die veralteten Wörter des klassischen Republikanimus wie „body politic" oder „civitas libera", die sich im Grunde auf den Begriff der positiven Freiheit beziehen, unter Beschuss. Daraus folgte die „tendenzielle Marginalisierung der republikanischen Schlüsselidee der Tugend"[452], insbesondere in der modernen neo-römischen Schule. Demzufolge richten sich die modernen Neo-Römer primär an der Formulierung der negativen Freiheit durch die beschränkte republikanische Idee aus: „So stellen moderne (neo-römische) Republikaner (...) die Sicherung negativer Freiheit ins Zentrum. Die freie Republik wird hier als eine politische Ordnung begriffen, die die Mittel zur Erhaltung der negativen Freiheit der Bürger bereitstellt, wobei bürgerliche Tugend, politische Partizipation und Gemeinwohlorientierung als schlichtes Mittel zum Zweck der Sicherung negativer Freiheit verstanden werden

451 *Pettit* (Fn. 250), S. 19; *Fink*, The Classical Republicanism: An Essay in the Recovery of a Pattern of Thought in Seventeenth Century England (1962); *Raab*, The English Face of Machiavelli: A Changing Interpretation 1500–1700 (1992); *Oldfield*, Citizenship and Community: Civic Republicanism and the Modern World (1990).

452 *Münkler* (Fn. 315), S. 179.

und nicht mehr als eigenständige, republikanische Ordnungen auszeichnende Werte."[453] Daraufhin bezeichnen die neo-athenischen Republikaner diese neo-römische Strömung als einen „entkernten" Republikanismus[454], der vor allem durch *Viroli*, *Skinner* und *Pettit* vertreten wird.

Der hauptsächliche Unterschied zwischen der neo-römischen und der neo-athenischen Strömung besteht also darin, dass Erstere die Demokratie auf eine institutionelle Rolle beschränkt, während Letztere sie zur Wesentlichkeit des Freiheitsbegriffes erhebt.[455] Diese Uneinigkeit basiert grundsätzlich auf der Meinungsverschiedenheit darüber, wie die Beteiligung der Bürger an der politischen Entscheidungsfindung organisiert werden soll: Die eine Richtung fordert eine deutlich aktivere Beteiligung, während die andere sich mit der Gewährleistung der institutionellen Glaubwürdigkeit und Anfechtbarkeit zufriedengibt. In diesem Sinne ist die moderne neo-römische Schule eine Fortsetzung des instrumentellen Republikanismus der früheren Neo-Römer von *Machiavelli* bis *Montesquieu*. Der instrumentelle Republikanismus teilt seine zentralen Merkmale mit dem Liberalismus: das Ideal der negativen Freiheit und die Verteidigung des Pluralismus.[456] *Patten* weist darauf hin, dass es bei der Unterscheidung zwischen dem neo-römischen Republikanismus und dem Liberalismus nicht um die negative Freiheit selbst geht, sondern nur darum, ob sie vom öffentlichen System getrennt werden kann oder nicht. Daher gibt es keine relevante Meinungsverschiedenheit zwischen dem instrumentellen Republikanismus und dem Liberalismus, sondern im Gegensatz zu *Skinner* sind die beiden im Wesentlichen gleich.[457] Daraus ergibt sich somit die Möglichkeit, die herkömmlicherweise auf dem klassischen Liberalismus fußende personale Rechtsgutslehre mit dem Ideal der neo-römischen Freiheit zu verbinden.

Diese neo-republikanische bzw. neo-römische Strömung wird manchmal als Cambridge-Schule bezeichnet. Tatsächlich aber verdankt die Cambridge-Schule ihren Namen der Methodik von *Pococks* historischer Forschung, die ursprünglich vom deutschen Historiker *Baron*[458] und von dessen Studien zum Florentiner Republikanismus geprägt war. *Pococks* historisch-komparative Methodik kommt vor allem bei Studien zum Einsatz, die sich mit dem Wandel

453 Oben S. 178.
454 Oben S. 179.
455 *Besson/Martí* (Fn. 436), S. 15.
456 *Mouffe* (Fn. 425), S. 36.
457 *Patten* (Fn. 266), S. 25 ff.
458 Vgl. *Baron*, Bürgersinn und Humanismus im Florenz der Renaissance (1992).

des politischen Denkens und der Entwicklung von Ideen befassen, und seine Analysen und Interpretationen konzentrieren sich auf Sprache und Symbole, auf Schwankungen in der politischen Kultur und auf das Zusammenspiel von Struktur und Wandel. Folglich sind die Quellen, die für ihn von Bedeutung sind, an eine bestimmte Zeit und einen bestimmten Raum gebunden. Beispielsweise wird in „The Machiavellian Moment“ die frühneuzeitliche atlantische Tradition des Republikanismus, die, wie auch hier präsentiert, von *Machiavelli* über das England nach dem Bürgerkrieg zur amerikanischen Revolution führt, zum ersten Mal „entdeckt“.[459] So legt *Skinner* auch Gewicht auf die Entdeckung und Rekonstruktion von historischen Quellen.[460] Allerdings lief *Pococks* Erforschung des Republikanismus, die sich auf *Aristoteles'* Idee des Bürgerhumanismus konzentrierte, auf die Entstehung des amerikanischen Kommunitarismus hinaus, aber seine Methodik ist noch für die neo-römische Schule relevant: „In diesem Sinne besteht für *Pocock* die Bedeutung der republikanischen Tradition politischen Denkens für die Gegenwart darin, einen Modus der politischen Reflexion zu demonstrieren, der sich durch seine partikulare und zeitlich-historische Verortung innerhalb bestimmter politischer Ordnungskontexte (…) von der abstrakt-universalistischen Form der liberalen politischen Philosophie des zwanzigsten Jahrhunderts unterscheidet.“[461]

b) Skinner: *Freiheit als Unabhängigkeit*

In *Skinners* „Liberty before Liberalism“, einem der bedeutendsten Werke über neo-römische Freiheitsvorstellungen, zeigt sich, dass der Unterschied zwischen dem Liberalismus und der neo-römischen Idee auf ein jeweils eigenes Verständnis des Begriffs „Zwang“ zurückzuführen ist.[462] Es gelingt ihm, das Ideal der negativen Freiheit, *civitas libera*, das innerhalb der breiten Idee von *res publica* seit dem alten Rom existiert hat, als Freiheitsvorstellung ohne Abhängigkeit zu definieren: Sei ein Bürger frei, lebt er unabhängig vom Willen der anderen und in freiem Staat, in dem er nie einer Willkürherrschaft des anderen Landes unterworfen ist, basierend auf den Gesetzen, in die Bürger mit gleichem Recht selbst eingewilligt haben.[463] Er glaubt, dass seine Freiheitsvorstellung als Nichtabhängigkeit horizontal äquivalent zur Freiheit als Nichteinmischung ist, so dass sein

---

459 Vgl. Pocock, The *Machiavelli*an Moment (2003).
460 Siehe dazu *Skinner* (Fn. 293).
461 *Schulz* (Fn. 296), S. 89.
462 *Skinner*, a.a.O., S. 82, 84 f.
463 Oben S. 44.

Konzept der negativen Freiheit, auch wenn es die Idee der Selbstregierung einschließt, dem Liberalismus insofern nahe steht, als die Gesetze und demokratischen Institutionen, die eine solche Selbstregierung garantieren, nur ein Mittel zum Zweck des Freiheitsschutzes sind: „Die republikanische Vorstellung von Freiheit (...) übernimmt die demokratische Forderung nach Selbstbestimmung nur als Mittel, um Freiheit zu erreichen, setzt aber Selbstbestimmung und Freiheit nicht gleich."[464]

Darüber hinaus stellt *Skinner*s Betrachtung von nicht willkürlichen Eingriffen, wie z.B. Gesetzen, als einer Art Schaden, weil sie letztlich als Beeinträchtigung der Freiheit angesehen werden, den Hauptunterschied zu üblichen republikanischen Theorien dar, die solche Gesetze als „das sicherste Bollwerk der Freiheit"[465] erachten. Daher wird seine Theorie manchmal mit *Rawls* verglichen, der ebenfalls die Idee der Freiheit als Nichteinmischung vertrat, aber nicht im Rahmen des klassischen Liberalismus blieb, da er die Notwendigkeit eines rechtlichen Schutzes der Freiheit anerkannte. Immerhin verzichtet auch *Skinner*s Freiheitskonzept, wie der Liberalismus, auf die Notwendigkeit, ein System zu bevorzugen, das die Rechtsstaatlichkeit garantiert, z.B. eine Republik, oder ein politisches System, das diesem Ziel am besten dienen kann. Doch während *Pettit* *Skinner*s Leugnung des notwendigen Zusammenhangs zwischen der negativen Freiheit und der Verwirklichung der Selbstregierung folgt, gelingt es ihm, eher in der republikanischen Tradition zu bleiben, indem er das gute Gesetz von der Beeinträchtigung der Freiheit ausschließt.

c) Pettit: *Ideal der Nichtbeherrschung*

Während *Skinner* zwar die Symmetrie zwischen der republikanischen Freiheitskonzeption und der negativen Freiheit des Liberalismus herstellt, aber nur zögerlich den inhärenten Wert des Republikanismus betont, wendet sich *Pettit* von Anfang an ausdrücklich gegen *Berlin*s Dichotomie der Freiheitsbegriffe, dass die negative Freiheit als modernes Ideal mit dem Liberalismus in Verbindung gebracht wird, während die positive Freiheit als klassisches Ideal populistisch ist.[466] *Pettit* argumentiert jedoch, dass *Berlin*s Auffassung historisch widerlegt werden kann, indem er darauf hinweist, dass, wie bereits dargelegt wurde, diejenigen, die sich diese negativen Freiheiten ausdachten, eigentlich gegen die amerikanische Revolution waren und dass republikanische Freiheiten im Gegenteil

---

464 *Viroli* (Fn. 325), S. 56.
465 Oben S. 77.
466 Vgl. *Rikert*, Liberalism Against Populism (1982).

den revolutionären Geist antrieben.[467] In diesem Zusammenhang bietet er eine „dritte Interpretation" der Freiheit an: seinen Freiheitsbegriff der „Nichtbeherrschung", die mit der negativen Freiheit insofern Gemeinsamkeiten aufweist, als sie sich auf die Abwesenheit konzentriert, und mit der positiven Freiheit insofern, als sie sich auf die Herrschaft bezieht.[468] Mit anderen Worten sieht er die republikanische Freiheit traditionell mit der negativen Freiheit verbunden, wie sie in der römischen Republik und bei *Machiavelli* zu finden ist, indem er hervorhebt, dass die Auffassung von Freiheit ohne Herrschaft nicht so weit geht, wie der Begriff der Autonomie oder Selbstregierung der positiven Freiheit voraussetzt.[469] Der Begriff der Tugend, der die Ausrichtung des Individuums auf das Gemeinwohl untermauert, fließt hierbei in die Gestaltung „guter Institutionen" ein, nämlich in das Gesetz, das die negative Freiheit am besten schützen kann.

Demnach handelt es sich hier um eine Theorie der qualitativen Bedingungen der Freiheit, die auch als politisches Ideal fungieren kann. *Pettit* stellt zunächst fest, dass die Gegenüberstellung von Freiheit und Sklaverei eine Theorie ist, die in der geschichtlichen Tradition der politischen Philosophie wiederholt formuliert wurde, und dass der Zustand der „Beherrschung ohne Einmischung", wo ein wohlwollender Herr, der sich derzeit nicht einmischt, aber jederzeit bei seinen Sklaven eingreifen kann, wenn er will, die erste Unterscheidung zwischen der Freiheit als Nichteinmischung und der Freiheit als Nichtbeherrschung ist.[470] Hingegen war die Ansicht, dass das nicht willkürliche Gesetz, d.h. die gute Institution, nicht in die Freiheit eingreift, sondern sie vielmehr schafft, auch vor dem Aufkommen von *Hobbes*' Konzeption der natürlichen Freiheit allgemein bekannt, so dass *Pettit* argumentiert, dass diese Konstruktion der Gesetze als „Einmischung ohne Beherrschung" ein zweites wichtiges Merkmal der Freiheit als Nichtbeherrschung sei.[471] Ihm zufolge hängt die Verbindung der negativen Freiheit zum Konzept der Nichtbeherrschung mit der Qualität der Freiheit zusammen: Der Liberalismus fasst Gesetze als eine Beeinträchtigung der Freiheit auf, indem er die Quantität der Freiheit betrachtet, während der Republikanismus sie als eine Bedingung einstuft, die die Freiheit beeinflusst wie ein natürliches Hindernis: Die Gesetze sind dann als unbeabsichtigte und nicht willkürliche Eingriffe ebenso mit der negativen Freiheit vereinbar, wie natürliche

---

467 *Pettit* (Fn. 250), S. 21.
468 Ebenda.
469 Ebenda.
470 Oben S. 31 f.
471 Oben S. 35 f.

Hindernisse nicht als freiheitsbeeinträchtigend angesehen werden.[472] Die Theorien der negativen Freiheit handeln demnach alle von einer Verringerung der Freiheit, sei es als Beeinträchtigung oder als Bedingung: Indem er sich mit der Qualität der Freiheit befasst, versucht der Republikanismus nur, eine Grenze der negativen Freiheit zu ziehen.[473]

Man kann also leicht sagen, dass das Leben unter einer komplexen Verfassung oder einem komplexen Gesetz der Freiheit weniger schadet, als den Mächtigen in einer gesetzlosen Gesellschaft zu schmeicheln. So kritisiert *Pettit* an *Berlins* Darstellung, dass die Freiheit der Nichtbeherrschung traditionell als die bürgerliche Freiheit in einem Rechtsstaat interpretiert wurde und der *hobbes*sche Freiheitsbegriff zu idealisiert und naturalistisch ist, um mit dem modernen Verfassungsstaat vereinbar zu sein.[474] Schließlich fügt er hinzu, dass sich diese Freiheit als Nichtbeherrschung insofern noch von der als Nichteinmischung unterscheidet, als sie sich auf die Wahrnehmung des Zustandes der Herrschaft durch die beiden Parteien bezieht, d.h. auf subjektive und intersubjektive Wahrnehmungen.[475] Das Problem der subjektiven Wahrnehmung ist besonders ausgeprägt, wenn es um Schmeichelei der Unterworfenen gegenüber den Herrschenden geht: Die Tatsache, dass jeder erkennt, dass die Mittel der Herrschaft den Herrschenden zur Verfügung stehen, wird als „Allgemeinwissen" bezeichnet.

Worin besteht nun das Konzept der Beherrschung im Gegensatz zur Freiheit? Um *Pettit*s sehr ausführliche Darstellung kurz zusammenzufassen[476], bedeutet Beherrschung: 1) mit der Fähigkeit, sich einzumischen, 2) willkürlich 3) in die Wahlmöglichkeiten anderer einzugreifen. Erstens liegt, wie beim Liberalismus, eine Einmischung vor, wenn ein Akteur die Entscheidungen eines anderen absichtlich verändert, indem er dessen Körper oder Willen zwingt oder manipuliert. Der Akteur muss die Fähigkeit haben, diese Einmischung vorzunehmen. Was aber die Einmischung vom Begriff der Beherrschung unterscheidet, ist, dass diese Einmischung willkürlich ist, in dem Sinne, dass sie allein vom Willen des Akteurs abhängt, ohne Rücksicht auf die Interessen oder den Willen der betroffenen Person. Mit anderen Worten ist das Subjekt immer und ausschließlich dem Willen des Beherrschers unterworfen. Wenn diese Willkür als fehlende Kontrolle im prozeduralen Sinne zu interpretieren ist, stellt sich noch einmal heraus,

472 Oben S. 66, 72 f.

473 Ebenda.

474 Oben S. 66.

475 Oben S. 71.

476 Oben S. 52 f.

dass die legitime Vollstreckung der Gesetze durch den Staat ein unwillkürlicher Eingriff ist. Zusammenfassend lässt sich sagen, dass die Abwesenheit der Beherrschung ein Zustand des sicheren Besitzes der Nichteinmischung darstellt.

Es wurde jedoch gezeigt, dass *Paley* die republikanische Freiheitsvorstellung kritisierte, dass sie den Zweck des Schutzes der Freiheit mit dem Mittel zur Gewährleistung der Freiheit als Nichteinmischung verwechselt.[477] *Pettit* entgegnet, dass das, was der Republikaner anstrebt, Sicherheit bedeutet, und zwar nicht in dem Sinne, dass er die Abwesenheit willkürlicher Einmischung so quantitativ wie möglich fördert, sondern in dem Sinne, dass er eine Institution entwickelt, die eine solche Einmischung wesentlich erschwert, unabhängig davon, wie unwahrscheinlich sie in der Tat ist. Außerdem geht es bei der Förderung der Freiheit nicht nur darum, die Zahl der ungehinderten Optionen zu erhöhen, sondern auch darum, ihren Umfang und ihre Leichtigkeit, d.h. die Bedingungen der Freiheit, zu erweitern. Soweit also Gesetze die Freiheit nicht beeinträchtigen, aber die Bedingungen der Freiheit beeinflussen und daher in ihrem Einfluss ebenfalls reduziert werden sollten, kann das Ideal der negativen Freiheit auch im Republikanismus aufrechterhalten werden.[478]

Vor diesem Hintergrund der Nichtbeherrschung lässt sich der neo-römische Republikanismus deutlich von anderen politischen Philosophien unterscheiden. So sei der Kommunitarismus, der ein gemeinsames Gut voraussetzt, das die Bürger verschiedener kultureller Herkunft miteinander in Einklang bringt, wenn man aber das Ideal der Nichtbeherrschung als einziges instrumentelles Gut ansieht, nach *Pettit* „ein Rat der Verzweiflung für die moderne Gesellschaft".[479] In Bezug auf den egalitären Liberalismus, der sich auf die deontologische Tradition seit dem 18. Jahrhundert stützt und die Unverletzlichkeit der Rechte in den Mittelpunkt stellt, besagt der Republikanismus hingegen, dass es zwar wichtig ist, dass die Rechte institutionell geschützt werden, dass sie aber nicht das einzige Mittel sein müssen, um das Gut der Nichtbeherrschung zu erreichen. In der Tat hat der Republikanismus seit *Aristoteles* eine starke teleologische Tradition, die die Nichtbeherrschung als das zu maximierende Ziel an sich betrachtet, aber eine deontologische Interpretation des Republikanismus ist ebenfalls möglich, in der andere Ziele durch den Wert der Nichtbeherrschung eingeschränkt werden: Daraufhin ist für den Republikanismus der Respekt für die legitime Ausübung der gesetzlichen Rechte auch von Bedeutung.[480]

---

477 *Paley* (Fn. 341), S. 359.

478 *Pettit*, a.a.O., S. 73 ff.

479 Oben S. 96.

480 Oben S. 303 f.

Darüber hinaus sollte die liberale Theorie der Freiheit als Nichteinmischung, die auf utilitaristischer Nutzenmaximierung beruht, unweigerlich Ungleichheit in einem egalitären Gewand korrigieren, was genau *Rawls* tut.[481] Das Konzept der Nichtbeherrschung ist hingegen zwangsläufig mit einer Zunahme der Gleichheit verbunden, da die Intensität der Beherrschung umgekehrt proportional zur Summe der Mächte ist. Allerdings bedeutet dies keinen materiellen Egalitarismus. Mit anderen Worten: Da es keine Freiheit geben kann, ohne dass sie gleichmäßig verteilt ist, stellt das Ideal der Gleichheit eine Bedingung der Freiheit dar, die für den Republikanismus ein Gesetz ist, das Freiheit gerecht verteilt. Dies wäre eine deutlich ungezwungenere Verbindung zwischen Freiheit und Gleichheit als *Rawls*' erstes Prinzip der Freiheit.[482] Darüber hinaus wird auch das sozialistische Konzept der „Lohnsklaverei" oft mit dem republikanischen Ideal der Nichtbeherrschung verbunden. Auch wenn aber ungleiche Arbeitsverhältnisse als eine Form der Herrschaft interpretiert werden können, kann der Republikanismus im Grunde nicht mit dem Sozialismus zusammenhängen, der die Idee der negativen Freiheit völlig aufgibt.[483]

3. Konzeptionelle Einschränkungen: Gegenkritik vom Liberalismus

a) Republikanische Stellungnahme zu den Grenzen des Liberalismus

So scheint der Liberalismus tatsächlich keinen großen Unterschied zum neorömischen Republikanismus in der Moderne aufzuweisen. Deshalb halten Neo-Römer den Liberalismus für eine ausgedünnte oder inkohärente Ausformung des Republikanismus.[484] Dagegen wird von der liberalen Seite behauptet, dass beide Traditionslinien erst dann eins werden können, sofern die republikanischen Ansatzpunkte vom modernen Liberalismus zu absorbieren sind. Seine transformierten Strömungen wie der egalitäre oder der konfliktive Liberalismus sind genau diejenigen Typen, die im Namen des Liberalismus die republikanischen Kernideen gewissermaßen in sich bergen, wie erwähnt. Sie vertreten oft, dass es keine eigenständige Politiktheorie des Republikanismus gäbe. Aus dieser Konstellation ergibt sich die Schwierigkeit, die vorgängigen Theoretiker entweder den Republikanern oder den Liberalen zuzuordnen, wie es z.B. bei *Montesquieu* der Fall wäre. Jedoch wäre diese Klassifizierung für die modernen

---

481 Oben S. 111.

482 Vgl. *Spitz*, Ratio Juris 7 (1994), S. 331 ff.

483 *Pettit*, a.a.O., S. 140 f.

484 *Viroli* (Fn. 325), S. 76.

Politikwissenschaftler nicht wesentlich. Denn es erweist sich bereits in ideengeschichtlicher Hinsicht als wahr, dass die neo-römische republikanische Idee und der Liberalismus sich im Lauf der Zeit synthetisiert entwickelt haben.

Der Universalismus, der Individualismus und der Rationalismus machen die dem Liberalismus zugrunde liegenden Ideen aus[485] und schlagen sich insbesondere in den unverlierbaren individuellen Rechten nieder. Hingegen ist der Republikanismus in der Regel kontextsensibel, schreibt seiner Freiheitsvorstellung die gemeinschaftliche Bedeutung zu und bezeichnet Macht und Institution als fragil und leicht verderblich. Die republikanische Freiheitsvorstellung, obwohl es die neo-römische Art ist, bringt gewissermaßen den politischen Aspekt mit sich, so dass man tatsächliche Unfreiheit kollektiver Ordnungen in Kauf nimmt, deren Lösung der Liberalismus indes lediglich auf den Kollektivbegriff der individuellen Rechte als eines universalen Korrektivs zurückführt. Dass die Liberalen auf den Primat des Rechts vor Pflicht beharren, bezeichnet *Skinner* als „bürgerliche Korruption selbst zu proklamieren.“[486]

Allerdings zieht ebenfalls in *Pettit*s moderner neo-römischer Konzeption der Begriff der Tugend, die als Vorgeltungsgrundlage Gesetze richtig aufrechterhalten kann, in die Institution bzw. das Rechtssystem an sich ein. Dennoch verweist dies nicht darauf, dass *Pettit* überhaupt kein kausales Mittel zum Schutz der Freiheit in der Hand hat wie der Liberalismus. Für den Liberalismus bedeuten nämlich die gute Institution oder Gesetze ebenso wie ein Angriff der anderen schlechthin ein äußeres Hindernis gegen individuelle Freiheit, die daher nur minimalisiert werden müssen. So sei staatliche Macht höchstmöglich zu reduzieren. Dagegen geht es bei den neo-römischen Republikanern grundsätzlich darum, wie wirksam zivile Bevölkerung durch Gesetze die notwendigerweise existierende Gewalt in der Gesellschaft unter Kontrolle bringen kann, um die individuelle negative Freiheit zu schützen. Dies ist genau die Essenz der klassischen Idee von *res publica*, die bis zum heutigen neo-römischen Republikanismus überlebt hat. In dieser Hinsicht lässt der Republikanismus sich als konfliktaffine Theorie oder Machttheorie auffassen, indem er deutlich reichere Ideen zur die Gewaltenkonstituierung als sein Konkurrent bereitstellen kann.[487] So steht die konstitutionelle Kontrolle unter den modernen Rechtstaaten, die dem Zweck der dauerhaften Machtbalancierung dient, nicht nur im Mittelpunkt des Liberalismus, sondern auch im Entwurf der guten Institution von *Pettit*.[488]

---

485 *Mouffe* (Fn. 425), S. 7.
486 *Skinner* (Fn. 421), S. 293, 308.
487 *Schulz* (Fn. 296), S. 25.
488 Oben S. 269.

Wenn darüber hinaus der Begriff der „Beherrschung ohne Einmischung" angenommen wird, der für die Freiheit als Nichtbeherrschung charakteristisch ist, lässt sich eine umfassendere Theorie der Qualität der Freiheit aufstellen. *Skinner* argumentierte, dass es keine Freiheit betrifft, wenn die Abwesenheit der Einmischung durch die zufällige Nichteinmischung einer anderen Person in einer beherrschenden Position erreicht wird, und *Pettit* ging noch weiter, dass die „Unmöglichkeit" einer solchen Beherrschung für das Konzept der negativen Freiheit von zentraler Bedeutung ist, nicht ihre Wahrscheinlichkeit.[489] Sein repräsentatives Beispiel ist Nora, die Hauptfigur aus „A Doll's House": Dank ihres gütigen Mannes genießt sie viele Möglichkeiten in Hülle und Fülle, aber der Ehemann hat die Macht, diese Optionen jederzeit zu eliminieren, so ist Nora im Sinne des Status der Herrschaft ihres Mannes untergeordnet. *Pettit*s Argument der Möglichkeit der Einmischung wird jedoch wiederum von der liberalen Partei heftig kritisiert.

b) Einspruch des Liberalismus: Wahrscheinlichkeit der Einmischung

Die Liberalen argumentieren, dass die Republikaner vom Missverständnis ausgehen, das liberale Konzept der negativen Freiheit als Abwesenheit von offenkundigen und tatsächlichen Eingriffen anzusehen. *Carter* nennt die liberale Auffassung von der negativen Freiheit eine rein negative Freiheitsvorstellung. Nach diesem Konzept könne man erkennen, dass man das Verhalten eines anderen erzwingt, auch wenn man im Moment keine Macht ausübt, aber die Möglichkeit dazu hat. Daher ist es nicht akzeptabel, dass die Abwesenheit reiner negativer Freiheit auf die Abwesenheit von durch den Menschen verursachten Hindernissen beschränkt ist, wie *Pettit* vorschlägt. Dagegen stellt die liberale Freiheit eher ein gelegenheits- als ein handlungszentriertes Konzept dar. Während *Hobbes* beispielsweise argumentierte, dass die Aussage „Gib mir das Geld, wenn du nicht sterben willst" die Handlungsfreiheit bewahrt, das Geld nicht auszuhändigen, würden die modernen Liberalen aber zustimmen, dass diese Androhung harter Sanktionen zwar die Handlungsfreiheit bewahrt, nicht nachzugeben, aber für den Akteur die Freiheit, mit der Menschen handeln, entfällt, weil der Akteur, der die Sanktionen antizipiert hat, seine Entscheidung gegen seinen Willen geändert hat.[490]

---

489 *Pettit* (Fn. 250), S. 66 f.

490 *Carter*, How are Power and Unfreedom Related?, in: *Laborde* (Hrsg.), Republicanism and political theory (2008), S. 62 f.

Gemäß der reinen negativen Freiheitsvorstellung wird die Gesamtfreiheit eines Akteurs durch die Bandbreite der Kombinationen der Freiheiten bestimmt, die er konjunktiv ausüben kann: Durch die Handlung A kann die Gesamtfreiheit des Akteurs reduziert werden, weil andere Möglichkeiten reduziert werden. Daraufhin reduziert ein Zustand der Beherrschung also auch die Gesamtfreiheit, soweit die Kombinationen der Freiheiten, die konjunktiv ausgeübt werden können, verringert werden. Daher lässt sich die Freiheit ohne Beherrschung leicht durch die reine negative Freiheitsvorstellung erklären. So wendet sich *Kramer* ebenfalls dem Missverständnis des Republikanismus zu, dass man unter Verringerung der negativen Freiheit des Liberalismus einen tatsächlichen Versuch versteht. Darüber hinaus erzeugt der Zustand der Beherrschung, unabhängig von der intersubjektiven Wahrnehmung der eigenen Unfreiheit, in der Praxis eine Verringerung der Freiheit, indem er die Summe der konjunktional ausgeübten Freiheiten verringert.[491]

Darüber hinaus ist für eine reine negative Freiheitskonzeption die Überlegenheit des wohlwollenden Beherrschers selbst keine Grundlage für Unterordnung, für die Republikaner hingegen sind diese Überlegenheit und die daraus resultierende Beziehungsstruktur selbst Abhängigkeit und Unterordnung.[492] Ein Riese mit überwältigender physischer Kraft kann beispielsweise die Fähigkeit haben, zu dominieren, will diese Macht aber aufgrund seines Temperaments nicht ausüben, so dass die republikanische Behauptung, hier entstehe Abhängigkeit, unhaltbar ist. In diesem Sinne offenbart *Pettit*s Dichotomie zwischen Unwahrscheinlichkeit der willkürlichen Einmischung und Unmöglichkeit, die sie völlig unzugänglich macht, ein Problem: Es ist widersprüchlich, allein aufgrund seines Status von einem Zustand der Unterordnung zu sprechen, wenn er sich zwar in einer Beziehung der Beherrschung befindet, aber die Wahrscheinlichkeit einer tatsächlichen Verletzung der Freiheit äußerst gering ist. Den Einfluss willkürlicher Einmischung völlig zu eliminieren, ist utopisch: In Wirklichkeit geht es bei der Einmischung immer um eine Frage der Wahrscheinlichkeit, deren Verringerung das Ziel der Politik ausmachen sollte. Ferner kann im Alltag nicht alles, was Menschen einander vorschlagen, als Unterordnung angesehen werden, so dass die Unterordnung nicht nach dem Verhältnis zwischen Willen, sondern nach dem Verhältnis zwischen Handlungen beurteilt werden sollte.[493]

---

491 *Kramer*, Liberty and Dominion, in: *Laborde*, a.a.O., S. 34 f.
492 Oben S. 73 f.
493 Oben S. 76 f.

Meines Erachtens ist die Lehre der Wahrscheinlichkeit besser geeignet, um das personale Rechtsgutskonzept durch das Ideal der negativen Freiheit zu legitimieren. Angesichts der Bemühungen, die strafrechtliche Bestrafung so weit wie möglich auf empirische und materielle Verletzungen individueller Interessen zu beschränken, mag das Ideal der Freiheit als Nichtbeherrschung mit seinen statussichernden Implikationen als Leitidee der politischen Philosophie dienen, aber es wäre schwer zu erkennen, wie es als ein Rechtsgutskonzept konstituiert werden kann. Trotzdem führt es nicht dazu, dass der Neo-Republikanismus für das Ideal der negativen Freiheit keine Rolle spielt. Sondern diese Situation sagt aus, dass die republikanische Denkweise vor allem hinsichtlich der Freiheitsvorstellung immer mehr an Überzeugungskraft gewinnt. Insbesondere wenn man sich an der republikanischen Idee des Freiheitsschutzes durch das Gesetz orientiert, stellt sich der praktische Nutzen der Erörterung des Konzepts der republikanischen Freiheit heraus, was im nächsten Kapitel erläutert wird.

Pettit revidiert immerhin seine Theorie, indem er Beherrschung als äußere Kontrolle über die Entscheidungen anderer und das Fehlen einer solchen Kontrolle als Freiheit definiert. So üben die Menschen im Alltag Kontrolle über die Optionen der anderen aus, aber einige Formen der Kontrolle bleiben als völlige Wahlfreiheit nicht fremd (non-alien), während andere negativ betroffen sind und fremd werden. *Pettit* fügt die Aktualität der persönlichen Wahl, die Möglichkeit der externen Kontrolle und den Ort der externen Kontrolle als eine Art Axiom für seine Konzeption der Freiheit als Nichtbeherrschung hinzu, was darauf hindeutet, dass seine Konzeption der negativen Freiheit über die bloße Statussicherheit hinausgeht und den Kritikpunkt der reinen negativen Freiheitsvorstellung akzeptiert, nämlich dass die Freiheit substanziell zunimmt und abnimmt, je nachdem, wie sie kombiniert wird.[494]

2. Teil: Zwischenergebnis

Die personale Rechtsgutslehre basiert auf dem liberalen Gehalt, d.i. dem Ideal der negativen Freiheit, das besagt, dass freiheitsbeschränkende Strafen so weit wie möglich reduziert werden sollten und dass es eine private Sphäre gibt, in die diese Strafen niemals eingreifen können. Dies bezieht sich vor allem auf die politische Freiheitskonzeption, indem diese das Verhältnis zwischen den staatlichen Institutionen und den Bürgern definiert. Dieses Ideal der negativen Freiheit ist

494 *Pettit*, Republican Freedom: Three Axioms, Four Theorems, in: *Laborde*, a.a.O., S. 151, 154.

jedoch kein Alleinstellungsmerkmal des Liberalismus, sondern geht auf das antike Athen und Rom zurück, lange vor der Entstehung des Liberalismus. Zum Schutz der bürgerlichen Freiheiten stand die Aufrechterhaltung eines staatlichen und politischen Systems, das nicht das Eigeninteresse der Mächtigen, sondern nur das Gemeinwohl verfolgt, im Mittelpunkt einer umfassenden Idee von *res publica*, die sich durch bürgerliche Tugend, legitimierte Gesetze, eine gemischte Verfassung mit Gewaltenteilung und eine garantierte Beteiligung der Bürger an der gemeinschaftlichen Entscheidungsfindung auszeichnete. In der Geschichte der politischen Philosophie gibt es also zwei Arten von Freiheitsvorstellungen: Republikanismus und Liberalismus. Unter Republikanismus wird hierbei nicht die Republik als Staatsform verstanden.

Die Idee von *res publica* wurde zu Beginn der Moderne im Zusammenhang mit den revolutionären politischen Umwälzungen in Europa und den Vereinigten Staaten wieder relevant. Dies begann mit *Machiavelli* im 16. Jahrhundert, der den antiken Republikanismus, insbesondere die römische Republik, untersuchte und sich auf deren repräsentativen, rechtsstaatlichen und korruptionsfeindlichen Charakter konzentrierte, was zur Entstehung des neo-römischen Konzepts führte. Dieses Konzept wurde in den Anfängen des britischen Republikanismus vom *Commonwealth*-Kabinett und später von *Montesquieu*, Madison, den amerikanischen Revolutionären und in begrenztem Umfang auch von *Kant* übernommen. Andererseits waren es *Rousseau* und andere Denker der Französischen Revolution, die den Republikanismus mit einer Betonung der partizipatorischen Freiheit nach athenischem Vorbild weiterentwickelten und zu einer Forderung nach direkter Demokratie als politischem System machten.

Was den Freiheitsbegriff anbelangt, zeichnete sich jene Tendenz ab, die danach strebt, sich von den republikanischen Darstellungen abweichend zu entwickeln. Das ging von *Hobbes* aus mit der Absicht, Despotismus zu befürworten oder die Unabhängigkeit der Kolonien zu verhindern: Er stellte seine Freiheitsvorstellung als Abwesenheit äußerer Hindernisse dem Gesetz gegenüber, so dass es keine notwendige Verbindung zwischen der negativen Freiheit und einer bestimmter Institution mehr gibt. So nimmt der Liberalismus seit seinem Prototyp an, dass die republikanische Freiheitskonzeption die Ermöglichungsbedingungen der Freiheit mit der Idee der Freiheit verwechselt. Dagegen geht es bei der republikanischen Seite um Freiheit als Abwesenheit willkürlicher Eingriffe – oder besser: Eingriffsmöglichkeiten. Jedoch stellte es sich am Anfang des Liberalismus heraus, dass auch die liberalen Freiheitsvorstellungen gewissermaßen ihre Geltungsgrundlage benötigen wie die republikanischen.

Trotz dieser Synthetisierung führten die aufkommende Industriegesellschaft, die kapitalistische Marktwirtschaft und der Egalitarismus jedoch bald dazu, dass der Liberalismus das Monopol auf den Begriff der Freiheit erhielt. *Mill* perfektionierte das Konzept der negativen Freiheit als Nichteinmischung auf der utilitaristischen Grundlage, dass die Freiheit maximiert werden sollte. Von diesem Zeitpunkt an wurde der Republikanismus nicht nur vollständig aus dem Freiheitsbegriff ausgeklammert, sondern nach *Berlin*s Kritik stereotyp nur noch mit partizipatorischer und positiver Freiheit assoziiert, die die Selbstregierung bzw. Autonomie betonte. Doch auch der klassische Liberalismus geriet im 19. Jahrhundert mit dem Scheitern des Marktes und dem Aufkommen egalitärer Ideale in eine Krise, so dass in der republikanischen Strömung ein als neo-athenisch bezeichneter Kommunitarismus entstand und ein egalitärer Liberalismus, der das Konzept der Gleichheit aktiv aufgreift, zum Mainstream im liberalen Lager wurde. Vor diesem Hintergrund wurde die Suche nach dem neo-römischen Republikanismus, der seit den 1960er Jahren in Vergessenheit geraten war, wieder aufgenommen.

Das Ziel des neo-römischen Republikanismus war einfach. Es ging darum, einer egalitären politischen Philosophie, die dazu überging, das Ideal der negativen Freiheit ganz aufzugeben, ein alternatives Konzept der negativen Freiheit entgegenzusetzen. *Skinner, Pettit* und andere stellten ein republikanisches Konzept der negativen Freiheit vor, das in der römischen Republik und bei *Machiavelli* zu finden ist, und analysierten die Ähnlichkeiten und Unterschiede zwischen diesem Konzept und dem liberalen Konzept. Sie plädieren für eine Strategie des sog. dritten Weges, d.h. für ein Konzept der negativen Freiheit, aber mit Begriffen wie „Abhängigkeit" und „Beherrschung", die mit dem Ideal der Selbstregierung einigermaßen verbunden werden können. Dies legt die Möglichkeit nahe, die Grenzen des Liberalismus zu modifizieren, der sich zwar mit den Idealen der Demokratie und der Gleichheit verbindet, aber nicht in der Lage ist, eine unvermeidliche Verbindung mit diesen Institutionen aufzuzeigen.

*Pettit*s Freiheitsbegriff als Abwesenheit der Beherrschung unterscheidet sich von der Nichteinmischung in zweierlei Hinsicht: Zum ersten handelt es sich um Unfreiheit, die aus einer Position der „Beherrschung ohne Einmischung" resultiert, d.h. aus einer Position, in der jederzeit eingegriffen werden kann, auch wenn keine konkrete Einmischung vorliegt. Der Begriff der Nichtbeherrschung zielt also darauf ab, eine Beziehungsstruktur unmöglich zu machen, in der eine solche willkürliche Einmischung immer möglich ist. Dieses Konzept der Möglichkeit wird jedoch wiederum vom Liberalismus heftig kritisiert, indem zu Recht argumentiert wird, dass Freiheit als Nichteinmischung als Verringerung der Wahrscheinlichkeit des konkreten Auftretens einer solchen willkürlichen Einmischung angesehen werden kann, wodurch das Problem des Status der Beherrschung in eine Frage der Wahrscheinlichkeit der Einmischung verwandelt wird.

Die zweite Möglichkeit ist die „Einmischung ohne Beherrschung" bzw. die nicht willkürliche Einmischung. Dies ist genau die Frage nach dem Verhältnis von Gesetz und Freiheit, die in der republikanischen Tradition stets das Thema gewesen ist. Während die Liberalen seit *Mill* davon ausgehen, dass das Gesetz im Grunde eine Beeinträchtigung der Freiheit ist, argumentiert *Pettit*, dass das Gesetz eine Beeinträchtigung der Freiheitsbedingungen darstellt, wie ein natürliches Hindernis, so dass sich daraus nicht ableiten lässt, dass das Gesetz die Freiheit einschränkt. Dies eröffnet die Möglichkeit, die Rechtsstaatlichkeit als institutionellen Schutz zu begründen, indem man auf dem Ideal der negativen Freiheit beharrt, jedoch nicht den klassischen Republikanismus darstellt, nach dem das Gesetz vielmehr die Freiheit schaffe.

3. Teil: Rechtsgut als Freiheitsschutz

A. Argumentationshilfe für personale Rechtsgutslehre – mit Ideal der negativen Freiheit

Das Problem der Anwendung des Ideals der negativen Freiheit auf das Strafrecht kann zuerst auf zweistufige Hauptfragen unterteilt werden: 1) Wie lässt sich der Umfang der Einmischung bestimmen, die die volle Ausübung der negativen Freiheit verhindert? In dieser Studie wurden grob zwei verschiedene Theorien, der Liberalismus und der (neo-römische) Republikanismus, auch wenn die Grenze zwischen den beiden verschwommen ist, zu diesem Thema vorgestellt. Sie unterscheiden sich also in den folgenden Aspekten: Auf der einen Seite stellt es sich dar, dass man „die liberale Freiheit als gewissermaßen kontingentes Faktum behandelt, während er die neo-römische republikanische Freiheit als gesicherten Status auffasst".[495] Daraus ergibt sich aber als weitere Frage, die insbesondere für diese Studie von Bedeutung ist, wie sich ein solcher Status, d.h. „Beherrschung ohne Einmischung", bei den durch das Strafrecht schutzbedürftigen Tatsachen erfassen lässt. Auf der anderen Seite wurde deutlich, dass beide Theorien voneinander abgegrenzt wurden, je nachdem, ob das Gesetz als freiheitsbeschränkender Eingriff aufgefasst wird. Diese Frage bejaht der Liberalismus. Für die republikanische Freiheit werden dagegen die (guten) Gesetze als „Einmischung ohne Beherrschung" vorausgesetzt, um das Gemeinwohl über das eigensinnige Interesse zu stellen. Auch hier geht es um die Frage, wie robust ein System zur Überprüfung des Strafrechts, wie die Normenkontrolle, umgesetzt werden kann.

2) Welche Verhaltensweisen, die in die Ausübung dieser negativen Freiheiten einmischen, sollten strafrechtlich sanktioniert werden? Wie vorstehend erwähnt, sollte das Strafrecht nach Ansicht des Liberalismus auf ein Minimum reduziert werden, da es selbst einen großen Eingriff in den individuellen Handlungsbereich darstellt. Während *Mill* deshalb die Freiheit als Nichteinmischung darstellte, legte er gleichzeitig den Maßstab für staatliche Eingriffe in diese Freiheit fest, indem er sich auf das „Schadensprinzip" berief. Mit anderen Worten: Wenn es beim Ideal der negativen Freiheit darum geht, die eigenen Lebensziele ohne Einmischung von außen zu konstruieren, geht es beim Schadensprinzip darum, welche dieser Einmischungen der Staat durch Bestrafung verbietet. Falls eine Person hingegen nicht daran gehindert wird, den eigenen Lebenszweck zu

495 *Hölzing* (Fn. 249), S. 23.

verwirklichen, d.h., falls sie die negative Freiheit in vollem Maße genießt, kann der Staat niemals darin eingreifen, was als Lehre des „Kernbereichs“ bezeichnet wird. Die Antwort auf die Frage 2) ist also das Schadensprinzip, das auf das Problem zurückführt, dass der Staat die Freiheit einschränken sollte, um sich das Ideal der negativen Freiheit zu vollziehen. Aber auch nach dem Schadensprinzip können nicht alle individuellen Interessen strafrechtlich geschützt werden, so dass die Frage von 2) darin besteht, zu analysieren, welche Interessen strafrechtlich geschützt werden sollten. Zusammenfassend: Basierend auf die Neuanalyse des Ideals der negativen Freiheit und des Schadensprinzips, nicht nur in der klassischen Bedeutung, sondern aus heutiger Sicht, ist die folgende Beantwortung dieser zweistufigen Fragen das, was als neues Argument zur Verteidigung der personalen Rechtsgutslehre genutzt werden kann.

Im Zusammenhang mit diesem Ideal der negativen Freiheit taucht schließlich die Kernbereichstheorie des Bundesverfassungsgerichts auf. Sie ist vor allem im Zusammenhang mit dem deontologischen Gedanken des Liberalismus relevant, wonach bestimmte Freiheitsbereiche oder Rechte des Einzelnen für den Staat stets unantastbar bleiben müssen. In der Konsequenz kommt diese Theorie aber auf die Frage der Analyse der in Punkt 2) angesprochenen strafrechtlich geschützten Interessen zurück, indem bestimmte Freiheitsbereiche dem strafrechtlichen Eingriff entzogen sind.

I. Begriff der Einmischung

1. Konzeptionelle Fragen zur Einmischung

a) Krude Auffassung von Hobbes

Es ist kaum verwunderlich, dass die liberale Freiheitsvorstellung im Resultat in den neu sich bildenden Flächenstaaten vorgezogen wurde, weil sie auf einem einzelnen Faktum fußt und zugleich im Einklang mit dem aufklärerischen Geist steht, indem ein freies Individuum stets in der Lage sein muss, der gemeinschaftlichen Macht eine klare Grenze zu ziehen. Der Kern dieser liberalen negativen Freiheit besteht darin, den Inhalt des individuellen Ziels nicht zu bewerten, d.h. sich nicht darum zu kümmern, ob die Selbstverwirklichung erfüllt wird oder nicht. Die Selbstverwirklichung kann sowohl aus äußeren als auch aus inneren Gründen wie Unbewusstsein und Verdrängung scheitern und ist deshalb zu komplex für die Argumentation, indem sich Auseinandersetzungen auf metaphysischer Ebene nicht vermeiden ließen. Mithin haben die klassischen Liberalen den Begriff der Selbstverwirklichung von ihrem Freiheitskonzept ausgeschlossen, in der Absicht, sich die einfachere, materialistische und antimetaphysisch beweisbare Freiheitskonzeption vorzunehmen. Diese liberale Konzipierung von Freiheit kennzeichnet *Taylor* mit der „kruden Auffassung", in der die Fähigkeit, über die äußeren oder physischen Hindernisse hinaus das zu tun, als hinreichende Bedingung von Freiheit dargestellt wird.[496] Diese krude Auffassung hat seit *Hobbes* Überhand gewonnen, indem der Handelnde selbst das oberste Subjekt bleibt, das sich entscheidet, was es wünscht; damit kann sie als letzte Barrikade gegen kollektivistische Einmischungen in die Privatsphäre bzw. gegen den totalitären Geist verwendet werden. In diesem Sinne wurde sie auch als „Maginot-Linien-Mentalität" bezeichnet.[497]

Dagegen konstruiert *Taylor* das Konzept der negativen Freiheit basierend auf einer qualitativen Unterscheidung zwischen Wünschen in Hinsicht auf die Selbstverwirklichung und betrachtet diese bestimmte Einschränkung der Motivationen als die notwendige Bedingung von Freiheit.[498] Gegen die Kritiken, dass diese Unterscheidung eine Form der Außenbeurteilung benötigt und zuletzt zu einer totalitären Zensur bezüglich der individuellen Wünsche führen würde, argumentiert *Taylor*, dass die Freiheit als Abwesenheit der äußeren Hindernisse ebenso eine Unterscheidung zwischen wesentlichen und nicht wesentlichen Handlungen voraussetzen muss: Beispielsweise behindert der Halt vor der Kreuzung nach Anordnung einer Ampel kurzfristig die Fortbewegung, während die religiösen oder gesetzlichen Regeln eine bedeutsame Beschränkung des individuellen Lebens darstellen. Offensichtlich zählen die Letzteren zur Abwesenheit der Freiheit, der Erstere nicht. Verfolgt man hinsichtlich der äußeren Hindernisse die rein quantitativen Bewertungen von *Hobbes* im wörtlichen Sinne weiter, wird daraus die unplausible Schlussfolgerung gezogen, dass z.B. die sozialistische Volksrepublik Albanien, die weniger Ampeln hat als das Vereinigte Königsreich, ein freieres Land wäre als jenes.[499] Diese Hierarchie der Interessen in Bezug auf Selbstverwirklichung ist für die Rechtsgutsdebatte so relevant, dass sie bedeutenden Einfluss auf *Feinberg*s Denken hat, das das Schadensprinzip verkörpert und im nächsten Schnitt behandelt wird.

Die hobbessche krude Auffassung von Freiheit, die nur in Abwesenheit der zählbaren äußeren Hindernisse besteht, versagt gemäß *Taylor*. Stattdessen greift die ergänzte negative Freiheit auf Bewertungen hinsichtlich der menschlichen Motivationen oder Ziele zurück und geht mit den inneren Hemmnissen sowie

496 *Taylor* (Fn. 437), S. 124.
497 Oben S. 125.
498 Oben S. 127.
499 Oben S. 128 ff.

mit den äußeren Hindernissen gegen Freiheit um,[500] damit die Freiheitsvorstellung der Realität und den bürgerlichen Intuitionen entsprechen kann. Basierend auf diesem Konzept der Selbstverwirklichung haben sich ferner die unterschiedlichen Theorien über Freiheit entwickelt, die als alternative Theorien zum klassischen Liberalismus oben bereits vorgestellt wurden. So geht die neo-athenische Schule bzw. der Kommunitarismus einerseits an, die von der egalitaristischen Bewegung abkommt und sich auf die liberale Marginalisierung positiver Freiheit kritisch fokussiert. Abgesehen von den Marxisten, die den Begriff der negativen Freiheit *per se* aufgegeben haben, bemüht sich sie, das subjektive Recht einer Person und das Gemeinwohl zu harmonisieren. Andererseits wird versucht, die negative Freiheit weiterhin im Mittelpunkt der Freiheitsvorstellung zu belassen, indem die Rolle der positiven Freiheit lediglich darauf beschränkt wird, ein Instrument für die Förderung der negativen Freiheit zu sein. Dies geschieht beim neo-römischen Republikanismus, der versucht, nicht nur die Quantität der Freiheit, sondern auch deren Qualität in Betracht zu ziehen.

b) *Negative Freiheit gegen Selbstverwirklichung*

Es wurde jedoch bereits oben darauf hingewiesen, dass die Liberalisten nicht mehr der hobbesschen kruden Auffassung folgen und nun als Einmischung nicht unbedingt konkrete physische Hindernisse, sondern auch abstrakte oder nicht realisierte Bedrohungen akzeptieren können. So argumentiert *Kramer*, dass die bloße abstrakte Androhung von Zwang die Anzahl der Kombinationen von Optionen, die konjunktiv ausgeübt werden können, tatsächlich reduziert.[501] Dies betrifft die Materialisierung des Inhalts der Einmischung im Rahmen der Lehre einer Verteidigung der negativen Freiheit. So lässt sich die Intensität der Einmischung in die Freiheit durch die empirische Überprüfung des Ausmaßes der tatsächlichen Einschränkung von Optionen feststellen. Hingegen ist zu bedenken, dass der Liberalismus sich weiterhin dagegen ausspricht, den qualitativen Gehalt der Freiheit hinsichtlich der aktiven Selbstverwirklichung zu bewerten. *Berlins* Erklärung dazu ist treffend: Der Begriff der Selbstverwirklichung setzt voraus, dass es die richtige Antwort auf die Verwirklichung der abstrakten und willkürlichen Ziele eines Individuums gibt, so dass moralische Urteile über die Hierarchie der Freiheiten herangezogen werden können.[502] Es spielt keine Rolle, ob die Quelle solcher Urteile der Rationalismus, der Kommunitarismus

---

500 Oben S. 143 ff.

501 *Kramer* (Fn. 491), S. 34 f.

502 *Berlin* (Fn. 291), S. 218 f.

oder eine religiöse Ideologie wäre. Dies ist jedoch eine Vorstellung, die in einer pluralistischen Gesellschaft nur schwer zu unterstützen ist: Sie kann die Tür für Moralismus, Despotismus und Totalitarismus öffnen, vor denen *Berlin* ständig gewarnt hat, als er diese Art von positiver Freiheit fast mit Abscheu verurteilte.[503]

In der Frage der Selbstverwirklichung scheinen daher die Ideen der Neo-Römer wie *Pettit* überzeugender zu sein als die der Kommunitaristen wie *Taylor*. *Pettit* will zwischen Qualitäten der Freiheit unterscheiden, beschränkt sich aber letztlich darauf, die Grenzen der negativen Freiheit abzustecken: Für ihn ist die Unterscheidung zwischen Freiheitsqualitäten nichts anderes als eine Möglichkeit, die Einmischung ohne Beherrschung, d.h. Gesetze, von der Beeinträchtigung der Freiheit auszuschließen.[504] Während also jeder Eingriff, unabhängig von seinem Inhalt, als freiheitsbeeinträchtigend anerkannt wird, werden Eingriffe, die nur die Bedingungen der Freiheit beeinträchtigen, z.B. natürliche Hindernisse oder Gesetze, als „unwillkürlich" bezeichnet und sollten anders behandelt werden als freiheitsbeeinträchtigende Eingriffe.[505] Der neo-römische dritte Weg von *Pettit* schreibt der negativen Freiheit die gegensätzliche Vorstellung zur Selbstregierung zu, so dass mit Fug und Recht gesagt werden kann, dass er letztendlich ein großes Ideal der negativen Freiheit darstellt.

Zusammenfassend lässt sich festhalten, dass der Inhalt der Freiheit nicht beurteilt werden kann, während noch danach gefragt werden kann, was der Inhalt der Einmischung ausmacht und inwieweit er bis zu einem gewissen Grad durch die Intensität unterschieden wird. Bei der Frage, welche Einmischungen darüber hinaus so schwerwiegend sind, dass sie ein strafrechtliches Verbot in Anspruch nehmen, kann als Kriterium herangezogen werden, dass empirisch beurteilt wird, inwieweit sie die Möglichkeiten des Einzelnen erheblich einschränken. Dies entspricht der klassischen liberalen Analyse des Interessenbegriffs von *Feinberg*, wie erwähnt, die als eine notwendige Vorkenntnis der personalen Rechtsgutslehre im Folgenden untersucht wird. Mit anderen Worten: Die zwei Hauptfragen über die strafrechtliche Ahndung im Rahmen des Ideals der negativen Freiheit besteht darin, der Ausübung der individuellen Freiheit in einem defensiven, – negativen –, Sinne Grenzen zu setzen. Dies kann hier sämtlich als die „Strategie der Abgrenzung der negativen Freiheit" genannt im Gegensatz zur „Strategie der Verwirklichung der positiven Freiheit", zu der die Kriminalisierung auch von selbstbezogenen Verhalten z.B. wie Drogenkonsum,

503 Siehe oben.
504 *Pettit* (Fn. 250), S. 73 f.
505 Ebenda.

einfachen moralischen Vergehen und Handlungen, die ohne konkrete Verletzung der individuellen Interessen auf das öffentliche Wohl oder die Universalrechtsgüter an sich abzielen, zählen könnte.

c) Anwendungsfälle

Nach der hier vertretenen Auffassung kann das Konzept der Nichtbeherrschung, das ein Merkmal der neo-römisch-republikanischen Konzeption der negativen Freiheit ist, meist in die Strategie der Abgrenzung der negativen Freiheit einbezogen werden. So stellt beispielsweise § 174b StGB[506] den sexuellen Missbrauch der Amtsträger unter Ausnutzung des „abhängigen", untergeordneten Status unter Strafe, was ein klassischer Fall von Beherrschung in dem Sinne ist, dass es gegen die beherrschte Person im Prinzip keinen körperlichen Zwang gab. Diese Straftatbestände lassen sich jedoch in Form einer Verringerung der kombinierenden Optionen der Handlungen legitimieren: In der geschlossenen Umgebung von Krankenstationen, Gefängnissen und Strafverfahren ist die Sanktion für das Versäumnis, seine Entscheidungen zu ändern, um den Wünschen des Beherrschers, der die Kontrolle ausübt, zu entsprechen, fast unvermeidbar, so dass das Opfer gezwungen ist, sein Verhalten zu ändern. In diesem Fall steht es dem Opfer zwar weiterhin frei, den Geschlechtsverkehr an sich zu verweigern, doch wird seine Freiheit insgesamt durch eine erhebliche Einschränkung der ihm zur Verfügung stehenden Möglichkeiten in Kombination mit einer Reihe anderer Freiheiten eingeschränkt – hier bezogen auf die kombinierte Option, keinen Geschlechtsverkehr zu haben und gleichzeitig nicht sanktioniert zu werden –, so dass diese Strafbestimmung als Schutz der individuellen Rechtsgüter legitimiert sein kann. Freilich kommt es hier darauf an, dass die Wahrscheinlichkeit der Sanktion, die der Herrscher verhängen kann, aktualisiert werden sollte. Auf Grundlage der Lehre von der Wahrscheinlichkeit der Einmischung wäre in Fällen, in denen eine solche Sanktion bzw. Einmischung eines Herrschers weniger wahrscheinlich ist, die Pönalisierung, die sich ausschließlich auf den Statusaspekt der Herrschaft konzentriert, ein Verbot gegen Handlungen, die die Handlungsmöglichkeiten der anderen überhaupt nicht einschränken, so dass deren Bestrafung über die Strategie der Abgrenzung der negativen Freiheit hinausgeht und möglicherweise zu der der Verwirklichung der positiven Freiheit

---

506 Hierbei betrifft das Schutzgut offensichtlich die sexuelle Selbstbestimmung. Aber es ist noch fraglich, ob es darüber hinaus auch um das Gut der „Integrität der Amtsführung und das darauf bezogene allgemeine Vertrauen" geht; NK-StGB/*K. Schumann*, 6. Aufl., StGB § 174b Rn. 2; Schönke/Schröder/*Eisele*, 30. Aufl., StGB § 174b Rn. 1.

führen kann. Mit anderen Worten: Die Strategie der Abgrenzung der negativen Freiheit kommt darauf an, die Wahrscheinlichkeit der Einmischung zu messen.

Das Gleiche kann für das Problem der Umweltverbrechen gelten. Das Prinzip der Wahrscheinlichkeit unterscheidet sich in der Tat nicht wesentlich von der Theorie, nach der die Kriminalitätsarten abhängig von der Intensität der Gefahren in ein Erfolgsdelikt, ein konkretes und ein abstraktes Gefährdungsdelikt unterteilt werden.[507] Hier kann die Frage nach der Intensität der Gefahren als Frage nach der Wahrscheinlichkeit eines Ergebnisses umformuliert werden, das in Form der Einmischung die Handlungsmöglichkeiten anderer einschränkt. So erweist es sich als zutreffend, dass z.B. unter § 326 StGB Abs. 1 von Nr. 1 bis 4[508] der unbefugten Behandlung gefährlicher Abfälle nur die Person bestraft wird, die mit seinem Umgang mit dem Abfällen eine Gefahr für die Umwelt steigert, die nach Art, Beschaffenheit oder Menge geeignet sind, nachhaltig ein Gewässer, die Luft oder den Boden zu verunreinigen oder sonst nachteilig zu verändern oder einen Bestand von Tieren oder Pflanzen zu gefährden, während die Strafe gemäß dem Abs. 6 entfällt, wenn schädliche Einwirkungen auf die Umwelt, insbesondere auf Menschen, wegen der geringen Menge der Abfälle offensichtlich ausgeschlossen sind.[509] Ausgehend also davon, dass die Erhaltung einer sauberen Umwelt mit den vielfältigen Handlungsmöglichkeiten des Einzelnen verknüpft ist,[510] liegt der Schlüssel zum strafrechtlichen Verbot der illegalen Deponierung m.E. auch in der Wahrscheinlichkeit, dass ein solches Handeln die Handlungsmöglichkeiten des Einzelnen erheblich einschränken kann. Das Argument, dass Umweltverbrechen wie die Ausbeutung von Ressourcen und die

507 *Roxin*, AT I, 5. Aufl., § 10 Rn. 123, 124; *Schünemann* (Fn. 217), S. 796 f.

508 Obwohl der Abs. 1 keinen Gefahrerfolg voraussetzt, sollte die Tathandlung eine abstrakte Gefahr bereiten, weil keine Strafe legitimiert werden kann, wenn der illegale Umgang mit dem Abfall trotzdem keineswegs abstrakte Gefahr für die Umwelt verursacht. „Von einer wesentlichen Abweichung von einem zugelassenen Verfahren kann deshalb nur dann die Rede sein, wenn gegen Vorgaben verstoßen wird, die der Beseitigung des Gefahrenpotenzials des Abfalls dienen."; NK-StGB/*Ransiek*, 6. Aufl., StGB § 326 Rn. 45; Lackner/Kühl/Heger/*Heger*, 30. Aufl., StGB § 326 Rn. 1; Schönke/Schröder/*Eisele*, 30. Aufl., StGB § 326 Rn. 1a.

509 Allerdings habe Bagatell- oder Minimaklausel Abs. 6 keinen oder nur sehr eingeschränkten Sinn, da es bereits kein Unrecht z.B. für Abs. 1 vorliegt, wenn es schädliche Einwirkungen ausgeschlossen sind, egal ob die Menge viel oder gering sind; NK-StGB/*Ransiek*, 6. Aufl., StGB § 326 Rn. 69; Lackner/Kühl/Heger/*Heger*, 30. Aufl., StGB § 326 Rn. 12; Schönke/Schröder/*Eisele*, 30. Aufl., StGB § 326 Rn. 17.

510 Kritik dazu siehe *Stratenwerth* (Fn. 141), S. 4 f.

Klimazerstörung nicht unter die strafrechtlich zu schützenden Interessen der lebenden Personen fallen, weil sie die Lebensgrundlagen künftiger Generationen[511], nicht aber die der Gegenwart bedrohen, dürfte in den letzten Jahren, in denen genaue Beobachtungen des Klimawandels bestätigt wurden, nicht mehr viel Anklang finden. Natürlich darf nicht übersehen werden, dass verschiedene Arten von Marktanreizen und Verwaltungsvorschriften außer der Strafmittel zur Verfügung stehen, um die Umweltgüter zu schützen.

Straftatbestände, bei denen hingegen kaum eine Wahrscheinlichkeit der Verringerung von Handlungsmöglichkeiten der Einzelnen zu finden ist, wie § 17 TierSchG, der lediglich Tiere selbst zu schützen scheint,[512] sind angesprochen, wenn die universellen Rechtsgüter als einziger Schutzzweck unverhohlen wahrgenommen werden müssen. In diesem Sinne überschreiten sie allerdings die Grenze des Schutzes der negativen Freiheit. Zwar gibt es Versuche, den Schutz der Tiere mit dem Schutz der personenbezogenen Rechtsgüter im Sinne der Solidarität der Menschen mit den Tieren zu verbinden, „weil wir als Herren der Schöpfung (…) auch die Verantwortung für sie tragen",[513] aber es scheint noch nicht erklärt zu sein, wie wir oben analysiert haben, ob und inwieweit diese Handlungen die Handlungsmöglichkeiten anderer Menschen konkret oder zumindest abstrakt einschränken. Es ist sehr zweifelhaft, dass dies eher verfährt, zum Zweck der Verwirklichung positiver Freiheit, die hier bspw. auf Idee der radikalen Umweltschutzbewegung beruhen könnte, strafrechtliche Maßnahmen zu ergreifen. Stattdessen kann hier deshalb vorgeschlagen werden, die milde Bestrafung der Tierquälerei im Sinne von unvermeidbaren Beeinträchtigungen gegen psychische Vorstellungen zu legitimieren, die dann hervorgerufen werden, wenn die hässlichen Ergebnisse der Tierquälerei z.B. an einem öffentlichen Ort oder im Internet gezeigt werden, so dass andere Bürger sie sehen und sich daran stören können. Diese Art von Straftatbeständen wird unten näher erläutert.

---

511 Die Verantwortung für den Schutz der Lebensgrundlagen der zukünftigen Generation zu übernehmen überschreitet außerdem die Grenze der personalen Rechtsgutslehre. Siehe *Prittwitz*, Personale Rechtsgutslehre und die Opfer von morgen, in: ders. (Hrsg.), „Personale Rechtsgutslehre" und „Opferorientierung im Strafrecht" (2007), S. 108, 111.

512 Deshalb werden dafür die verschiedenen umleitenden Rechtfertigungsgründe wie Notwehr, Notstand, Gefahrenabwehr usw. vorgeschlagen. Siehe MüKoStGB/*Pfohl*, 4. Aufl. 2022, TierSchG § 17 Rn. 101–133.

513 *Roxin*, AT I, 5. Aufl., § 2 Rn. 55 ff.

2. *Freiheit und Gesetze*

a) *Rechtsstaatlichkeit und deontologischer Ansatz*

Eine andere Art und Weise, wie der Republikanismus das heutige Ideal der negativen Freiheit bzw. das Konzept der Einmischung beeinflusst, ist seine Verbindung mit der Rechtsstaatlichkeit. Dies wäre wohl eine neue Grundlage für die Rolle der gesetzgebungskritischen Rechtsgutstheorie. Von *Berlin* wird gelernt, dass es zwei Traditionen der Freiheit gibt. Diese Traditionen unterscheiden sich in ihren Annahmen über die Freiheit: Die eine definiert die Qualität der Freiheit als Abwesenheit des Zwangs, auf der Suche nach negativer Freiheit; die andere bezieht sich auf die positive Freiheit im Streben und Erreichen absoluter kollektiver Ziele.[514] Ersteres basiert auf der britischen empirischen Tradition und Letzteres auf der französischen rationalistischen Tradition. Der deutsch-amerikanische Politikwissenschaftler *Francis Lieber* sagte dazu: „Die französische Freiheit liegt im Konzept der Regierung. Aus britischer Sicht bedeutet dies, Freiheit an den falschen Orten zu finden, wo sie nie gefunden werden kann."[515]

In Bezug auf diese englische Tradition wird aber der Zusammenhang zwischen der damit verbundenen Freiheit und dem Gesetz meist missverstanden. Weder *Locke*, der Vater des Konzepts der Rechte und des Liberalismus, noch *Hume* oder *Burke* dachten wie *Bentham*, dass „alle Gesetze Schaden anrichten, weil sie eine Verletzung der Freiheit darstellen".[516] *Benthams* Argumentation stand jedoch dem aus der Tradition des französischen Rationalismus abgeleiteten „*Laissez-faire*" ziemlich nahe.[517] Daher wird der Unterschied zwischen *Berlin* und *Pettit* bei der Klassifizierung der republikanischen Tradition deutlich, die das Konzept der Freiheit durch Gesetz betont. Während *Berlin* sie in die Strömung der positiven Freiheit einordnet, ohne zwischen Republikanismus athenischer und römischer Prägung zu unterscheiden, behauptet *Pettit*, dass es bei der römischen oder bei *Machiavellis* Art von Republikanismus eher um negative Freiheit geht,[518] indem sie angeblich im Einklang mit der klassischen liberalen Tradition Großbritanniens steht.

Pettit argumentiert, dass Gesetze zwar die Bedingungen der Freiheit in dem Sinne beeinflussen können, dass sie nicht willkürlich sind, dass sie aber nicht

---

514 *Talmon*, The Origins of Totalitarian Democracy, London (1952), S. 2.

515 *Lieber*, „Anglikanische und gallikanische Freiheit", ursprünglich 1849 in einer Zeitung in South Carolina veröffentlicht.

516 *Bentham*, Theory of Legislation (1887), S. 48.

517 *Hayek* (Fn. 404), S. 60.

518 *Pettit* (Fn. 250), S. 21.

als Beeinträchtigung der Freiheit selbst angesehen werden können.[519] Dies ist völlig akzeptabel, wenn die Förderung negativer Freiheiten als Ziel betrachtet wird. *Hayek*, der Vertreter des Neoliberalismus, brachte das gleiche Argument vor: Da das Gesetz grundsätzlich abstrakt und allgemein ist, legt es nur fest, dass eine Handlung bestimmte Bedingungen in einer bestimmten Situation erfüllen muss, indem die Entscheidungsfindung jedoch dem Einzelnen überlassen bleibt.[520] Es schafft nur negative Verpflichtungen in Beziehungen mit anderen. Daher dient das, was man das Gesetz nennt, lediglich als Entscheidungsgrundlage, indem es Wissen darüber vermittelt, was im Rahmen der Voraussetzungen, die das Handeln eines Einzelnen erfüllen muss, verboten ist.[521] Das ist nur deshalb instrumentell, weil das es dem Einzelnen ermöglicht, unter Beachtung dieser Vorschriften seine eigenen besonderen Ziele zu verfolgen und nicht die des Gesetzgebers: Die Einhaltung dieser allgemeinen Regeln bedeutet also nicht, dass man den Absichten eines anderen Menschen dient oder sich seinem Willen unterwirft.[522] Anders formuliert: Freiheit ist nur dann möglich, wenn diese abstrakten allgemeinen Regeln befolgt werden, nicht jedoch Befehle, die den Zweck einer bestimmten Person verfolgen. Der Liberalismus kann dagegen bestimmte Gesetze mit dem Utilitarismus rechtfertigen, nur weil sie für die Förderung der Freiheit am nützlichsten sind.

Dieser Begriff der Gesetze von *Hayek* kann auf das Konzept der Bedingungen der Freiheit von *Pettit* zurückgeführt werden. In Hinblick auf Bürger, die in einer pluralistischen Gesellschaft leben, ist es in der Tat unmöglich, den Konflikt, der bei der Verfolgung unterschiedlicher Ziele entsteht, vollständig zu beseitigen. Als abstrakte allgemeine Regel soll das Gesetz es daher dem Einzelnen ermöglichen, seine Ziele bestmöglich zu verfolgen und gleichzeitig das Risiko solcher Konflikte zu minimieren. Wie die Regeln und Schiedsrichter einer Sportveranstaltung bietet es allgemeine Richtlinien für die Grenzen der negativen Freiheit. Gäbe es solche Regeln nicht, käme man eher dem Naturzustand von *Hobbes* vor dem Gesellschaftsvertrag nahe. Somit sind im realistischen Streben nach negativer Freiheit zwangsläufig Mindestgesetze erforderlich. Jedoch darf es nicht übersehen, dass für Gesetze stets ein schwerwiegender Eingriff in die Freiheit vorausgesetzt ist.[523] Vor diesem Hintergrund wird immerhin die Vereinbarkeit

---

519 Oben S. 66, 72 f.
520 *Hayek*, a.a.O., S. 21 f.
521 Oben S. 157.
522 Oben S. 152 f.
523 Oben S. 155.

von Freiheit und Gesetzen, die *Pettit* als Einmischung ohne Beherrschung bezeichnet, um das negative Ideal der Freiheit zu bereichern, als richtig erachtet. Demnach kann es gelingen, die Institutionen der Demokratie und Konstitution, das den Schutz der negativen Freiheit gewährleistet, mit sich zu bringen und gleichzeitig noch das Ideal der negativen Freiheit zu unterstützen.

Darüber hinaus müssen wir uns nicht auf die klassische republikanische Ideologie, die zum Machtbalance die gemischte Verfassung in sich birgt, verlassen, wenn wir befürchten, dass die Gesetze nur die Interessen einer bestimmten Person oder Gruppe betreffen können. Darauf können wir nur durch allgemeines Vertrauen in das Gewaltenteilungssystem des modernen verfassungsmäßigen Demokratiestaates reagieren. Auf diese Weise kann das liberale Dilemma, wo die freiheitsschützenden Institutionen im Prinzip keine notwendige Verbindung mit dem negativen Freiheit haben, bis zu einem gewissen Grad gelöst ist: „Der aller Hüllen beraubte Liberalismus ist Konstitutionalismus, es bezieht sich auf die Rechtsstaatlichkeit, nicht auf den Menschen."[524] Die Frage, ob die Inhalte der Gesetze bestimmte Zwecke verfolgen sollen, soll sich weiterhin im Bereich der positiven Selbstverwirklichung befinden.

Wird darüber hinaus der deontologische Aspekt der negativen Freiheit betrachtet, ist die Lehre der Kernbereiche zu erwähnen. Diese geht auf *Locke*s Theorie der Naturrechte[525] zurück, ein Symbol der liberalen Modernität im englischsprachigen Raum. Die Unverletzlichkeit wichtiger Naturrechte wie der Freiheit, des Lebens oder Eigentums reduziert Gesetze und Staatszwecke auf eine Pflicht zum Schutz individueller Rechte und Freiheiten.[526] Dies ist eine weitere Grundlage des Liberalismus, der als rechtsbasierter deontologischer Liberalismus bezeichnet werden soll und mit dem heutigen egalitären Liberalismus zusammenhängt. Dabei handelt es sich eher um moralischen Individualismus als um utilitaristischen Liberalismus, der die Freiheit so weit wie möglich als Nichteinmischung fördern will, wovon *Mill* ausgeht. Der deontologische Ansatz eignet sich wohl besser für einen modernen Staat, der auf ethischem Pluralismus basiert: In einem derartigen modernen Staat liegt die Erfüllung individueller Rechte in der sozialen Interaktion, so dass eine Einmischung von außen nicht vermieden werden kann. Daraus ergibt sich das weitere Konzept der negativen Freiheit, das davon ausgeht, dass es bestimmte Kernbereiche individueller Rechte und Freiheiten gibt, in die der Staat nicht eingreifen kann. Wenn jedoch

524 *Mcllwain*, Constitutionalism and Changing World (1939), S. 286.
525 Siehe dazu *Lockes* (Fn. 285).
526 *Laborde* (Fn. 490), S. 2.

diese Lehre der Kernbereiche auf das Strafrecht angewandt wird, wie erwähnt, ändert nichts an der Frage, welche Interessen strafrechtlich zu schützen sind, die auf der Grundlage des konsequentialistischen Fundaments des Utilitarismus behandelt wird.

Hervorzuheben ist, dass im deontologischen Gedanken des Republikanismus diese unantastbaren Rechte letztlich auf Recht auf Rechtsstaatlichkeit verweisen.[527] *Pettit* sagte zunächst, dass der auf dem Ideal der Nichtbeherrschung basierende Republikanismus eine starke konsequentialistische und teleologische Tradition habe, wonach die Nichtbeherrschung so weit wie möglich gefördert werden sollte.[528] Jedoch erkennt er an, dass sich nach *Locke*s natürlichen Rechten im 18. Jahrhundert eine Auffassung vom deontologischen Republikanismus herausgebildet hat, bei der die Menschen durch die Ausübung ihrer Rechte die Herrscher in die Schranken weisen.[529] Mit anderen Worten: Der Staat verfolgt das Ideal der Nichtbeherrschung im politischen System, basierend auf der Norm, dass die bestimmten Rechte des Einzelnen niemals verletzt werden dürfen, d.i., Recht auf Rechtsstaatlichkeit. Dies scheint *Hayek*s Interpretation des Konzepts von Freiheit im Rahmen des Gesetzes zu entsprechen. Während der deontologische Ansatz vom Liberalismus bestimmte Naturrechte als unantastbar festlegt, beansprucht der vom Republikanismus den Schutz der Rechte des Einzelnen durch die allgemeinen Gesetze. Zusammenfassend: Der Begriff der Freiheit kann innerhalb des Gesetzes immer berechtigt werden, unabhängig davon, ob das Ideal der negativen Freiheit in teleologischer oder deontologischer Tradition interpretiert wird.

b) Verstärkte Kontrolle

Was das Strafrecht betrifft, wäre es richtig, es auf eine eher konservative politische Philosophie zu stützen, die auf dem negativen Ideal der Freiheit beruht. Natürlich ist Selbstverwirklichung mit positiver Freiheit verbunden und der Wert der Selbstregierung ist in der politischen Philosophie von großer Bedeutung. Dies findet aber seinen Niederschlag im positiven Recht. Allerdings stellt die Bestrafung den schwersten Eingriff in die individuelle Freiheit dar, daher impliziert es eine Selbstbeschränkung, dass sie nur ergänzend angewendet werden sollte. Somit ist zu bedenken, dass, selbst wenn der Begriff der Freiheit im Rahmen des Gesetzes anerkannt wird, dies keine unbeschränkte Legitimierung

527 *Pettit* (Fn. 250), S. 97 f.
528 Ebenda.
529 Ebenda.

der strafrechtlichen Ahndung bedeutet. Als *Locke* beispielsweise sagte, dass „der Zweck des Gesetzes darin besteht, die Freiheit zu bewahren und zu fördern", meinte er damit das Zivilrecht, insbesondere in Bezug auf Verträge.[530] Eine Bestrafung kann nur dann legitimiert sein, wenn eine Handlung die Interessen verletzt, deren Schutz Bürger im Allgemein und unvermeidlich in Anspruch nehmen, um ihre eigenen Lebensziele zu entfalten. Hierbei stellt sich allerdings die Frage, was diese Interessen in der Praxis sind. Dieser Problematik der Abgrenzung negativer Freiheit ist sich *Berlin* bewusst. Wie erwähnt wurde, hat er darauf hingewiesen, dass die Grenze hierfür nicht festgelegt ist, sondern durch gesellschaftliche Verständigung entsprechend der zeitlichen und räumlichen Umgebung geändert werden kann.[531] Zwar lehnte er das Konzept der positiven Freiheit ab, aber der Schutz des öffentlichen Interesses soll nicht stets heißen, dass es der Erfüllung der negativen Freiheit entgegensteht. Es zeigte sich nur, dass der Begriff der Freiheit immer auch einen negativen Aspekt beinhaltet, daher sollte anerkannt werden, dass es eine private Sphäre gibt, die stets immun gegen staatliche Eingriffe ist.

Wichtig ist, dass die deontologische Position, die die nur durch das Gesetz ausgeübte Freiheit als unantastbares Recht anerkennt, versucht, die Ausübung von Rechten, die nicht auf der allgemeinen Rechtsstaatlichkeit beruhen, im Sinne des Akts der Einmischung in die negative Freiheit einzuschränken. Es wurde bereits erklärt, dass hier das Gesetz als eine Art Richtlinie für Einzelpersonen dient, um ihre spezifischen Ziele zu erreichen. So ist das Programm zur Kontrolle der Gesetzgebung und der Justiz immer erforderlich, damit diese Standards abstrakt und im Allgemeinen auf eine unbestimmte Anzahl von Personen anwendbar bleiben und nicht auf Befehle ausgerichtet werden, die bestimmten Zielen dienen. Dabei handelt es sich jedoch keineswegs um das Streben nach positiver Freiheit. Sondern kann der sog. mittlere Weg der Vorstellung von Freiheit durch Gesetz einen gewissen notwendigen Zusammenhang zwischen negativer Freiheit und den Mitteln der Selbstregierung begründen. Im heutigen Verfassungsstaat stellt dieses System der Kontrolle für den Gesetzgeber die Konstitution dar, während sie in gerichtlicher oder administrativer Hinsicht die Normenkontrolle bedeutet.

Tatsächlich betonen Liberalismus von *Lockes* und instrumenteller Republikanismus das auf Rechten basierende System der Normenkontrolle, um das Ideal des Schutzes negativer Freiheiten durch das Gesetz zu verwirklichen. *Bellamy*

530 *Locke* (Fn. 285), Abschnitt 57, S. 29.
531 *Berlin* (Fn. 291), S. 249 f.

bezeichnet dies als Justizkonstitutionalismus, der besagt, dass unwillkürliche Macht und Rechtsstaatlichkeit gewährleistet sind, soweit die Begrenzung der staatlichen Macht der Justiz anvertraut wird. Hier wird aber kritisiert, dass er eine Verrechtlichung der Politik ausmacht. Stattdessen befürwortete *Bellamy* den politischen Konstitutionalismus, so dass die Freiheit der Nichtbeherrschung durch die tägliche Politik letztlich zur menschlichen Herrschaft führen würde.[532] Allerdings kann die Möglichkeit des Populismus, die in der französischen Tradition identifiziert wurde, hier nicht ausgeschlossen werden. *Sunstein* betrachtet eine solche Normenkontrolle daher als Teil einer Form der deliberativen Regierung und ermutigt die Bürger, sich daran zu beteiligen, was quasi einen Mittelweg bedeutet.[533] Zusammenfassend: Das hier vertretene Ideal der negativen Freiheit, wo Gesetze die Bedingung der Freiheit darstellt, übt eine starke Kontrolle über den gesamten Gesetzgebungs- und Justizprozess aus, indem es eine wesentliche Verbindung zur Ideologie der Rechtsstaatlichkeit oder des Konstitutionalismus herstellt.

Was das Strafrecht anbelangt, so stellt sich die personale Rechtsgutslehre als die verstärkte Kontrolle heraus. Nach der hier vertretenen Auffassung kann die systemkritische Rechtgutslehre als Kontrollinstrument in der Strafgesetzgebung eine bedeutende Rolle spielen. Mit anderen Worten: Die personale Rechtsgutslehre ist eine Theorie, die das Ideal der negativen Freiheit unter den mit der Verfassung harmonisierten, normativen Kriterien, die von Strafgesetzgebern angewendet werden können, am konkretesten und klarsten erklären kann. So haben *Hassemer* und *Neumann* immer wieder argumentiert, dass die personale Rechtsgutslehre sich in der Verhältnismäßigkeitsprüfung widerspiegeln kann: Mit diesen Argumentationstopos lässt sich die Grenze der negativen Freiheit immer materialisieren.[534]

Die Kritikpunkte, dass der Anwendungsbereich der Theorie des personalen Rechtsgutes zu eng für die Universalrechtsgüter sei, lassen sich zum Abschluss auf der Grundlage der bisher analysierten politischen Philosophie in zwei Fragerichtungen umformulieren. Erstens: Wie kann die Bestrafung einer Handlung legitimiert werden, die die Freiheit anderer nicht direkt verletzt, basierend auf der klassischen utilitaristischen liberalen Denkweise, dass die Freiheit des Einzelnen so weit wie möglich gewährleistet werden sollte, indem die Bestrafung

532 Vgl. *Bellamy*, Liberalismus und Pluralismus: Auf dem Weg zu einer Politik des Kompromisses (1999).

533 Siehe dazu *Sunstein*, Beyond the Republican Revival, Yale Law Journal 98 (1988).

534 Dazu *Prittwitz* (Fn. 200), S. 109 f.

so gering wie möglich gehalten wird? Zweitens: Ist es nicht vereinbar mit dem deontologischen Liberalismus, dass der Staat in das Kernrecht des Einzelnen eingreift, um das Gute zu schützen, dessen strafrechtlicher Schutz auf der gesellschaftlichen Ebene immer gefordert wird? Zwar bestehen die beiden Fragen aus den unterschiedlichen ethischen Standpunkten, laufen sie letztlich aber auf die Strategie der Abgrenzung der negativen Freiheit hinaus.

c) Republikanische Idee in der Verfassung

Es kann darüber hinaus hinzugefügt werden, dass sich der Begriff der Freiheit im Rahmen des Gesetzes, also die neue Vision der negativen Freiheit, die aus der Debatte zwischen Liberalismus und Republikanismus abgeleitet wurde, besonders in der Geschichte des Konstitutionalismus und der Etablierung des Rechtsstaats in Deutschland zeigt. *Hayek* argumentiert, dass die Tatsache, dass die konstitutionelle Bewegung Großbritanniens, die sich dem Absolutismus widersetzte, durch die amerikanische Revolution in Deutschland Fuß fasste, jedoch nicht das Licht der Welt erblickte, als die Errungenschaften der populistischen Revolution in Frankreich die kontinentale Tradition ersetzten.[535] Im Gegensatz zu dem Stigma, dass Preußen im 19. Jahrhundert ein Synonym für einen absolutistischen Polizeistaat war, versuchten Aufklärungsmonarchen in Preußen im 18. Jahrhundert, basierend auf Kants Rechtsstaatstheorie, durch Gesetz zu regieren.[536] Die Initiative Friedrichs II. zur Kodifizierung aller Gesetze, beginnend mit dem Bürgerlichen Gesetzbuch im Jahr 1751, war der erste Versuch eines Rechtsstaates, der eine kontinentale Kodifizierungsbewegung beeinflusste.[537] Auch wenn sich die französische Exekutive zu einem mächtigen unabhängigen Organ außerhalb der Kontrolle der Justiz entwickelt hat, förderte Preußen nach der amerikanischen Revolution einen erfolgreichen Übergang vom Liberalismus zum Konstitutionalismus und verkündete, dass jede Ausübung administrativer Macht über die Bürger der gerichtlichen Überprüfung untergeordnet werden sollte.[538] Wie bereits dargestellt war der Liberalismus zu dieser Zeit kein „Laissez-faire", sondern eine Mischung aus dem Liberalismus und Republikanismus. Darüber hinaus stammt die erste Formalisierung des Rechtsstaatsbegriffs vom deutschen konservativen Philosophen *F. J. Stahl*: Er stellt fest, dass „der Staat ein Rechtsstaat sein muss. Der Staat muss die Richtung und Grenzen seiner

535 *Hayek* (Fn. 404), S. 193 ff.
536 Ebenda.
537 Ebenda.
538 Oben S. 197 f.

Tätigkeit sowie die Freiheit seines Volkes genau bestimmen und gewährleisten. Das Konzept der Rechtsstaatlichkeit (…) besteht nicht darin, dass nur die Rechte des Einzelnen geschützt werden sollten. Es spricht nicht vom Inhalt oder Zweck des Staates, sondern schreibt lediglich die Mittel und Methoden zu deren Erreichung vor".[539] Hier lässt sich das Konzept der negativen Freiheit durch Gesetz deutlich erkennen.

Andererseits gibt es noch die Interpretation, dass sich die klassische republikanische Idee selbst seit der Weimarer Verfassung im deutschen GG widerspiegelt. Dies bedeutet, dass die Interpretation der Republik in Artikel 1 der Weimarer Verfassung nicht einfach eine anti-monarchische Staatsform ist, sondern der breiteren Idee von *res publica* entspricht.[540] *Bismarck* beispielsweise bezeichnet das Deutsche Reich 1871 als Republik der Fürsten.[541] *Isensee* und *Gröschner* entdecken, insbesondere unter dem Gesichtspunkt des instrumentellen Republikanismus, die im Grundgesetz enthaltene Freiheit, bürgerliche Tugend und Gewaltenteilung von der republikanischen Idee neu[542], ebenso wie die Cambridge-Schule die republikanische Ideologie rekonstruierte, die in der Geschichte der kontinentalen und britischen politischen Philosophie verstreut war. Da es sich hierbei aber um eine verfassungsdogmatische Frage handelt, wird hier nicht näher darauf eingegangen. Zumindest lässt sich schließen, dass die republikanische Idee der negativen Freiheit von Anfang an in der deutschen Verfassung verankert war.

II. Strafrechtlich schützenswerte Interessen

1. *Schädigungs- und Belästigungsprinzip*

a) Theorie von Feinberg

Feinberg geht von einer utilitaristischen Grundlage, genauer gesagt von einer konsequentialistischen Perspektive aus. Hingegen lässt sich auch in der deontologischen Hinsicht analysieren, wie oben dargestellt wird, inwieweit es eine Sphäre der negativen Freiheit gibt, in der ein solcher Zwang[543] möglichst vermieden

539 *Stahl*, Die Philosophie des Rechts, Bd. II: Rechts und Staatslehr, Teil II (1837), S. 352.

540 *Anderheiden*, Gemeinwohl in Republik und Union (2006), S. 233 f.

541 *Lee* (Fn. 263), S. 90 f.

542 Siehe dazu *Isensee* (Fn. 262), *Gröschner*, Die Republik, in: Handbuch des Staatsrechts der Bundesrepublik Deutschland (2004), S. 369 ff.

543 *Feinberg* bezeichnet die staatlichen Eingriffe als „Zwang". Zwang bezieht sich auf eine direkte und oft gewaltsame Einschränkung der individuellen Freiheit durch Verwendung von physischer Gewalt, Bedrohung, Einschüchterung oder erzwungenen

werden sollte. Es handelt sich dabei um eine pflicht- oder rechtebasierte Sichtweise des Staates, die besagt, dass die individuellen Freiheiten und Rechte niemals oder äußerst selten verletzt werden dürfen. Dies verweist genau auf die vom Bundesverfassungsgericht anerkannte Kernbereichstheorie. Dies führt jedoch auch auf das Schadensprinzip bzw. dem Schädigungsprinzip zurück. Deshalb wurden am Anfang dieses Teiles die Versuche, letzten Endes eine Antwort darauf zu finden, welche personenbezogenen Interessen vom Strafrecht geschützt werden sollten, egal ob sie vom konsequentialistischer oder deontologischer Ansatz der negativen Freiheit herkommt, insgesamt als der andere Zweig für die Strategie der Abgrenzung der negativen Freiheit bezeichnet.

Das Schädigungsprinzip, das in englischsprachigen Ländern seit dem 19. Jahrhundert eine bedeutende Rolle spielt, geht auf die Ausführung von *Mill* zurück. Hierzu schrieb er: „Der einzige Zweck, zu dem Macht über ein Mitglied einer zivilisierten Gesellschaft gegen seinen Willen rechtmäßig ausgeübt werden kann, ist die Verhinderung von Schaden für andere. Sein eigenes Wohl, sei es physisch oder moralisch, ist keine ausreichende Rechtfertigung. Er kann nicht mit Recht gezwungen werden, etwas zu tun oder zu unterlassen, weil es für ihn besser wäre. (…) Der einzige Teil des Verhaltens eines Menschen, für den er der Gesellschaft gegenüber verantwortlich ist, ist der, der andere betrifft. In dem Teil, der nur ihn selbst betrifft, ist seine Unabhängigkeit absolut. Über sich selbst, über seinen eigenen Körper und Geist, ist der Einzelne souverän."[544] Wenn nach dem Schädigungsprinzip rechtmäßige Macht über eine Gesellschaft nur ausgeübt werden kann, um die Schädigung anderer zu verhindern, besagt die Ablehnung paternalistischer oder moralischer Begründungen, dass Gefahren für den Handelnden selbst oder moralische Überzeugungen zwar einen Grund für die Überredung, aber keineswegs für die Ausübung des staatlichen Zwangs darstellen sollen. Bekanntlich gehört das Bekenntnis zu diesen beiden Thesen auch heute noch zu den Standardaussagen eines sich als liberal definierenden angloamerikanischen straftheoretischen Schrifttums.[545]

Handlungen. Einmischung gegen Freiheit hingegen bezieht sich normalerweise auf die Beeinflussung oder Beschränkung der individuellen Freiheit einer Person durch rechtliche, institutionelle, soziale oder kulturelle Mechanismen handeln, die das Verhalten einer Person beeinflussen, ihre Entscheidungen einschränken. Vgl. *Feinberg* (Fn. 187).

544 *Mill* (Fn. 19), Kapitel 4, S. 213 f.

545 *Hörnle* (Fn. 171); *Seher*, Prinzipiengestützte Strafnormlegitimation und der Rechtsgutsbegriff, in: Hefendehl et al. (Hrsg.), Die Rechtsgutstheorie (2003), S. 45.

In den 80er Jahren des 20. Jahrhunderts hat sich der amerikanische Rechtsphilosoph *Joel Feinberg* um eine detaillierte Ausarbeitung des millschen Ansatzes in seinem vierbändigen Werk „The Moral Limits of Criminal Law“ bemüht. Er geht zunächst davon aus, dass Strafe eine Form des staatlichen Zwangs ist und dass sie immer moralisch legitimiert ist, weil sie unter den Mitteln des Eingriffs in die individuelle Freiheit die größte Freiheitsverletzung darstellt. Diese „Legitimierung“ ist von der „Rechtfertigung“ zu unterscheiden, was bedeutet, dass Erstere immer moralisch durch die von *Feinberg* dargelegten Prinzipien begründet ist, während Letztere auf der Ebene der konkreten Politik gerechtfertigt ist.[546] Die Prinzipien, die die Auferlegung eines solchen Zwangs moralisch legitimieren, bezeichnet er als freiheitsbeschränkende Prinzipien, die er als moralisch immer gute und relevante Gründe für die Befürwortung von Zwang angibt, aber nicht als hinreichende Bedingung: Er identifiziert daraufhin vier Arten von freiheitsbeschränkenden Prinzipien: das Schädigungsprinzip, das Belästigungsprinzip, den Paternalismus und den Rechtsmoralismus.[547] Ausgehend von *Feinbergs* Modell liegt ein tragender Grund für eine Kriminalisierung darin, Schädigungen bei anderen Personen zu verhindern: das sog. Schädigungsprinzip. Dabei zeigt sich, dass die Plausibilität dieses Prinzips ausschließlich von der Explikation seines Schlüsselbegriffs, nämlich der Schädigung abhängt, der mit dem Begriff des Interesses in Verbindung gebracht wird. Nun erfasst *Feinberg* diesen als gewollte Optionen einer Person, die in einem je individuellen Interessennetzwerk verknüpft sind, in dem sich zwei Arten von Interessen voneinander unterscheiden. Dabei betreffen die „lebenswichtigen Interessen“ (*welfare interest*) die Rahmenbedingungen für die Verfolgung aller weiteren individuellen Lebensentwürfe, während sich die „persönlichen Endziele“ (*ulterior interest*) auf die Verwirklichung seiner selbst gesetzten, längerfristigen Lebenspläne richten.[548] Aufgrund dieser Basis versteht *Feinberg* unter der Schädigung nur die Verletzung von „lebenswichtigen Interessen“, die die wesentlichen Grundlagen des menschlichen Lebens ausmachen.[549] Grenzt man die Freiheitssphären der Bürger nach diesem Schädigungsprinzip voneinander ab, dann hat jeder Bürger die Freiheit, seine eigenen Wünsche und Ziele zu verfolgen, solange er dadurch anderen nicht schadet, d.h. ihre legitimen Interessen nicht beeinträchtigt.[550]

---

546 *Feinberg* (Fn. 187), S. 4 f.

547 Oben S. 10 f.; Insgesamt gibt es vier Bände, die jeweils ein Prinzip erklären.

548 Oben S. 37 ff.; *Neumann*, ARSP 72 (1986), S. 118 ff.; *Seher* (Fn. 240), S. 55 ff.

549 Oben S. 62.

550 *von Hirsch*, Der Rechtsgutsbegriff und das „Harm Principle“, in: Hefendehl et al. (Hrsg.), Die Rechtsgutstheorie (2003), S. 15.

Hervorzuheben ist aber, dass *Feinberg* nicht allein beim „Schädigungsprinzip" bleibt, sondern versucht, die strafrechtlichen Verbote durch ein anderes Prinzip, nämlich das „Belästigungsprinzip" (*offense principle*) zu ergänzen.[551] *Feinberg* versteht unter dem Begriff von Belästigung nicht nur die engere gebräuchliche Bedeutung wie Beleidigung oder Kränkung, sondern darüber hinaus ein weiteres Feld von negativen Gefühlen: Dazu gehören Ärger, Enttäuschung, Furcht, Ekel, Verlegenheit und unbedeutende körperliche Schmerzen, die nicht als Schaden zu qualifizieren sind.[552] Ihm zufolge können diese Belästigungen strafrechtlich verboten werden, wenn sie bei anderen Personen gewisse unerwünschte Empfindungen erwecken, auch wenn daraus kein Schaden im Sinne des Schädigungsprinzips entsteht.[553] Ausgehend von seiner Grundannahme, dass das stark negative Gefühl grundsätzlich Verbotsnormen begründen kann, unternimmt er jedoch den Versuch, das Gefühlsschutzprinzip einzuschränken, weil das Auftreten eines negativen Gefühls selbst nicht für ein strafrechtliches Verbot ausreicht.[554] Dafür soll aber eine komplizierte Abwägung durch sog. Koordinationsaxiome erforderlich sein, wobei die Ernsthaftigkeit der Belästigung, die aus der Intensität, der Vermeidbarkeit der Tat und dem Vorliegen des Einverständnisses und einer ungewöhnlichen Sensibilität des Opfers besteht, der Angemessenheit des Verhaltens, zu der die persönliche Bedeutung, der gesellschaftliche Wert von Redefreiheit, mögliche Alternativen, die Absicht und die Lokalität gehören, gegenübersteht.[555]

Im Hinblick auf diese vorgeschlagenen Koordinationsaxiome für die vergleichende Abwägung charakterisiert *Neumann Feinberg*s Methodik als ethischen Eklektizismus auf der Grundlage von *argumentum ad hominem*: Hier geht es darum, einen logischen Zusammenhang von faktisch behaupteten moralischen Überzeugungen darzustellen.[556] Mit anderen Worten: Durch Kohärenz zu begründen, dass diejenigen, die für das Konzept eines Freiheitsbeschränkungsprinzips sind, unter der Prämisse, dass Freiheit ohne ein letztes ethisches Fundament vorausgesetzt wird, auch für diese auf denselben moralischen Intuitionen beruhenden Axiome sein werden.[557] Diese Methodik der ethischen Kohärenz

551 Dazu *Hörnle* (Fn. 171), S. 80; *Roxin*, AT I, 5. Aufl., § 2 Rn. 125 ff.
552 *Feinberg* (Fn. 187), S. 35, 44; *Seher* (Fn. 240), S. 111 f.
553 *Feinberg*, The moral limits of the criminal law Offense to others, Bd. 2, 1985, S. 5 f.
554 Oben S. 10 f.
555 Oben S. 25 f.
556 *Neumann* (Fn. 548), S. 118 ff.
557 Ebenda.

kann auch in dem Sinne angewandt werden, dass für die Abgrenzung der negativen Freiheit durch die personale Rechtsgutstheorie argumentiert wird. Natürlich sollte die Strafe für die Belästigung weniger streng ausfallen als die Strafe, die auf dem Schadensprinzip beruht.

Dahingehend wurde bereits vorgeschlagen, dass die Frage der Bestrafung von Tierquälerei im Zusammenhang mit dieser Belästigung betrachtet werden kann. Das heißt, es ist zwar schwer zu erkennen, inwiefern die Unterlassung von Tierquälerei an sich ein persönliches Rechtsgut darstellt, d.h. ein allgemeines lebenswichtiges Interesse, aber Tierquälerei könnte aufgrund des Ekels, den solche Handlungen hervorrufen, strafbar sein. Von besonderer Bedeutung ist es auch, dass die Handlungen, die diese Gefühle auslösen, in der Öffentlichkeit in einer Weise vorgenommen werden, die es anderen schwer macht, sich ihnen zu entziehen.[558] So kommt es hier dann darauf an, ob beispielsweise die Tat oder die Folgen einer solchen abscheulichen Misshandlung der Tiere unausweichlich in der Öffentlichkeit zu sehen sind oder ob sie nachhaltig im Internet verbreitet werden.

b) *Ergänzung von* v. Hirsch

Gegen den Denkansatz von *Feinberg* erheben sich aber zwei Arten von Kritik. Die eine bezieht sich auf die Liste der Interessen: Zum Beispiel bemängelt *Papageorgiou*, dass die von *Feinberg* erarbeitete Liste von lebenswichtigen Interessen zu umfangreich ist.[559] In derselben Hinsicht behauptet *Hörnle*, dass seine Auflistung der lebenswichtigen Interessen nicht für die Umsetzung einer staatlichen Kriminalisierungstheorie geeignet ist, weil sie nicht nur groß, sondern auch grob ist.[560] Dies wird im nächsten Schnitt wieder erklärt. Die andere Art von Kritik im Hinblick auf das Belästigungsprinzip richtet sich gegen seinen psychologischen Realismus, nach dem nur die Tatsache ein wesentliches Kriterium darstellt, dass Personen faktisch negative Gefühle empfinden. Da *Feinberg* diesen empirischen Befund ohne eine normative Filterung in den Vordergrund stellt, wird mit der Einkleidung in psychologische Zusammenhänge letztlich eine Scheinrationalität vorgetäuscht.[561] Denn die negativen Gefühle stellen sich als

---

558 *Feinberg* (Fn. 187), S. 26 ff.; *von Hirsch* (Fn. 550), S. 22.

559 Siehe dazu *Papageorgiou*, Schaden und Strafe (1994), S. 151 ff.

560 *Hörnle* (Fn. 171), S. 78.

561 Oben S. 81 f.; Hier verweist sie auf den Zusammenhang zwischen festen moralischen Einstellungen und dem daraus bedingten unangenehme Gefühl über bestimmte Handlungsweise.

ein Zwischenstadium heraus, wogegen die moralische Wertung als der eigentliche Grund für die Strafe verdeckt wird. *Hörnle* äußerte dazu, *Feinberg* kapituliere vor der Macht des Faktischen.[562] Allerdings kann dagegen argumentiert werden, dass sich aus der Methodik der ethischen Kohärenz die normative Grundlage für die *Feinbergs* „Offence Principle" ergeben kann.

Diesen Mangel der faktisch-psychologischen Annährungsweise will immerhin *von Hirsch* dadurch vermeiden, dass auf normative Kriterien, die noch zu erörtern sind, Bezug genommen wird. Nach seiner Formulierung bedeutet das Interesse eine „Ressource", auf deren Integrität die betroffene Person einen Anspruch hat. Mit anderen Worten: „Schädliches Verhalten ist die Beeinträchtigung einer Ressource, auf deren unbeeinträchtigte Existenz ein anderer einen Anspruch hat."[563] Diese Ressource ist nicht als Objekte, sondern als Fähigkeiten definiert, die Lebensqualität einer Standardperson zu fördern.[564] Hierbei ist anzumerken, dass diese Lebensqualität eine längere Zeitperspektive als die variable Qualität der momentanen Erfahrung enthält, so dass die Beeinträchtigung eines Interesses die Lebensqualität über eine gewisse zeitliche Dauer beeinflusst.[565] Aufgrund dieser Idee behauptet *von Hirsch*, dass sich seine Ansicht von der *Feinbergs* insofern unterscheidet, als sie nicht bei der faktischen Verletzung der Sensibilität bleibt, sondern darüber hinaus nach dem normativen Grund des Unrechts fragt: „Entscheidend ist, ob ein Verhalten andere in grober Weise rücksichtslos oder respektlos behandelt. Es ist dieser Mangel an Rücksicht bzw. Respekt (...), der das Verhalten zu einem Unrecht macht, ohne das tadelnde Sanktionierung nicht begründet werden kann."[566]

Aufgrund dieser Idee exemplifiziert er den einigermaßen abstrakten normativen Ansatz an konkreten Beispielen.[567] Dann versucht er, die sog. „mediating

---

562 Siehe dazu oben S. 82.

563 *von Hirsch* (Fn. 550), S. 16.

564 Ebenda.

565 Oben S. 17; Siehe dazu auch *Seher* (Fn. 545), S. 47.

566 *von Hirsch*, FS Eser (2005), S. 195 f.

567 Hier führt er drei Beispiele an. In Bezug auf die Aufdringlichkeit in der Öffentlichkeit hat jeder das Recht, in Ruhe gelassen zu werden, was im Schutz der Privatsphäre und der Selbstbestimmung verankert ist. Darum mag zwar eine kurze höfliche Bitte erlaubt sein, aber ein nachdrückliches oder aggressives Fordern beeinträchtigt dieses Recht. Zum Zweiten nennt er als einen Fall für eine störende Verhaltensweise in der Öffentlichkeit das laute Spielen von Boom-Boxen. Hier geht es um ein klassisches Beispiel für rücksichtsloses Behandeln anderer, denn der Handelnde nutzt den öffentlichen Raum für seine Aktivität in einer Weise, die auf die anderen keine Rücksicht nimmt. Letztlich zeigt er am Beispiel des Entblößens im Park, dass die unaufgeforderte

principles“ zu formulieren, um den Bereich der Kriminalisierung zusätzlich zu begrenzen, weil nicht jede belästigende Verhaltensweise in seinem Sinne bestraft werden sollte. Dazu nennt er drei Prinzipien:[568] Zuerst kommt das Prinzip der gesellschaftlichen Toleranz in Frage. Sein Kerngedanke besteht darin, einen gewissen Toleranzbereich zu gewähren, um dadurch dem Umstand der vielfältigen Lebensstile in einer pluralistischen Gesellschaft Rechnung zu tragen. Mit anderen Worten: Nur „schwerwiegende Beleidigung“ und „nachteilige gesellschaftliche Konsequenz“ dienen als Kriterien der Kriminalisierung, auch wenn andere Personen bereits beim belästigenden Verhalten ein Unrecht erleiden.[569] Zum Zweiten geht es beim Prinzip der Vermeidbarkeit darum, die Bestrafung auszuschließen, wenn andere Personen der Beobachtung des Verhaltens oder dem Kontakt mit diesem ausweichen können. Schließlich besagt das Prinzip der Unmittelbarkeit, dass das Verhalten selbst die Belästigung darstellt. Dieses Unmittelbarkeitserfordernis ist wegen seiner Konsequenz für den Zugang zu öffentlichen Räumen besonders relevant.[570] Jedoch weichen diese Prinzipien nicht so sehr von den *Feinberg*s Koordinationsaxiomen, die er im Rahmen der Interessenabwägung vornimmt, ab.

Auf den ersten Blick scheinen diese Denkansätze das strafrechtliche Problem mit dem Gefühlschutz deutlicher zu formulieren als *Feinberg*. Trotzdem lässt sich nicht verkennen, dass sie nicht dazu taugen, ein vollständiges Rezept anzubieten. Der erste Einwand erhebt sich bereits gegen den Begriff der Ressource bei *v. Hirsch*. Wie schon beschrieben, weist *Seher* auch darauf hin, dass trotz der begrifflichen Differenz im Ergebnis hier kein wesentlicher Unterschied zu *Feinbergs* Begriff der lebenswichtigen Interessen besteht.[571] Wenn dies zutrifft, ist dieselbe Kritik naheliegend, wie sie in Bezug auf *Feinberg* auch geäußert wurde, nämlich dass die Idee von *v. Hirsch* zu weitgehend wäre, auch wenn sein Begriffsverständnis nicht über knappe Erklärungen hinausgeht. Festzuhalten bleibt nur, dass der Begriff der Ressource verdeutlicht, dass es dabei um Handlungs- und Lebensoptionen der Person geht. Dann kommt in Frage, wie fruchtbar die normativen Kriterien für die belästigende Verhaltensweise wären. Freilich lässt

---

Konfrontation mit der Intimsphäre anderer zur Rücksichtslosigkeit anderen Person gegenüber gehört, denn jeder hat einen Anspruch darauf, nicht unfreiwillig gewisse private Enthüllungen erleben zu müssen. Siehe oben S. 196; Vgl. auch *Ders.* (Hrsg.), Mediating principles (2016).

568 Oben S. 198 ff.

569 Ebenda.

570 Ebenda.

571 Dazu *Seher* (Fn. 240), S. 47.

sich schwer verleugnen, dass es keine allgemeine Formel für ein belästigendes Verhalten gibt. Trotzdem können die punktuellen Erklärungen für die normativen Kriterien sowohl der Rücksichtslosigkeit und Respektlosigkeit als auch für die „mediating principles" noch nicht ganz ausreichen, einen Maßstab für das Unrecht des belästigenden Verhaltens festzuschreiben. So ist der skeptischen Ansicht von *Hörnle* zuzustimmen, dass die Vermeidung von unangenehmen Gefühlen nicht eine selbständige Legitimierung der Strafe erlaubt.[572]

Immerhin ist der Verweis von *v. Hirsch* auf den gemeinsamen Ausgangspunkt von „Schädigungsprinzip" und „Belästigungsprinzip" interessant, indem die Entscheidung über den strafrechtlichen Einsatz grundsätzlich an das Konzept von Unrecht gebunden wird. Der normative Grund des Unrechts als Rücksichtlosigkeit gegen die Lebensqualität anderer, d.i. die Verletzung der Ressource, über die faktische Verletzung der Interessen hinaus bezieht sich ferner auf den Begriff der Demütigung von *Margalit*, was noch unten angedeutet wird. Wenn sich jedenfalls die Begründung des Unrechts einerseits durch die Schädigung entweder des Interesses oder der Ressource, andererseits mittels der Belästigung bewerkstelligen lässt, dann ist nicht zu verkennen, dass auch die bereits dargestellten prinzipiengestützten Strafnormlegitimationen nicht weit von der personalen Rechtsgutslehre entfernt wären. Denn sie alle laufen letzten Endes darauf hinaus, den Schutz der personalen Interessen vor ihrer Beeinträchtigung zu erreichen.[573]

2. *Interesse aus Menschenwürde*

a) *Sicherheitsinteressen von* Papageorgiou

Wie bereits erwähnt hat *Papageorgiou* in seiner Dissertation „Schaden und Strafe" kritisiert, dass die von *Feinberg* erarbeitete Liste von lebenswichtigen Interessen im Sinne von Leistungsinteressen zu umfangreich ist, um als Grundlage strafrechtlicher Verbotsnormen zu dienen.[574] Hier ist hervorzuheben, dass dem von ihm vertretenen Begriff der Interessen das Konzept der Menschenwürde zugrunde liegt, was nicht im Fall des lebenswichtigen Interesses oder der Ressource, bei der es um einen normativen Anspruch auf die „faktische Lebensqualität der Standardperson" geht, auftritt. *Papageorgiou* schlägt hingegen vor,

572 *Hörnle* (Fn. 171), S. 84.
573 *von Hirsch* (Fn. 550), S. 205.
574 *Papageorgiou* (Fn. 559), S. 151 f.; Diese Kritik gilt auch dem Begriff Ressource von *v. Hirsch*, siehe dazu *Seher* (Fn. 240), S. 47.

eine weitere Eingrenzung vorzunehmen, wobei er in Anlehnung an *Wilhelm von Humboldt* die dadurch herausgebildete menschenwürdige Grundversorgung für jedes Gesellschaftsmitglied als „Sicherheitsinteressen" bezeichnet, die eine Strafnorm zu legitimieren vermag. Ihm zufolge gibt es drei Konstruktionsetappen strafrechtlicher Moralität:[575] Danach besteht die erste Etappe aus minimalen Bedingungen eines würdigen Lebens als Wohlfahrtsinteressen. In der zweiten Etappe geht es um minimale Bedingungen eines sicheren Lebens, um die Sicherheitsinteressen zu ermitteln. Die Unterscheide der beiden Etappen erklärt er am Beispiel des Eigentums: Bei der ersten wird also das Eigentum als eine Institution für jeden betrachtet, wogegen es bei der zweiten nur um deren symbolische Unverbrüchlichkeit oder Sicherheit geht, die eine notwendigen Bedingung zur Entfaltung eines würdigen Lebens darstellt.[576] In der dritten Etappe ist minimale Moralität zur Entwicklung jeglichen rationalen Lebensplans von Bedeutung, durch die nachgerade strafrechtliche Normen herausgebildet werden sollen. Daraus ergibt sich deshalb ein normativer Anspruch auf Achtung vor Lebensentfaltungen anderer. Jedoch fügt er hinzu, dass in dieser dritten Etappe gewisse quantitative Kriterien wie die von *Hassemer* vorgeschlagen Kategorien, nämlich die Häufigkeit einer Interessenverletzung, die Bedarfsintensität des verletzten Guts und die gesellschaftlich wahrgenommene Bedrohungsintensität der Verletzung, auch von Bedeutung sind.[577]

Zusammenfassend lässt sich feststellen, dass *Papageorgiou* die Interessen an sog. Leistungsgarantie von *Feinberg* für nicht geeignet hält, sondern nur einen Anspruch auf Achtung vor den anderen Menschen als möglichen Kriminalisierungsgrund ansieht. Dennoch führt er nicht konkret aus, was zu seinen Sicherheitsinteressen gehört. In derselben Hinsicht fügt *Hörnle* hinzu, dass sich *Feinbergs* Auflistung der lebenswichtigen Interessen nicht für eine staatliche Kriminalisierungstheorie nutzen lässt, weil sie nicht nur groß, sondern auch grob ist.[578] Stattdessen behauptet sie, dass die Sicherheitsinteressen nur aus Abwehrinteressen bestehen, die sich sowohl auf die Abwehr von Eingriffen in die personale Sphäre wie den eigenen Körper richten als auch auf die Abwehr von Eingriffen in kollektive Rechtsgüter, z.B. die Integrität der Verwaltung, das Währungssystem und das Steuersystem.[579] Wie *Papageorgiou* vertritt sie ebenfalls, dass die

---

575 *Papageorgiou*, a.a.O.

576 Oben S. 169 f.

577 Oben S. 157 ff.

578 *Hörnle* (Fn. 171), S. 84.

579 Ebenda.

faktischen Leistungsinteressen von *Feinberg* durch die Sicherheitsinteressen ausscheiden sollen.[580] Allerdings scheint eine klare Unterscheidung zwischen den lebenswichtigen Interessen und Abwehrinteressen noch nicht gefunden zu sein, abgesehen davon, dass die letzteren als der straflegitimierende Grund einen normativen Anspruch gegen die anderen Menschen nach sich ziehen.

b) Menschenwürde als Vermeidung von Demütigung

In der Debatte darüber, was ein strafrechtlich schützenswertes Interesse im Rahmen der Strategie der Abgrenzung der negativen Freiheit bedeutet, kommt es letztlich auf die normative Grundlage des Unrechts an. Um das oben Gesagte kurz zusammenzufassen: *Feinberg* wendet die Argumentationsstrategie der ethischen Kohärenz an, wonach diejenigen, die der ethischen Überzeugung zustimmen, dass bestimmte Interessen strafrechtlich geschützt werden sollten, auch andere ähnliche Überzeugungen akzeptieren müssen. Auf der anderen Seite konstruieren *v. Hirsch, Papageorgiou und Hörnle* den strafrechtlichen Schutz bestimmter Interessen als einen normativen Anspruch an andere. Mit diesen Argumenten werden auch versucht, den Begriff des Interesses in der personalen Rechtsgutslehre von dem Vorwurf freizuhalten, er verwechsle das Handlungsobjekt.[581] Insbesondere in den beiden letztgenannten Fällen scheinen diese Interessen als subjektives Recht auf die Einhaltung der Mindestvoraussetzungen für die Aufrechterhaltung eines menschenwürdigen Lebens interpretiert zu werden. An diesem Punkt wird der Begriff der Menschenwürde zunächst für unsere Argumentation relevant.

Bei Betrachtung der gegenwärtigen strafrechtlichen Diskussion um die Menschenwürde[582] handelt es sich im Grunde darum, ob der Begriff der Menschenwürde ein eigenständiger Rechtsgut darstellen kann[583] oder man darunter lediglich die Schutzbedürftigkeit der anderen negativen Freiheiten verstehen kann: „(…) nur die negative Version der Menschenwürde, die in dieser eine ‚Freiheit von' und nicht, wie in der positiven Version, eine ‚Freiheit zu' erblickt, lässt sich in die liberale Tradition einordnen."[584] Diese negative Version der

580 Ebenda.

581 Zu dieser Kritik NK-StGB/*Neumann/Saliger*, 6. Aufl., StGB vor § 1 Rn. 120, 121; Baumann/Weber/Mitsch/*Eisele*, AT, 13. Aufl., StGB § 2 Rn. 10; *Amelung* (Fn. 8), S. 198 ff.

582 Vgl. *Hilgendorf/Kremnitzer* (Hrsg.), Human dignity and criminal law, Schriften zum Strafrechtsvergleich 2018.

583 Dazu v. Münch/Kunig/*Kunig/Kotzur*, 7. Aufl. 2021, GG Art. 1 Rn. 30, 31; NK-StGB/*Kargl*, 6. Aufl., StGB § 192a Rn. 6 ff.

584 *Roxin*, AT I, 5. Aufl., § 2 Rn. 20a.

Menschenwürde, die sich auf die Abwehrinteressen bezieht, wird auch als jene genannt, „die Menschenwürde ohne Metaphysik zu begründen."[585] Das ist genau das, woran das Ideal der negativen Freiheit erinnert. Bislang hat sich in der Verfassung jedoch das metaphysische Verständnis der Menschenwürde, also die Sichtweise der „positiven" Rechtsfertigung[586], durchgesetzt, weil die Unantastbarkeit der Menschenwürde als der oberste Wert im Art. 1. Abs. 1 GG formuliert ist.[587]

Obwohl das Bundesverfassungsgericht so argumentiert, dass „Menschenwürde jedem Wesen der Gattung ‚Mensch' zukommt, ohne Rücksicht auf den sozialen Status, die Eigenschaften oder Leistungen des einzelnen Individuums; sie ist auch dem eigen, der aufgrund seines körperlichen oder geistigen Zustands nicht sinnhaft handeln kann"[588], ging der Menschenwürdegedanke ursprünglich davon aus, dass man über die Eigenschaften verfügen soll, um Achtung zu verdienen. Mit anderen Worten: Die Würde besteht in den menschlichen Eigenschaften. Dieser Gedanke verdankt sich *prima facie* der Ansicht von *Kant* über die Menschenwürde, dass „allein der Mensch als ein autonomes Wesen zu betrachten sei wegen seiner Fähigkeit zu vernünftigem und moralischem Handeln."[589] So ist der berühmte Satz von *Kant* über die Menschenwürde: „Handle so, daß du die Menschheit, sowohl in deiner Person, als auch in der Person eines jeden anderen jederzeit zugleich als Zweck, niemals bloß als Mittel brauchst."[590] Das Hauptproblem bei diesem Denkansatz besteht jedoch darin, dass die Menschen, die geistig oder körperlich nicht in der Lage sind, diese Fähigkeiten in vollem Umfang zu innehaben, entrechtet werden können, obwohl sie eigentlich besser geschützt sein sollten, weil sie so sind.[591] Deshalb

585 Siehe dazu *Neumann*, ARSP 103 (2017), 287 ff.; *Margalit*, Die Politik der Würde (1997); *Hoffmann*, AöR 118 (1993), 353 ff.; *Birnbacher*, in: Hilgendorf (Hrsg.), Menschenwürde und Demütigung (2013), S. 63 ff.; *Schaber*, Studia Philosophica 63 (2004), S. 93 ff.; *Hörnle*, in: Hilgendorf (2013), S. 91 ff.; *Stoecker*, Studia Philosophica 63 (2004), 107 ff.

586 *Margalit* (Fn. 585), S. 67 ff.

587 BVerfGE 6, 32 (41) = NJW 1957, 297; BeckOK GG/*Hillgruber*, 55. Ed. 15.5.2023, GG Art. 1 Rn. 1.

588 BVerfGE 87, 209 (228) = NJW 1993, 1457 (1459); NJW 2012, 3357 (3358).

589 *Kant*, Menschenwürde und die zweite und dritte Formel des kategorischen Imperativs, in: Brudemüller/Seelmann (Hrsg.), Menschenwürde (2008), S. 68 ff.

590 Siehe dazu *Kant* (Fn. 21).

591 Vor allem *Neumann* (Fn. 585), S. 290.

hat das Bundesverfassungsgericht so entschieden, dass diese Eigenschaften für die Anerkennung der Menschenwürde nicht in Betracht kommen.

Um den Begriff der Menschenwürde, wie er im Verfassungs- und Strafrecht weit verbreitet ist, zu konkretisieren, bedarf es also seiner negativen Version, die eingangs vorgestellt wurde. Hierbei handelt es sich vor allem um das Konzept der Demütigung von *Margalit*. Demütigung verweist nämlich auf „alle Verhaltensformen und Verhältnisse, die einer Person einen rationalen Grund geben, in ihrer Selbstachtung verletzt zu sein".[592] Die Selbstachtung hier bedeutet anders als das Selbstwertgefühl oder die soziale Ehre „jene Achtung, die sich ein Mensch allein aufgrund der Tatsache entgegenbringt, daß er ein Mensch ist."[593] Deshalb ist hervorzuheben, dass zwar keine intersubjektive Anerkennung in der Gesellschaft nötig ist, um diese Selbstachtung zu erlangen[594], während aber der normative Anspruch auf deren Schutz wechselseitig anerkannt werden sollte.[595] Dieser normative Anspruch zielt nämlich auf die Demütigung im negativen Sinne und auf die Selbstbestimmung des menschlichen Daseins im positiven Sinne.[596] Darunter ist natürlich nur das Gefühl der Demütigung in der strafrechtlichen Hinsicht von Bedeutung, weil sie aus Handlungen oder Unterlassungen der anderen Menschen gegen das Opfer erfolgt.

Die Verbindung zum Ideal der negativen Freiheit wird noch deutlicher, wenn wir uns genauer ansehen, was das Konzept der Demütigung ist. Demütigung, sagt *Margalit*, ist die Verletzung der Autarkie einer Person, die jenen Zustand bedeutet, wo man bewerten kann, was für einen selbst gut oder schlecht ist.[597] Dieser Zustand erinnert an *Berlins* Darstellung des positiven Freiheitskonzepts. Zugleich behauptet er, dass eine Person mit niedrigem sozialem Status diese Demütigung aufgrund ihres mangelnden sozialen Selbstvertrauens nicht vermeiden kann.[598] Wenn er dies als Unabhängigkeit bezeichnet, lässt sich der Beherrschungszustand im Republikanismus sofort betrachten. Basierend auf der vorliegenden Theorie der Wahrscheinlichkeit der Einmischung kann auch konstruiert werden, dass eine solche Demütigung die kombinierten Optionen von Handlungsmöglichkeiten verringert, die durch die absichtliche Verletzung der

592 *Margalit* (Fn. 585), S. 21.
593 Oben S. 35.
594 Ebenda.
595 *Neumann*, a.a.O., S. 296.
596 Oben S. 293 ff.
597 *Margalit*, a.a.O., S. 34.
598 Oben S. 36.

Selbstachtung des Handelnden entstehen. Die sog. neue Auffassung der Menschenwürde als ein normativer Anspruch zu einer respektvollen Behandlung kann also mit dem neo-römischen Freiheitsgedanken als Nichtbeherrschung gut zusammenhängen. Das republikanische Verständnis der Freiheit scheint insofern der Idee der Menschenwürde einigermaßen zu entsprechen, als dessen Ziel gerade in der Vermeidung von Verletzung der Selbstachtung besteht. Die beiden verfolgen wohl das gleiche Ziel, indem der Unterschied nur in der Art und Weise der theoretischen Begründung liegt. Darüber hinaus lässt sich auch behaupten, dass diese Interessen an der Selbstachtung sich als die oben dargelegten Sicherheitsinteressen erweisen, die so bedeutsam sind, dass sie eine Strafnorm zu rechtfertigen vermögen. Sie sind also als Abwehrinteressen anzusehen, die sich auf die Abwehr von Eingriffen in die persönliche Sphäre richten, die vor allem durch den eigenen Körper, den Bestand der materiellen wie immateriellen Güter als auch die persönliche Freiheit konstituiert wird. Hier wird vorausgesetzt, dass das Vermeiden von Demütigungen als eine der grundlegenden, universellen Interessen zur Verwirklichung der unterschiedlichen Lebensmodelle gesichert wird, damit die Demütigung als Verringerung der individuellen Handlungsmöglichkeiten bezeichnet werden kann.

B. Themen der Hassrede

Nach der personalen Rechtsgutslehre samt ihrer allseitigen Kritik und den neuen Pro-Argumenten in Hinsicht auf das Ideal der negativen Freiheit kann schließlich versucht werden, die Legitimierung der Strafbarkeit von Delikten gegen bloße Gefühle zu erörtern. Hier wird diese Art der Delikte als „Hassrede“ bezeichnet. Zu der Frage, warum nur die Hassrede einer gesonderten Betrachtung bedarf, wurde bereits gesagt, dass es von den Problemfällen, die die Leistungsfähigkeit der personalen Rechtsgutslehre gefährden, nur bei diesem darauf ankommt, ob es sich dabei um eine Art personaler Rechtsgüter an sich handelt, nicht um die Universalrechtsgüter. Hierbei geht es also zunächst um die allgemeine Problematik dieses Sachverhalts, nämlich um die gesetzgeberische Lage zur Hassrede und um den gegenwärtigen Diskussionsstand in Bezug auf die Schwierigkeiten der begrifflichen Definition. Dann werden die gegensätzlichen Positionen zur rechtlichen Regulierung untersucht, sowohl in rechtsphilosophischer Hinsicht als auch auf der verfassungsrechtlichen Ebene mit Bezug auf die Meinungsfreiheit. Anschließend werden strafrechtliche Probleme der Zurechnung analysiert, wobei zunächst die bereits oben dargestellten Denkansätze über den Bestrafungsgrund zusammengefasst werden. Auf dieser theoretischen Basis werden zum Schluss zwei Anwendungsbeispiele diskutiert, und zwar Volksverhetzung gemäß § 130 Abs. 1. Nr. 2 und die sog. Auswitzlüge nach Abs. 3. Es wurde bereits festgestellt, dass bei der Abgrenzung der negativen Freiheit die Bestrafung von Hassreden mit einer Reihe neuer Argumente legitimiert werden kann. In der Tat ist die Debatte über die Rechtfertigung solcher Strafen gegen Hassreden breit und tiefgreifend. Im Folgenden wird daher darauf beschränkt, die Diskussionslage, die sich in erster Linie auf die negativen Freiheiten und das Konzept der personalen Rechtsgüter beziehen, zu skizzieren.

I. Gegensätzliche Denkansätze zur Kriminalisierung

1. Problemstellung

a) Gesetzgeberische Lage in Deutschland

Während zu diesem Thema in den USA eine Fülle von Literatur auffindbar ist, gibt es in Deutschland hierzu bislang nur wenige Untersuchungen.[599] Zwar verändert sich dieses Bild allmählich mit der am 1. August 2015 in Kraft getretenen Neuregelung der Bestimmung über die Strafzumessung (§ 46 StGB). Danach sollen „rassistische, fremdenfeindliche und sonstige menschenverachtende" Motive des Täters strafschärfend berücksichtigt werden.[600] Es wäre aber nach wie vor nicht leicht, eine auf die Hasskriminalität bzw. die Hassrede spezialisierte Abhandlung zu finden. Im Gegensatz zu diesem theoretischen Defizit ist jedoch ein großer Bedarf an einer Regulierung dieses Problembereichs in der Praxis zu beobachten. Bereits seit 2000 haben die Länder verschiedene Änderungen der deutschen Strafgesetze angestrengt. In der Tat haben sie zahlreiche Gesetzesanträge zu einer verbesserten Bekämpfung von Hasstaten vorgelegt.[601] Angesichts der Entwicklung der neuen Kommunikationsmedien via Internet, die es den Täter in den sozialen Netzwerken ermöglicht, die Wut auf alles und jeden ungebremst und unbedacht in Worte zu fassen und danach ungezügelt zu transportieren, wird die Bekämpfung dieses Phänomens nachdrücklich gefordert. Dementsprechend hat der Bundestag ein Gesetz zur Rechtsdurchsetzung in sozialen Netzwerken erlassen, das am 1. Oktober 2017 in Kraft trat: „Das sog. Netzwerkdurchsetzungsgesetz (NetzDG) verpflichtet die Betreiber

599 Das lässt sich exemplarisch anhand des Literaturhinweises im NK-StGB/K. Schumann, 6. Aufl. 2023 belegen. Neben Anmerkungen zu Rechtsprechung sind einige Untersuchungen über das Thema der Volksverletzung vorhanden.

600 *Stoltenberg*, ZRP 45 (2012), S. 119; *Timm*, JR 4 (2014), S. 141.

601 Ausführlich zu den Anträgen *Krupna*, Das Konzept der „Hate Crimes" in Deutschland (2010), S. 59 ff.

gewinnorientierter sozialer Netzwerke dazu, ‚offensichtlich strafbare Inhalte' binnen 24 Stunden nach Eingang einer Beschwerde zu löschen. Bei Nichtbeachtung dieser Vorgabe drohen den Unternehmen Bußgelder von bis zu 50 Millionen Euro."[602] So zeigt der Blick auf die gegenwärtige Lage, dass dieses Thema nun auch in Deutschland als hoch aktuell angesehen wird.

b) Definition von „hate speech"

Bei der Such nach der Definition der Hassrede fällt auf, dass dieser Begriff selbst in den strafrechtlichen Gesetzen Deutschlands kaum auftaucht. Es zeigt sich nur, dass das deutsche Strafgesetzbuch zumindest die Terminologie „Hass" als eine Tatbestandsvoraussetzung des Volkverhetzungsparagraphen gemäß § 130 Abs. 1 Nr. 1 Alt. StGB kennt.[603] Allerdings ist nicht zu verkennen, dass dieser Begriff aus den USA – englisch *„hate speech"* – übernommen wurde.[604] Anzumerken sei auch, dass die Bezeichnung *hate speech* in den Vereinigten Staaten in juristischen, politischen und soziologischen Diskursen umfangreich verwendet wird. So verwundert es nicht, dass sich keine allgemeine begriffliche Definition in der Strafrechtswissenschaft finden lässt.

Analog zur Hasskriminalität wird hier unter „Hassrede" Folgendes verstanden: Hassrede bezeichnet sprachliche Ausdrucksweisen von Hass mit dem Ziel der Herabsetzung und Verunglimpfung bestimmter Personen oder Personengruppen. Dabei zeichnet sich die Straftat der Hassrede vor allem durch zwei Elemente aus: Zum einen richtet sie sich gegen gruppenspezifische Merkmale, wobei als Angriffsobjekt fünf Gruppen in Frage kommen, nämlich Rasse, Religion, Behinderung, sexuelle Orientierung und Volkszugehörigkeit. Zum zweiten spielt das Vorurteil bei der Tätermotivation eine wesentliche Rolle. Hier wird es als Element der Straftat angesehen, das sowohl in der Identifizierung

602 Am NetzDG sind kritisiert worden: die Nichtvorgabe zur Gestaltung des Meldewesens und die mangelnde Pflicht zur Nennung der Entscheidungsgrundlage. Siehe dazu *Gruggenbereger*, ZRP 98 (2017), S. 98 ff.; *Heldt*, Gegen Hassrede braucht es mehr als Strafrecht – Zur Novellierung des NetzDG, JuWissBlog Nr. 31 (2020).

603 Daher ist diese Vorschrift als „klassisches Hassdelikt" bezeichnet worden. Siehe dazu *Krupna* (Fn. 601), S. 107.

604 Hate Crime Data Collection Guidelines (1999), S. 2; Die das *U.S. Department of Justice* erstellt hat, werden Hate Crimes als „kriminelle Straftaten" definiert, „die sich gegen Personen oder Sachen richten und die der Täter vollständig oder teilweise aufgrund von Vorurteilen gegenüber der Rasse, Religion, Behinderung, Volkszugehörigkeit oder sexueller Orientierung verübt."

der betreffenden Gruppe als auch für den Grund des Hasses dienlich ist.[605] Der Wunsch zur effektiven Bekämpfung der Hassrede ist deswegen verständlich, weil die Äußerungen, die zu Hass auf bestimmte Personengruppen aufrufen, die Betroffenen in Angst und Schrecken versetzen und sie damit in der Ausübung der ihnen zustehenden Grund- und Menschenrechte einschränken. Für den Fall der Demütigung wurde bereits dargelegt, dass es dabei um die erhebliche Beeinträchtigung der Interessen an Handlungen, die mit der Selbstachtung verbunden sind, geht. Daneben bildet sie aber auch den Nährboden für physische Übergriffe und Einschüchterungsaktionen gegen die Angegriffenen. Die Frage ist nun, wie die strafrechtliche Regulierung geschehen soll. Dabei soll einerseits die diffizile Abgrenzung zwischen freier Meinungsäußerung und unerlaubter Hassrede und andererseits die weitgehende Verwirklichung des liberalen Ideals der negativen Freiheit im Sinne der Garantie von mehr Redefreiheit berücksichtigt werden.

2. *Legitimierungsversuche in rechtsphilosophischer Hinsicht*

a) *Als personales Rechtsgut*

Ausgangspunkt ist, dass das Prinzip des personalen Rechtsgüterschutzes nicht ganz dazu taugt, eine passende Antwort auf den Bestrafungsgrund von Gefühlsdelikten wie Hassrede zu geben. Hier bietet der Diskurs von *Feinberg* eine theoretische Hilfestellung, wobei zu erwähnen ist, dass die dortige Rechtssprache keinen Rechtsbegriff, der mit dem des Rechtsguts synonym ist, kennt und darum auf eine Mehrzahl von herausgebildeten Prinzipen angewiesen ist, die als Legitimationsraster des Strafrechts dient. Dieses Rasters knüpft daran an, dass sich die Handlungen nur dann als strafwürdig qualifizieren, wenn sie mit einem Unwert belegt sind, der entweder auf die Handlung oder auf deren Folgen bezogen ist. In dieses Raster fügen sich eine Reihe von Prinzipien ein, wobei im vorliegenden Zusammenhang das Schädigungsprinzip und das Belästigungsprinzip, wie erwähnt, von besonderer Bedeutung sind.[606] Neben diesen beiden Prinzipien, bei den es darum geht, negative Handlungsfolgen bei anderen Personen zu verhindern, hat *Feinberg* auch auf den Paternalismus, der nur auf Vermeidung der Interessenverletzung des Handelnden selbst abzielt, und auf den Rechtsmoralismus, der sich mit als unmoralisch bewerteten Handlungen ohne irgendeine Interessenverletzung als Folge beschäftigt, in Bezug genommen. Wird vor allem die letztgenannte Form des Rechtsmoralismus angenommen, kann ein

605 Siehe dazu *Krupna* (Fn. 601), S. 20 ff.
606 *Seher* (Fn. 240), S. 45 f.

strafrechtliches Verbot von Hassreden zwar leicht legitimiert werden, dies wäre aber eine erhebliche Abweichung vom Ideal der negativen Freiheit, das hier stets verteidigt wird.

Hier wurden daher einige grobe theoretische Möglichkeiten vorgeschlagen, die Grenzen der negativen Freiheit zu verändern, um solche Hassreden zu bestrafen und gleichzeitig dem Ideal der negativen Freiheit treu zu bleiben. Die Hassreden könnten zunächst in begrenztem Umfang durch das andere Freiheitsbeschränkungsprinzip legitim bestraft werden, das im Namen des Belästigungsprinzips das Prinzip der Schädigung ergänzt. Alternativ könnte der Begriff der lebenswichtigen Interessen an der Verfolgung der eigenen Ziele, die nicht durch andere verletzt werden sollte, als Sicherheitsinteresse rekonzeptualisiert werden. Oder könnte der Begriff der Menschenwürde als Recht auf Vermeidung von Beeinträchtigungen durch Demütigung dargestellt werden, um zu argumentieren, dass die zukünftigen Handlungsmöglichkeiten des Opfers durch den Angriff einer solchen Hassrede erheblich reduziert werden.

b) Debatte zwischen Dworkin *und* Waldron

Eine Hassrederegulierung bleibt in akademischen Kreisen immer noch umstritten, auch wenn in europäischen Ländern das Gesetz über Hassreden weit verbreitet ist und die rechtliche Implementierung vom internationalen Menschenrechtsgesetz stark herausgefordert wird.[607] Angesichts der Bedeutung der Meinungsfreiheit in einer liberal-demokratischen Gesellschaft[608] ist das theoretische Argument jedoch immer noch relevant. In dieser Hinsicht erscheint es sinnvoll, die Auseinandersetzung zwischen *Dworkin* und *Waldron* zu untersuchen. Um sie kurz zusammenzufassen: Während sich *Dworkin* im Rahmen seiner politischen Philosophie gegen die Regulierung von Hassreden ausspricht, votiert *Waldron* für die Regulierung von Hassreden.[609] *Dworkin* und *Waldron*

607 Als Beispiel für einen Versuch, Meinungsunterschiede in der Regulierung zum Hass im Hinblick auf die Differenz der historischen, politischen und kulturellen Hintergründe zu erklären; *Rosenfeld*, in: *Herz/Molnar* (Hrsg.), The Content and Context of Hate Speech, 2012, S. 259 f.

608 Es ist anerkannt, dass die Meinungsfreiheit nach der US-Verfassung nicht nur das beliebteste Grundrecht, sondern auch kulturell ein Symbol darstellt. Unter diesem Gesichtspunkt wäre es nicht verwunderlich, wenn Amerika die Regulierung von Hassrede hartnäckig ablehnt.

609 Siehe dazu *Dworkin*, foreword, in: *Hare/Weinstein* (Hrsg.), Extreme speech and democracy (2020); *ders.*, Reply to Jeremy Waldron, in: Herz/Molnár (Hrsg.), The content

befinden sich insofern in einer liberalen Position, als ihre Argumentationen auf die Würde des Einzelnen Bezug nehmen und danach hinsichtlich der Meinungsfreiheit eine bestimmte Schlussfolgerung über die Gültigkeit der Regulierung der Hassrede ziehen. Sie vertreten aber unterschiedliche Ansichten zum Verständnis der Menschenwürde sowie zum Konzept der Hassrede, was sich auch in den Meinungsverschiedenheiten über die Rechtfertigung der Regulierung von Hassreden widerspiegelt.

Für *Dworkin* impliziert der Begriff der Menschenwürde, dass alle Menschen gleich sind.[610] Aus diesem moralischen Grundsatz sind verschiedene politische Rechte der Gleichberechtigung und des Respekts abgeleitet. Ihm zufolge besteht der Grundsatz der Menschenwürde in zwei Prinzipien, nämlich dem „Prinzip der gleichen Bedeutung" und dem „Prinzip der besonderen Verantwortung", wobei hervorzuheben ist, dass sie sich beide aus demselben ethischen Individualismus erschließen. Aus der Idee der Gleichheit ergibt sich die Pflicht der Regierung, das Leben der Bürger gleich zu berücksichtigen. Dies bedeutet aber auch, dass das Individuum selbst in Bezug auf sein Leben eine besondere und endgültige Verantwortung für den Erfolg trägt. Darum sollten weder der Staat noch andere dem Einzelnen ethische Ansichten aufzwingen, woraus das Recht auf die freie Meinungsäußerung folgt.[611] Für das Verständnis von *Dworkin* sind also Hassreden nicht viel mehr als alle anderen Ausdrücke. Dadurch wird lediglich die Ungleichheit der Minderheiten ausgedrückt. Zwar glaubt er, dass die Regulierung alle Äußerungen verbieten sollte, die Minderheiten ungleich behandeln oder beleidigen. Diese Maßnahme kann demokratisch rechtfertigt werden, denn solche Handlungen verstoßen gegen die Rechte auf Gleichberechtigung und Respekt. Aber da dies zum Bereich des Prinzips der besonderen Verantwortung gehört, beeinträchtigt der staatliche Eingriff in diese Handlungen gerade die Meinungsfreiheit, die aus dem Prinzip der Menschenwürde hervorgeht.[612]

Während *Dworkin* unter dem Begriff der Menschenwürde ein abstraktes Recht versteht, versucht *Waldron*, diesen Begriff zu materialisieren. In dieser Weise fasst er ihn als einen sozialen Status auf, den jeder im sozialen Leben innehat.

---

and context of hate speech, Rethinking regulation and responses (2012), S. 346 ff.; *Waldron*, Hate Speech an political legitimacy, in: Herz/Molnár (Hrsg.), S. 329 ff.

610 *Dworkin* (Fn. 406), S. 205 f.

611 *Dworkin*, Sovereign Virtue (2000), S. 5 f. Später wurde diese Auffassung von zwei Prinzipien der Gerechtigkeit durch das Prinzip der Selbstachtung (*self-respect*) und das der Authentizität (*authenticity*) modifiziert. Siehe dazu *ders.*, Is Democracy possible here? (2008).

612 Dworkin, foreword (Fn. 609), S. vii.

Die Menschenwürde dient, wie bei *Margalit*, als ein normativer Anspruch, die dem jeweiligen Status angemessene Behandlung sowie Respekt zu verlangen.[613] Um diesen Anspruch zu erfüllen, benötigt die Idee der Menschenwürde ein bestimmtes Medium, an dem sich erkennen lässt, wie sie sich durchsetzt. Hier präsentiert *Waldron* das Konzept des Vertrauens (*assurance*), das zur Wahrung der Würde erforderlich ist. Dies bildet einen wichtigen Wert, der ein öffentliches Gut ausmacht. Anders gesagt: Die Menschenwürde soll allen Bürgern ein allgemeines Vertrauen darauf vermitteln, dass sie als gleicher Mensch behandelt und respektiert werden und darum Schutz vor Angriffen Fremder verdienen.[614] Auf dieser Grundlage versucht *Waldron*, das Konzept der Hassrede auszuarbeiten, wobei die gegenseitigen Beziehungen zwischen der der Hassrede ausgesetzten Zielgruppe und ihren Angreifern beachtet werden. Nun sieht er die Hassrede als eine Art der gruppenspezifischen Verleumdung, die sich besonders gegen dasjenige Vertrauen richtet, auf das sich vor allem Gruppenangehörige schutzbedürftiger Minderheiten für ein normales soziales Leben verlassen.[615] Da sie das Vertrauen als öffentliches Gut und damit auch die Menschenwürde verletzt, stellt sie einen „sozialen Schaden" dar, der verboten werden soll.[616] So betrachtet, ist Hassrede also keine Frage der Gefühle oder der Einstellung des Schauspielers, sondern das grundlegende Problem des Vertrauens in die gesamte Gesellschaft, das der Staat bewältigen soll, um die Würde des Einzelnen als Status zu bewahren. Es wurde jedoch wiederholt gezeigt, dass dieser Status kein strafrechtlich zu schützendes Rechtsgut darstellt, es sei denn, er wird in eine Frage der Wahrscheinlichkeit der Einmischung umgewandelt.

3. *Verfassungsrechtliche Diskussion mit Meinungsfreiheit*

a) *Pro- und Kontraargumente zur staatlichen Regulierung*

Die Meinungsfreiheit bildet ein Kernstück des klassischen Liberalismus seit *Mill*, denn jeder verwirklicht sich über Kommunikation erst zu einem unverwechselbaren Individuum. Diesen Gedanken hat der moderne Rechtsstaat aufgenommen, so dass die einschlägigen Kommunikationsfreiheiten durch Grundrechte im Sinne des Freirechts des Einzelnen weitgehend geschützt werden.[617] Vielleicht

613 Waldron (Fn. 609), S. 59 ff.

614 Oben S. 38.

615 Oben S. 5.

616 Oben S. 45, S. 329 ff.

617 *Herzog*, in: Dürig/Herzog/Scholz, Grundgesetz-Kommentar, 99. Aufl., 2022, Art. 5, S. 6a.

reichen der liberale Instinkt und der Geist der Toleranz im Regelfall aus, um leichte kritische Äußerungen anderer Personen zu ertragen. Diese Lage verändert sich aber rasch, sobald es um radikale Kritik geht, die in aggressiver Form ausgedrückt wird. Dann steht der liberale Härtetest bevor, ob Toleranz und Duldung auch gegenüber Äußerungen gelten sollten, bei denen es sich um umstrittene und anstößige Minderheitsansichten handelt, die die Mehrheit empörend findet.

Die Argumente für und gegen einen Vorrang der freien Rede gegenüber konkurrierenden Werten lassen sich in zwei Gruppen einteilen.[618] Einerseits wird auf den Sprecher und dessen Autonomie im weitesten Sinn abgehoben, während andererseits die Folgen der Äußerung in den Mittelpunkt gestellt werden. Grob gesagt sind Autonomieargumente eher individualistisch ausgerichtet und indizieren Argumente für einen Vorrang der Redefreiheit: Gegenargument gegen den staatlichen Eingriff. Hier wird hervorgehoben, dass die Würde des Menschen und seine Persönlichkeit in seiner moralischen Ansprechbarkeit für den demokratischen Staat unentbehrlich sind. Daher stelle die Freiheit der Rede primär ein auf das Individuum bezogenes Recht dar, das unbedingt beachtet werden sollte.

Demgegenüber tendiert das Folgenargument, das mehr Rücksicht auf aggressive Rede mit ihren Wirkungen auf die Opfer nimmt, eher zu einer Beschränkung von aggressiver Rede: Proargument für den staatlichen Eingriff. Dabei gewinnt der Gemeinschaftsbezug des Menschen in seiner Kommunikation an Bedeutung und darum wird vor einer Übertreibung der Meinungsfreiheit gewarnt. Wenn der Staat Hassreden beschneidet, dann verletzt er folglich nicht die Freiheit der Redner, sondern er sichert freiheitliche Entfaltung und die Anerkennung der Angegriffenen als Gleiche.[619]

b) Verfassungsrechtliche Grundlage

Dabei fällt auf, dass sich beide Argumentationen auf die gleiche verfassungsrechtliche Grundlage stützen. Hier zeigt sich auch, dass die letztliche Entscheidung zum strafrechtlichen Eingriff gerade vom unterschiedlichen Verständnis der staatlichen Aufgabe abhängt. So wird einerseits behauptet, dass sich der Staat lediglich um die Sicherung des Friedens im Sinne der Gewährleistung der körperlichen Unversehrtheit seiner Bürger kümmern und darüber hinaus in einem weiten Bereich vertretbarer Wertungen neutral sein sollte. Andererseits sollte

---

618 *Brugger*, Der Staat 42 (2003), S. 81 ff.; *ders.*, AöR 128 (2003), S. 384 ff.
619 *Brugger*, Der Staat 42 (2003), S. 91.

die Aufgabe des Staates über das sichere Zusammenleben hinaus auch auf elementare Bestandteile der Gesellschaft wie zivilen Umgang miteinander, Gleichberechtigung und freie Entfaltungsmöglichkeiten Rücksicht nehmen, wenn es um Diffamierungen und Unterdrückungsverhältnisse gegenüber Minderheiten geht. Die Frage lautet nun, wie die konkrete Abwägung bezüglich des Art. 5 GG aussehen soll.

Anders als das Gegenargument in Amerika, wo die liberale Position des hohen Stellenwerts der Meinungsfreiheit im ersten Artikel der Bill of Right zurückzuführen ist und die Meinungsfreiheit ein in fast allen Fällen „vorrangiges" Recht darstellt,[620] neigt das Modell in Deutschland eher zum Proargument, das auch gesetzlich verankert ist: Deutschland sieht in der Hassrede eher Hass als Rede und lehnt einen generellen Vorrang der Rede vor dem Schutz der Würde, Ehre, Gleichheit, Zivilität und des öffentlichen Friedens ab.[621] Konkret: Art. 5 GG schreibt die Meinungsfreiheit als Grundrecht in Abs. 1 fest und legt dann in Abs. 2 seine legislativen Einschränkungen vor, an die besondere Anforderungen wie das allgemeine Gesetz und Gesetze zum Schutz der Jugend und der persönlichen Ehre gestellt werden. Im vorliegenden Zusammenhang sind Gesetze zum Schutz der persönlichen Ehre als spezielle Schranke (§ 185 StGB der Beleidigung) und die Volksverhetzung (§ 130 StGB) als allgemeine Strafbestimmung von Bedeutung.

Dogmatisch lässt sich der Aufbau der einschlägigen Normen wie folgt strukturiert: Hier werden Verfassungsnormen als Richtlinie konzipiert, die ein Gegengewicht zur Meinungsfreiheit bilden und konkurrierende Interessen schützen. Im Vordergrund steht der Schutz der Menschenwürde, der als Achtungsanspruch jedem Menschen gleichermaßen zukommt und dessen Schutz auf Art. 1 Abs. 1 GG zurückgeht. Wenn dieser elementare Anspruch durch verbale Attacken, etwa in Form von Behauptungen minderwertiger Eigenschaften oder rassistischer Unterlegenheit, beeinträchtigt wird, dann kommt als Tatbestand Volksverhetzung (§ 130 StGB) in Frage. In diesem Fall findet keine Abwägung zwischen der Meinungsfreiheit und der Menschenwürde statt, weil letztere als ein höchster Wert keine Abwägung zulässt. Hingegen wird auch der Ehrenschutz wichtig, der aus dem Recht auf Persönlichkeitsentfaltung (Art. 2 Abs. 1 GG) abgeleitet wird. Dabei steht ein sozialer Achtungsanspruch im Mittelpunkt, indem es um die Beachtung der sozialen Rollen und der Stellung durch entsprechende Kommunikationsformen geht. Wenn abwertende Urteile ausgesprochen

---

620 Oben S. 80.

621 *Brugger*, AöR 128 (2003), S. 384.

oder Charaktermängel vorgeworfen werden, kann diese Tat als Beleidigung (§ 185 StGB) bestraft werden.[622]

In Hinblick auf die konkrete Abwägung in der gerichtlichen Praxis fallen die vom Bundesverfassungsgericht entwickelten „fallgruppenbezogenen Regeln" auf. Danach erhält die Meinungsfreiheit nicht immer den Vorrang vor dem Persönlichkeitsschutz. Vielmehr wird bei Meinungsäußerungen, die als Formalbeleidigung oder Schmähung anzusehen sind, der Persönlichkeitsschutz regelmäßig vor der Meinungsfreiheit bevorzugt. Bei Meinungsäußerungen, die sich aber auf Tatsachenbehauptungen beziehen, hängt die Schutzwürdigkeit der Rede vom Wahrheitsgehalt der ihnen zugrunde gelegten tatsächlichen Annahme ab. Im Übrigen kommt es darauf an, welches Rechtsgut im Einzelfall den Vorzug verdient.[623] Zusammengefasst kann festgehalten werden, dass die Hassrede in Deutschland – anders als in den Vereinigten Staaten, wo aggressive Rede in großem Maße erlaubt wird – vielfach strafrechtlich belangt werden soll. Insofern lassen sich auf der abstrakten wie der konkreten Ebene der Abwägung deutliche Gegengewichte zu einer Verabsolutierung von Meinungsfreiheit feststellen. Vor diesem Hintergrund der allgemeinen gesetzgeberischen Lage wird nun überblickshaft auf die Problematik des einzelnen Tatbestandes von Volksverhetzung eingegangen.

II. Überblick zur Volksverhetzung nach § 130 StGB

1. § 130 Abs. 1. Nr. 2 StGB (Volksverhetzung)

a) Gesetzgebungshintergrund

Bei der früheren Fassung von § 130 StGB ging es darum, die Anreizung zum Klassenkampf zu kriminalisieren, die für den öffentlichen Frieden gefährlich war.[624] Seit 1950 aber, als sich zahlreiche antisemitische Vorfälle ereigneten, wurden viele Gesetzgebungsinitiativen für strafrechtliche Normen zum Schutz dieser Gruppen ergriffen, denen jedoch kein Erfolg beschieden war. Dieser Misserfolg ging vor allem auf den Numerus clausus im Gesetzesentwurf zurück, nach

---

622 *Kingreen/Poschner*, Grundrechte. Staatsrecht II, 38. Aufl., 2022, § 13 Rn. 761 ff.

623 BverfGE 90, 241 ff.

624 § 130 StGB, ursprünglich als „Klassenkampfparagraph" („Klassenverhetzung") bezeichnet, lautete in der Urfassung des RStGB von 1871: „Wer in einer den öffentlichen Frieden gefährdenden Weise verschiedene Klassen der Bevölkerung zu Gewalttätigkeiten gegeneinander öffentlich anreizt, wird mit Geldstrafe bis zu zweihundert Thalern oder mit Gefängnis bis zu zwei Jahren bestraft."

dem nur bestimmte Gruppe als schutzwürdig genannt wurde. Auch wenn solche antisemitische Affären das eigentliche Motiv für die Gesetzgebung bildeten, erhoben sich starke Bedenken gegen eine auf eine bestimmte Gruppe abzielende Norm, denn diese Sonderstellung der jüdischer Bevölkerungsgruppe könnte letztlich eine diskriminierende Wirkung gegen andere Minoritätsgruppen zur Folge haben.[625]

Eine weitere antisemitische Welle 1959/1960 regte neuerliche gesetzgeberische Aktivitäten an, durch die 1960 § 130 StGB verabschiedet wurde. Dabei wurde im Rückgriff auf den Vorschlag des SPD-Abgeordneten *Arndt* der Numerus clausus aufgegeben und dafür die Klausel vom Menschenwürdeangriff eingefügt.[626] Damit wurde zweierlei erreicht: Einerseits konnte mit dem Verzicht auf den Gruppen-Numerus-clausus klargestellt werden, dass es sich nicht um einen strafrechtlichen Sonderschutz für jüdische Bevölkerung handelte. Der Anwendungsbereich dieser Vorschrift wurde also auf alle schutzbedürftigen Gruppen erstreckt. Andererseits dient auch die Menschenwürdeangriffsklausel dazu, den aus dieser Gruppenausweitung folgenden großen Schutzbereich einzugrenzen.[627] 1994 veranlasste aber das Aufsehen um das *Deckert*-Urteil[628] den Gesetzgeber dazu, mittels des Verbrechensbekämpfungsgesetzes die als sog. „Auschwitzlüge" bezeichneten Taten in Abs. 3 dieser Vorschrift unter Strafe zu stellen. Mit diesem Gesetz zur Änderung des Versammlungsgesetzes erhielt das Volksverhetzungsverbot 2005 einen vierten Absatz, der das Billigen, Verherrlichen und Rechtfertigen der nationalsozialistischen Herrschaft sanktioniert. Mit diesen vier Absätzen scheint diese Vorschrift vervollständigt zu sein.

b) Zum Rechtsgut

In Bezug auf das Rechtsgut von § 130 Abs. 1. Nr. 2 behauptet ein Teil der deutschen Strafrechtswissenschaft immer noch, dass es bei diesem Delikt ausschließlich um den Schutz des Rechtsguts des öffentlichen Friedens geht.[629] Nach der herrschenden Meinung soll aber der öffentliche Friede wie die Menschenwürde

---

625 Dazu vor allem *Streng*, FS *Lackner* (1987), S. 502 ff.; *Hörnle* (Fn. 171), S. 285 f.

626 Vgl. Stenographisches Protokoll des Rechtsausschusses, Deutscher Bundestag III/ Nr. 69, S. 7; in: *Schafheutle*, JZ 1960, S. 471 f.

627 *Streng* (Fn. 625), S. 504 ff.; *Hörnle* (Fn. 171), S. 285.

628 Ausführlich dazu unten V 1.

629 Schönke/Schröder/*Sternberg-Lieben/Schittenhelm*, 30. Aufl., StGB § 130 Rn. 1a; *Wehinger*, Kollektivbeleidigung-Volksverhetzung (1994), S. 95; OLG München, NJW 1985, 2430.

gleichberechtigt sein.[630] Dabei lässt sich auch heftige Kritik an einem Rechtsgut „öffentlicher Friede" feststellen.[631] Der „öffentliche Friede" ist deswegen ein problematisches Rechtsgut, weil ihm kein einheitliches Verständnis zugrunde liegt. Bei näherem Zusehen ist die übliche Definition von „öffentlichem Friede" als Kombination aus allgemeiner Rechtssicherheit – objektiver Komponente – und dem Vertrauen in die allgemeine Sicherheit – subjektiver Komponente – zu verstehen.[632] Jedoch lässt sich aus der objektiven Komponente vom „Zustand der Rechtssicherheit" keine eigenständige Begründung ableiten, denn jede Straftat stellt per Definition im Grunde einen Verstoß gegen die öffentliche Sicherheit dar. Eine Rechtsgutsdefinition, die ihr Schutzgut schlicht im Unterbleiben von Straftaten sieht, hat keinen eigenständigen Bedeutungsgehalt. Genauso problematisch ist auch die subjektive Dimension, nämlich das Vertrauen in die allgemeine Sicherheit. Wenn dieses als ein sozialpsychologischer Zustand verstanden wird, besteht das Hauptproblem darin, dass er empirisch kaum bestimmbar ist. Hier stellt sich das Vertrauen als ein pseudosoziologischer Begriff heraus, der nun als eine Leerformel fungiert.[633]

Dagegen kann auf die soziale Umgebung abgestellt und „gestörter öffentlicher Friede" als Klimaveränderung umschrieben werden. Anders formuliert: Ein psychisches Klima wird geschaffen, wenn ein potenzieller Täter zu Straftaten aufgehetzt wird. Wenn ein Rechtsgut „öffentlicher Friede" in dieser Weise als Klimaschutz begriffen wird, bleibt noch unklar, welche individuellen Güter tatsächlich gefährdet werden. Vorliegend interessiert aber nicht das Klima als solches, sondern die dadurch entstehende Gefahr für die später bewirkten Straftaten, weil diese den Kern des zu verhindernden Übels bildet. Diese Frage des notwendigen Zusammenhangs von Handlung und Gefährdung wird aber dadurch umgangen, dass man sich auf ein kollektives Rechtsgut „öffentlicher Friede" zurückzieht, was, wie erwähnt, kein konkretes Kriterium für die Strafbarkeit darstellen kann. Üblicherweise wird die klimaschützende Vorschrift als eine flankierende Norm verstanden, weil sie durch die allgemeinen Normen zum Schutz der individuellen Güter unterstützt wird. Das entscheidende

---

630 Lackner/Kühl/Heger/*Heger,* 30. Aufl., StGB § 130 Rn. 1; *Fischer*, Strafgesetzbuch, 70. Aufl. 2023, § 130 Rn. 2 ff.

631 *Fischer*, Öffentlicher Friede und Gedankenäußerung, 1986; *Streng* (Fn. 625), S. 509 f.; *Stratenwerth* (Fn. 117), S. 386.

632 Lackner/Kühl/Heger/*Heger,* 30. Aufl., StGB § 126 Rn. 1; *Fischer*, StGB § 126 Rn. 2. Wie *Binding* kritisiert auch *Fischer* die Kombination beider Komponenten, weil sie sich nicht decken und daher kein einheitliches Rechtsgut entsteht.

633 Siehe dazu *Amelung* (Fn. 8), S. 171 ff.; *Hörnle* (Fn. 171), S. 102 ff.

Legitimationsproblem dieser Normen liegt aber darin, keine präzise Antwort darauf zu geben, wie weit der Strafbarkeitsbereich nach vorne verlagert werden darf. Mit der Formel des aufgehetzten Klimas wird also die eigentliche Frage des Unrechts eher komplizierter.[634]

Wenn sich der öffentliche Friede somit als kein echtes Rechtsgut erweist, bleibt nur die dritte Meinung übrig, in der die Menschenwürde für § 130 Abs. 1 Nr. 2 als ein eigentliches Rechtsgut angesehen wird.[635] Daran kann sich das oben ausgeführte Argument der Demütigung anschließen, um im Rahmen der negativen Freiheit den Begriff der Menschenwürde erneut zu konstruieren. Der Blick auf die Gesetzgebungsgeschichte macht auch deutlich, dass die Menschenwürde als das durch diese Vorschrift unmittelbar geschützte Rechtsgut angesehen werden muss. Dass der öffentliche Friede hier das nur mittelbar geschützte Rechtsgut darstellt, lässt sich auch dadurch erklären, dass die Angriffe gegen wichtige Individualrechtsgüter wie Leben und Eigentum immer auch eine Gefährdung des öffentlichen Friedens mit sich bringen. Eigentlich ist aber der öffentliche Friede kein eigenständiges Rechtsgut, sondern gibt nur eine Umschreibung für die Vorverlagerung des Schutzes von anderen Rechtsgütern, also letztlich für polizeiliche Zwecke.[636]

c) *Tatbestandsmerkmale*

Der Blick auf § 130 Abs. 1 zeigt zwei wichtige Tatbestandsmerkmale, nämlich Angriff auf die Menschenwürde und Eignung zur Friedensstörung. Wie die herrschende Ansicht soll das Verhältnis der beiden dahingehend ausgelegt werden, dass die Menschenwürdeklausel die Anwendung von § 130 auf solche massiven Angriffe beschränkt, die gerade die Gruppenangehörigen im Kernbereich der Persönlichkeit betreffen. Der Kern der Menschenwürdeklausel besteht also in der Verletzung der Menschenwürde der Personen. Hier geht es um die Grundachtung, die jedem unabhängig von der persönlichen Bibliografie zusteht. Daneben muss es vonseiten des Täters primär um gezielte Diffamierung gehen. Der Hauptzweck seiner Tat besteht darin, die Minderwertigkeit des Bevölkerungsteils und die Notwendigkeit ihrer Ausgrenzung zu behaupten. In Bezug auf die Abgrenzung einer einfachen Diskriminierung von einem Angriff auf die Menschenwürde soll gesagt werden, dass es nicht genügt, wenn den Angegriffenen

---

634 NK-StGB/*Eschelbach*, 6. Aufl., StGB § 126 Rn. 32.

635 Ebenso *Streng* (Fn. 625), S. 506 f.; *Hörnle* (Fn. 171), S. 286 ff.; NK-StGB/*Ostendorf/Kuhli*, 6. Aufl., StGB § 130 Rn. 4.

636 Siehe dazu *Streng*, a.a.O., S. 510.

die Behandlung als gleichwertige Persönlichkeit verweigert wird. Vielmehr muss ihr Lebensrecht als gleichwertige Persönlichkeit abgelehnt werden.[637] Wie oben dargestellt steht die Menschenwürdeverletzung in engem Zusammenhang mit dieser schweren Demütigung.

Der Angriff auf die Menschenwürde zielt auf eine bestimmte Gruppe ab, der die Opfer angehören. Wer eine Einzelperson in ihrer Menschenwürde angreift, wird nur nach § 185 StGB (Beleidigung) bestraft. Der Unterschied im Mindeststrafmaß, das in § 130 Abs. 1 StGB bei drei Monaten Freiheitsstrafe liegt, während § 185 StGB nur Geldstrafe vorsieht, basiert also auf dem Unterschied des Angriffsobjektes. Die Differenz des Strafrahmens lässt sich damit erklären, dass es bei § 130 StGB neben dem Angriff auf die einzelne Person zusätzlich die Gefährdung des gesamten Personenkreises hinzukommt. Sie trägt also der Tatsache Rechnung, dass aggressive Äußerungen gegen Minderheiten auch andere vorhersehbare Gefahren mit sich bringen. In der Tat wirken sich drastische Beschimpfungen unausweichlich auf andere aus, woraus sich gruppenpsychologische Effekte ergeben könnten, die Tätlichkeiten gegenüber dem Opfer veranlassen könnten. In dieser Hinsicht nimmt § 130 Abs. 1 Nr. 2 StGB eine „Zwitterstellung" ein:[638] Im Angriff auf die Menschenwürde geht es um ein Verletzungsdelikt, gleichzeitig kommt das Moment der Gefährdung ins Spiel. In dem Sinne hier zielt eine Straflegitimierung auf die Grundlage der Wahrscheinlichkeit der Einmischung ab.

Die Schwierigkeit einer Abgrenzung von Menschenwürde gegenüber Ehre bestätigt sich auch bei den zahlreichen gerichtlichen Entscheidungen. In einem Fall, bei dem auf einem Wahlplakat das Wort „Jude" vorkam, hat der Bundesgerichtshof ein Urteil auf Verletzung der Menschenwürde gefällt.[639] Auch ähnliche Rechtsprechungen sind nicht abzuweisen. Dagegen finden sich aber Entscheidungen, die bei den nicht antisemitisch, aber rassistisch motivierten Äußerungen relativ strengere Maßstäbe für die Menschenwürdeverletzung angelegt haben. So hat das Oberlandesgericht Frankfurt es abgelehnt, einen Gastwirt wegen Volksverhetzung zu bestrafen, der ein Schild mit der Aufschrift „Türken

---

637 Vgl. Schönke/Schröder/*Sternberg-Lieben/Schittenhelm*, 30. Aufl., StGB § 130 Rn. 5c ff.; *Fischer*, StGB § 130 Rn. 12 ff.; Lackner/Kühl/Heger/*Heger*, 30. Aufl., StGB § 130 Rn. 2.

638 *Hörnle*, a.a.O., S. 288. In Bezug darauf behauptet *Streng* die „Janusköpfigkeit" der Funktion von § 130 StGB, weil es nicht nur um die Menschenwürde des einzelnen Angegriffenen, sondern auch um das Selbstverständnis der Gesamtgesellschaft in Bezug auf ihre Orientierung an der Menschenwürde als oberstem Wert geht. Siehe auch *Streng*, a.a.O., S. 508.

639 BGHSt 21, 371, 372.

dürfen dieses Lokal nicht betreten" angebracht hat.[640] Zum gleichen Ergebnis gelangt ein anderes Urteil des Oberlandesgerichts Frankfurt im Fall des „Asylbetrüger-Pamphlets".[641] Gegen diese beiden Fälle bestehen aber ein großes Bedenken, weil das Unrecht der Volksverhetzung gemäß § 130 StGB deutlich vorliegt. Beim jenem Schildfall steht die Diffamierung einer bestimmten Bevölkerungsgruppe im Vordergrund, womit auch eine gewisse Beschränkung des Sozialrechts schwer zu widerlegen ist. In diesem Fall des Pamphlets zeigt sich deutlich, dass Asylbewerber als minderwertige Wesen behandelt werden, womit der Kern ihrer Persönlichkeit tangiert wird.[642]

Zusammengefasst lässt sich darstellen, dass § 130 Abs. 1 Nr. 2 StGB eigentlich die Menschenwürde schützt, die auch in Art. 1 Abs. 1 GG verankert ist. Durch den Bezug auf die Definition des Angriffs lässt sich der Begriff „Menschenwürde" in drei Elemente ausdifferenzieren, nämlich Kernbereich der Persönlichkeit[643], Einordnung als minderwertiges Wesen und Absprechen des Lebensrechts als gleichwertige Persönlichkeit.[644] Mit dieser Begriffsbestimmung kann die Verletzung der Menschenwürde von der Beleidigung abgegrenzt werden. Festzuhalten bleibt aber, dass kein Angriff der Menschenwürde, sondern nur eine Verletzung der Ehre vorliegt, wenn der von einem Beruf erworbene Achtungsanspruch angegriffen wird. Darüber hinaus wäre die Abgrenzung von Menschenwürde und Ehre deshalb so schwierig, weil eine bestimmte Gruppe unter einer Kollektivbezeichnung beleidigt werden kann. Da aber diese Kollektivbeleidigung (oder Sammelbeleidigung) nichts anderes als eine Ansammlung von vielen Individualbeleidigungen ist, muss tatsächlich eine Attacke auf die persönliche Ehre eines jeden festgestellt werden. Daher genügt es keineswegs, das Tatobjekt mit einer ungenauen Bezeichnung wie „manche" oder „viele" zu benennen. Sonst liegt keine Sammelbeleidigung vor. Darum muss das Tatobjekt konkretisiert sein: Die angegriffene Gruppe muss von der Allgemeinheit deutlich abgegrenzt sein. Dafür verlangt die Rechtsprechung zum Fall „Soldaten sind

640 OLG Frankfurt, NJW 1985, 1720.

641 In diesem Fall werden mit der Ansprache „Herr Asylbetrüger" zahlreiche negative Züge wie AIDS zu verbreiten, Rauschgifte an deutschen Kindern zu verkaufen, das deutsche Sozialsystem zu Lasten der dummen Deutschen auszunutzen im Flugblatt formuliert. Der Text des Flugblatts ist in NJW 1994, 952 abgedruckt. Zur Rechtsprechung OLG Frankfurt 1995, 143.

642 *Hörnle*, a.a.O., S. 291 ff.; *Streng*, a.a.O., S. 519 ff.

643 Dazu Schönke/Schröder/*Sternberg-Lieben/Schittenhelm*, 30. Aufl., StGB § 130 Rn. 6; Lackner/Kühl/Heger/*Heger*, 30. Aufl., StGB § 130 Rn. 3; *Streng*, a.a.O., S. 511.

644 *Hörnle*, a.a.O., S. 123 ff.

Mörder“ das Kriterium der Überschaubarkeit der angegriffenen Gruppe.[645] In den Vereinigten Staaten wird das Problem der Hassrede einfach mit dem Verbrechen der Kollektivbeleidigung verknüpft und es geht einfach um die Frage, ob die Betroffenen auch dann als beleidigte Gruppe identifiziert werden können, wenn eine Rasse oder ethnische Gruppe herabgewürdigt wird.[646]

2. § 130 Abs. 3 StGB (Auschwitzlüge)

a) Gesetzgebungshintergrund

Bis zur Gesetzesänderung von § 130 StGB wurde die sog. Ausschwitzlüge[647] lediglich als Beleidigung bestraft. Darum ist im März 1994 eine Verurteilung des damaligen NPD-Parteichefs *Deckert* wegen Volksverhetzung gescheitert[648], weil ihre Tatbestände nicht erfüllt waren. Dabei wurde aber zugleich eingeräumt, dass wenigstens die qualifizierte Lüge[649] als Angriff auf die Menschenwürde nach § 130 StGB erfasst werden kann. Diese Entscheidungen haben in der Öffentlichkeit für großen Aufruhr gesorgt. Die Kritik am Versäumnis des Gesetzgebers, die Leugnung des Holocaust unter Strafe zu stellen, war weit verbreitet. Dementsprechend entschied das Bundesverfassungsgericht am 13. April 1994, dass die Leugnung des Holocaust nicht unter das Grundrecht der Meinungsfreiheit nach Art. 5 Abs. 1 GG falle. Die Leugnung des Holocaust ist eine „unwahre Tatsachenbehauptung“, also die Leugnung einer Tatsache, die bereits mehrfach bewiesen wurde, und es wurde entschieden, dass das Recht auf freie Meinungsäußerung an sich nicht gilt.[650] Obwohl das Urteil als Beeinträchtigung der Meinungsfreiheit kritisiert wurde, erweiterte der Bundestag am 1. Dezember 1994 den Straftatbestand der Volksverhetzung zum Hass um die Leugnung des

645 Dazu BverfGE 93, 286 ff.

646 Vgl. *Feinberg* (Fn. 553).

647 Auch wenn diese Bezeichnung den zahlreichen Tatorten in Osteuropa nicht gerecht wird, wird sie weiterhin verwendet. Zu dieser Kritik: *Hörnle*, a.a.O., S. 315.

648 In diesem Fall geht es darum, dass *Deckert* vor dem Publikum in einer Veranstaltung gesagt hat, dass der Holocaust ein Mythos ist, der von „einem parasitären Volk verübt wurde, das eine historische Lüge benutzt, um einen Maulkorb zu schnauben.“ Zwar hat LK Mannheim den Angeklagten wegen der Tateinheit der Volkverhetzung und Beleidigung bestraft, aber dieses Urteil wurde bezüglich der Volksverhetzung vom Bundesgerichtshof aufgehoben. BGHSt 40, 97 ff. zu diesem Urteil NJW 1994, 1421.

649 *Wandres*, Die Strafbarkeit des Ausschwitzleugnens (2000), S. 96 f.

650 BVerfGE 90, 241.

Holocaust (§ 130 Abs. 3 StGB).[651] Allerdings wird dieser Tatbestand bis heute heftig kritisiert.[652]

b) Zum Rechtsgut

Nach der herrschenden Lehre ist das Rechtsgut von § 130 Abs. 3 StGB wieder der öffentliche Friede.[653] Das Bundesgericht hat auch auf den Willen des Gesetzgebers verwiesen, nach dem es darum geht, eine Vergiftung des politischen Klimas zu verhindern.[654] In einer anderen Entscheidung hat das Gericht ebenfalls gefährliche Auswirkungen auf das politische Klima erwähnt, womit die Verhinderung rechtsextremistischer Propaganda gemeint ist. Weiter oben wurde aber bereits ein Rechtsgut „Klimaschutz" umfassend kritisiert. Um das nochmals zusammenzufassen: Mit dem Klimaschutz als kollektivem Rechtsgut wird nicht klargestellt, welches individuelle Rechtsgut beeinträchtigt wird. Daneben bleibt unklar, inwieweit die Vorverlegung des Rechtsgüterschutzes ausreicht. Deshalb geht es nun darum, andere Varianten der Rechtsgutsauffassung zu überprüfen.

In Frage kommt zunächst der Versuch, den Strafgrund im Schutz von Individuen vor einer Gefährdung zu sehen. Zum Beispiel behauptet *Wandres,* dass der mögliche Konnex zwischen Äußerungen nach § 130 Abs. 3 StGB und späteren Gewalttätigkeiten gegenüber Menschen als Rechtfertigung des Strafverbots dient. In dieser Weise wird § 130 Abs. 3 StGB als ein Gefährdungsdelikt aufgefasst.[655] Es ist aber nicht zu verkennen, dass alle Formen der Aufforderung zur Gewalt durch aggressive Äußerung bereits durch § 130 Abs. 1 Nr. 2 StGB erfasst werden. Dennoch kann ein Verbot des Ausschwitz-Leugnens nur mit der Außenwirkung einer Äußerung begründet werden. Denn für seine antisemitische Gesinnung darf der Täter nicht bestraft werden. Da ein Kriterium für das tatfördernde Verhalten bei § 130 Abs. 3 StGB jedoch fehlt,[656] stellt sich die Frage, ob § 130 Abs. 3 StGB noch erweiterungsbedürftig ist.[657]

Darüber hinaus ist es auch denkbar, einen Bezug auf individuelle Rechte wie Menschenwürde oder allgemeine Persönlichkeit herzustellen. Dabei ist es von

---

651 Zur Gesetzgebungsgeschichte dieser Vorschriften: *Wandres*, a.a.O., S. 113 ff.

652 *Köhler,* NJW 1985, 2389 ff.; *Beisel*, NJW 1995, 1000 f.; *Hörnle* (Fn. 171), S. 315 ff.; Lackner/Kühl/Heger/*Heger,* 30. Aufl., StGB § 130 Rn. 8a; *Fischer*, StGB § 130 Rn. 24. BGH 46, 212 ff.

653 Schönke/Schröder/*Sternberg-Lieben/Schittenhelm,* 30. Aufl., StGB § 130 Rn. 1a.

654 BGH 46, 212 ff.

655 *Wandres* (Fn. 649), S. 236 ff.

656 *Köhler*, NJW 1985, 2390.

657 Ausführlich zu dieser Kritik siehe *Hörnle*, a.a.O., S. 317 ff.

Bedeutung, welche Tatvariante in § 130 Abs. 3 StGB in Frage kommt.[658] Beim Billigen, das in der Weise geschieht, dass sich der Täter zunächst mit der nationalsozialistischen Rassenideologie identifiziert und daraus eine Minderwertigkeit der Opfer ableitet, auf die ihr furchtbares Schicksal zurückgeht, liegt ein Angriff auf die Menschenwürde vor, der aber bereits nach § 130 Abs. 1 Nr. 2 StGB zu bestrafen ist. Das ist auch der Fall beim Verharmlosen, wenn dieses in Verbindung mit dem nationalsozialistischen Gedanken durchgeführt wird. Nur beim einfachen Leugnen und quantitativen Verharmlosen wie dem Herunterrechnen der Opferzahl scheint kein Angriff auf die Menschenwürde vorzuliegen. Wer die Taten schlicht abstreitet oder verharmlost, behauptet damit kaum eine Minderwertigkeit der getöteten Opfer. Jedoch kann die Ehre betroffen sein, wenn in qualifizierter Form geleugnet wird. Die darin liegende schwere Beleidigung kann gemäß *Hörnle* aber bereits vollkommen nach § 185 StGB bestraft werden.[659]

658 Zu „Billigen“, „Verharmlosen“ und „Leugner“ Schönke/Schröder/*Sternberg-Lieben/Schittenhelm*, 30. Aufl. 2019, StGB § 130 Rn. 17 ff.; *Fischer*, § 130 Rn. 27 ff.; Lackner/Kühl/Heger/*Heger*, 30. Aufl., StGB § 130 Rn. 8.

659 *Hörnle*, Der Schutz von Gefühlen in StGB, in: Hefendehl et al. (Hrsg.), Die Rechtsgutstheorie (2003), S. 278 ff.

Resümee

Die wichtigste Schlussfolgerung dieser Studie ist, dass die Debatte über die Rechtsgutstheorie nicht ohne den Begriff der negativen Freiheit auskommt. Das bedeutet, dass die personale Rechtgutslehre schließlich als einziges Konzept des Rechtsgutes angenommen werden sollte. Dies ist der Fall, seit die Gesellschaftsvertragstheoretiker der Aufklärung die Idee der Strafbegrenzung entwickelt haben. Ich glaube nicht, dass das Konzept der Rechtsgüter vielfältig ist, sondern dass es vollständig in der empirischen Tradition von *Liszt* verwurzelt ist und erst in der Nachkriegszeit vollständig die Form der personalen Rechtgutslehre angenommen hat, die dem Prinzip des Schadens entspricht. Das soll nicht heißen, dass die Welle des Funktionalismus, mit der das moderne Strafrecht heute konfrontiert ist, falsche Behauptungen aufstellt. Einige gefährliche Verbrechen und universelle Rechtsgüter erfordern eindeutig ein strafrechtliches Verbot im Lichte der moralischen Intuitionen der normalen Menschen. Wenn es aber darum geht, ein Verhalten zu bestrafen, das nicht durch einen Begriff des Schutzes der personalen Rechtgüter erfasst werden kann, dann kann dies nur durch andere Theorien über die Aufgabe des Strafrechts gerechtfertigt werden als die Rechtsgutslehre, etwa über die Theorie der Normstabilisierung, der Verhaltensdelikte oder einfach über die verfassungsrechtliche Verhältnismäßigkeitsprüfung. Diese Abkehr von der Rechtsgutslehre ist gleichbedeutend mit einer Abkehr von der Demokratie, wie sie durch die Rechtsstaatlichkeit verkörpert wird.

Hier wurde argumentiert, dass das Ideal der negativen Freiheit nicht auf das Laissez-faire-Denken beschränkt ist, sondern auch für die Idee der Republik gilt, die bereits vor der Entstehung des Liberalismus bestand, und auch für die Gedanken des heutigen egalitären Liberalismus und des neo-römischen Republikanismus. Dieses Festhalten am Ideal der negativen Freiheit sollte die Übel der Diktatur, des Totalitarismus und des Populismus vermeiden, die alle im Namen der Verwirklichung der positiven Freiheit entstanden sind. Es ist also nicht ohne weiteres möglich, sich auf das „öffentliche Wohl" oder den Schutz „allgemeiner" Rechtsgüter berufen, um die schwersten Einschränkungen der individuellen Freiheit, nämlich die Strafe, zu rechtfertigen. Damit würde man die Errungenschaft der Freiheit aufgeben, für die deutsche politische Philosophen und Juristen seit der Neuzeit gekämpft haben.

Allerdings muss man anerkennen, dass dieser Begriff der personalen Rechtsgutslehre durch einen gesellschaftlichen Konsensprozess, also durch eine normative Argumentation, bekräftigt werden kann, d.h., der Konflikt von

Freiheitsrechten ist unvermeidlich, weil man in einer pluralistischen Gesellschaft mit so vielen unterschiedlichen Lebenszielen lebt. Es besteht in der Tat das Missverständnis, dass die personalen Rechtsgutslehrer wie *Hassemer* und *Neumann* den Geltungsbereich ihres Schutzes stur auf die natürlichen Rechte der lockeschen Ära des 18. Jahrhunderts beschränken, obwohl sie die Abänderlichkeit des Rechtgutsbegriffs in Wirklichkeit nie bestritten haben. Die vorgestellte Vielfalt der politischen und philosophischen Theorien über die negative Freiheit reicht aus, um dieses Missverständnis auszuräumen. Die in dieser Studie am meisten beachtete Denkweise, die die negative Freiheit im Rahmen der Rechtsstaatlichkeit verortet, findet sich nicht nur im Republikanismus, sondern auch in der utilitaristischen und der deontologischen Tradition des Liberalismus. Das Ideal der negativen Freiheit und die ihr zugrunde liegende Theorie der personalen Rechtsgutslehre sind also nicht Laissez-faire in dem Sinne, dass der Staat nicht ein Polizeistaat ist, sondern ein System gesetzgeberischer und gerichtlicher Kontrollen einrichtet, um die Selbstregierung der Bürger zu gewährleisten. Mit anderen Worten: Diese Studie versucht, sich nicht nur von der konservativen Interpretation der negativen Freiheit als übermäßig defensiv, sondern auch von der demokratischen Interpretation der Freiheit als positive Selbstverwirklichung abzusetzen.

Wenn man zu dieser Schlussfolgerung gelangt, könnte das Problem der Bestrafung von Hassreden, das heute neben Umweltverbrechen am stärksten zu Kritik an der Theorie der personalen Rechtsgutslehre geführt hat, natürlich gelöst werden. Wenn es möglich ist, die Strafbarkeit dieser Handlungen ausreichend zu erörtern, indem man sich auf ein empirisches und praktisches Konzept individueller Interessen bezieht, sollte es vermieden werden, die strafrechtliche Bestrafung im Rahmen der abstrakten Ideologie zu rechtfertigen. Dem Staat stehen viele andere Mittel zur Verfügung, um Konflikte zwischen seinen Bürgern zu lösen und die Bedingungen seiner Existenz aufrechtzuerhalten. Darüber hinaus bedürfen die Frage der Bestrafung von Umweltverbrechen und Hassreden sowie die Relevanz neuer Interpretationen der Menschenwürde und des republikanischen Ideals der negativen Freiheit einer weiteren Untersuchung.

Literaturverzeichnis

Archiv des Criminalrechts, Halle u.a. 1799–1857.

Handbuch des Staatsrechts der Bundesrepublik Deutschland, 3. Aufl., Heidelberg u.a. 2004.

Rechts- und Staatsphilosophie, Ein dogmenphilosophischer Dialog, Springer-Lehrbuch, Berlin, Heidelberg 2000.

Amelung, Knut, Rechtsgüterschutz und Schutz der Gesellschaft, Frankfurt/M. 1972.

Amelung, Knut, Buchbesprechungen, ZStW 87 (1975), S. 132 ff.

Amelung, Knut, Der Begriff des Rechtsguts in der Lehre vom strafrechtlichen Rechtsgüterschutz, in: *Roland Hefendehl* (Hrsg.), Die Rechtsgutstheorie, Legitimationsbasis des Strafrechts oder dogmatisches Glasperlenspiel?, Baden-Baden 2003, S. 155 ff.

An, Sugil, Vorfeldkriminalisierung in der Risikogesellschaft, Frankfurt am Main 2016.

Anastasopoulou, Ioanna, Deliktstypen zum Schutz kollektiver Rechtsgüter, Zugl.: München, Univ., Diss., 2004, München, Beck, 2005.

Anderheiden, Michael, Gemeinwohl in Republik und Union, Tübingen 2020.

Androulakis, Nikolaos K., Abschied vom Rechtsgut – Einzug der Moralität? Das „Erschütterungsprinzip", zu der Entscheidung BVerfGE 120, 224–273, in: Felix Herzog (Hrsg.), Festschrift für Winfried Hassemer, Heidelberg u.a. 2010, S. 271 ff.

Appel, Ivo, Verfassung und Strafe, Dissertation, Berlin, Duncker & Humblot, 2019.

Arendt, Hannah, The human condition, Chicago [u.a.] 1998.

Arendt, Hannah, Über die Revolution, München 2017.

Arendt, Hannah/Sigwart, Hans-Jörg, Vita activa oder Vom tätigen Leben, hrsg. von Thomas Meyer, München Oktober 2020.

Aristoteles, Politik, Schriften zur Staatstheorie, hrsg. von Franz Ferdinand Schwarz, Stuttgart, Reclam, 1993.

Arnold, Jörg (Hrsg.), Menschengerechtes Strafrecht, Festschrift für Albin Eser zum 70. Geburtstag, München 2005.

Bader, Veit, Against Monism: Pluralist Critical Comments on Danielle Allen and Philip Pettit, in: Melissa S. Williams (Hrsg.), Political exclusion and domination, Nomos Bd. 46, New York, 2005, S. 297 ff.

Bailyn, Bernard, The ideological origins of the American Revolution, Cambridge, Massachusetts 2017.

Baron, Hans, Bürgersinn und Humanismus im Florenz der Renaissance, Kleine kulturwissenschaftliche Bibliothek Bd. 38, Berlin 1992.

Barton, Stephan et al. (Hrsg.), Festschrift für Thomas Fischer, München 2018.

Baumann/Weber/Mitsch/Eisele, Strafrecht, Allgemeiner Teil; Lehrbuch, 13. Aufl., Bielefeld 2021.

Beccaria, Cesare, Des Herrn Marquis von Beccaria unsterbliches Werk von Verbrechen und Strafen, Philosophische Studientexte, Berlin 1966.

Beck, Ulrich, Risikogesellschaft, Auf dem Weg in eine andere Moderne, Berlin 2016.

Bellamy, Richard, Liberalismus und Pluralismus: Auf dem Weg zu einer Politik des Kompromisses, London, 1999.

Bellamy, Richard, Political Constitutionalism: a republican defence of the constitutionality of democracy, Cambridge [u.a.] 2007.

Bentham, Jeremy, Theory of Legislation, London 1887.

Berlin, Isaiah, Freiheit, Vier versuche, Frankfurt/Main 2006.

Berlin, Isaiah, Das krumme Holz der Humanität, Kapitel der Ideengeschichte, Berlin 2009.

Besson, Samantha/Martí, José Luis, Legal republicanism, National and international perspectives, Oxford, New York 2009.

Binding, Karl, Die Normen und ihre Uebertretung, Eine Untersuchung über die rechtmässige Handlung und die Arten des Delikts; [4 Bd.], Leipzig 1872.

Birnbacher, Dieter, Schutz vor Demütigung als Grundrecht?, in: Hilgendorf (Hrsg.), Menschenwürde und Demütigung, 2013, S. 63 ff.

Birnbaum, Johann Michael Franz, Über das Erfordernis einer Rechtsverletzung zum Begriffe des Verbrechens, mit besonderer Rücksicht auf den Begriff der Ehrenkränkung 15, 1834.

Blackstone, Willian, Commentaries on the Laws of England, New York 1978.

Bluhm, Harald (Hrsg.), Politische Ideengeschichte im 20. Jahrhundert, Konzepte und Kritik, Schriftenreihe der Sektion Politische Theorie und Ideengeschichte in der Deutschen Vereinigung für Politische Wissenschaft Bd. 8, Baden-Baden 2006.

Bluhm, Harald/Fischer, Karsten/Llanque, Marcus (Hrsg.), Ideenpolitik, Geschichtliche Konstellationen und gegenwärtige Konflikte, Berlin 2011.

Boarman, Patrick M. (Hrsg.), Der Christ und die soziale Marktwirtschaft, Stuttgart u.a. 1955.

Bock, Gisela (Hrsg.), Machiavelli and republicanism, Ideas in context [18], Cambridge u.a. 1990.

Böckenförde, Ernst-Wolfgang, Der Verfassungstyp der deutschen konstitutionellen Monarchie im 19. Jahrhundert, in: ders. (Hrsg.), Moderne deutsche Verfassungsgeschichte, 2. ed., 1981, S. 146 ff.

Böse, Martin/Sternberg-Lieben, Detlev (Hrsg.), Grundlagen des Straf- und Strafverfahrensrechts, Festschrift für Knut Amelung zum 70. Geburtstag, Schriften zum Strafrecht Bd. 202, Berlin 2010.

Braithwaite, John, Zur Diskussion zwischen Braithwaite und v. Hirsch in The Journal of Criminal Law and Criminology 73 (1982), 723 ff.

Braithwaite, John/Pettit, Philip, Not just deserts, A republican theory of criminal justice, Oxford 1992.

Brown, Alexander, Hate speech law, A philosophical examination, Routledge studies in contemporary philosophy 67, Abingdon, Oxon 2015.

Brudermüller, Gerd (Hrsg.), Menschenwürde: Begründung, Konturen, Geschichte, Würzburg 2008.

Brugger, Winfried, Schutz oder Verbot aggresiver Rede? Argumente aus liberaler und kommunitaristischer Sicht. Der Staat 42 (2003), 77 ff.

Brugger, Winfried, Verbot oder Schutz von Haßrede? Ein Konflikt zwischen Deutschland und Amerika, AöR 128 (2003), 372 ff.

Brühlmeier, Daniel, Zum Kommunitarismus als Liberalismuskritik, Schweizer Monatshefte: Zeitschrift für Politik, Wirtschaft, Kultur 72 (1992), 357 ff.

Burchard, Christoph, Strafverfassungsrecht – Vorüberlegungen zu einem Schlüsselbegriff, in: Klaus Tiedemann, Ulrich Sieber, Helmut Satzger et al. (Hrsg.), Die Verfassung moderner Strafrechtspflege, Erinnerung an Joachim Vogel, Studien zum Wirtschaftsstrafrecht – Neue Folge Bd. 10, Baden-Baden 2016, S. 27 ff.

Burtt, Shelly, The Politics of Virtue Today: A Critique and a Proposal, The American Political Science Review 87 (1993), 360 ff.

Caplow, Theodore, Perverse Incentives: The Neglect of Social Technology in the Public Sector, London, 1994.

Carter, Ian, How are Power and Unfreedom Related?, in: Cécile Laborde (Hrsg.), Republicanism and political theory, Malden, Mass. u.a. 2008, S. 58 ff.

Celikates, Robin, Freedom as Non-Arbitrariness or as Democratic Self-Rule?, A Critique of Contemporary Republicanism, in: Christian Dahl, Tue Andersen Nexö (Hrsg.), To Be Unfree, Republicanism and Unfreedom in History, Literature, and Philosophy, Edition Politik Bd. 9, Bielefeld 2014, S. 37 ff.

Charvet, John, Quentin Skinner on the Idea of Freedom, *Studies in Political Thought* II (1993), 5 ff.

Christman, John, Review: Pettit, Philip, Republicanism, Ethics 109 (1998), 202 ff.

Cicero, Marcus Tullius, De re publica, = Vom Staat, hrsg. von Günter Laser, Stuttgart, Reclam, 2014.

Condorcet, Marquis de, Freiheit, Revolution, Verfassung. Kleine politische Schriften, Bd. 4, hrsg. von Daniel Schulz. Berlin: Akademie Verlag, 2010.

Constant, Benjamin, The Liberty of Ancients Compared with that of Moderns, Unknown, 1819.

Cramer, Peter, Der Vollrauschtatbestand als abstraktes Gefährdungsdelikt, Tübingen 1962.

Dagger, Richard, Civic virtues: rights, citizenship, and republican liberalism, New York, NY [u.a.] 1997.

Dahl, Christian/Nexö, Tue Andersen (Hrsg.), To Be Unfree, Republicanism and Unfreedom in History, Literature, and Philosophy, Edition Politik Bd. 9, Bielefeld 2014.

Dahrendorf, Ralf, Versuchungen der Unfreiheit, Die Intellektuellen in Zeiten der Prüfung, Beck&apossche Reihe 1875, München 2008.

Deutscher Bundestag, Stenographisches Protokoll des Rechtsausschusses, III.

Dreier, Horst, Kants Republik, JZ 59 (2004), 745 ff.

Dreier, Horst (Hrsg.), Grundgesetz, Kommentar, 3. Aufl., München, Tübingen 2013.

Dworkin, Ronald, Sovereign virtue: the theory and practice of equality, Cambridge [u.a.] 2000.

Dworkin, Ronald, Is democracy possible here?: Principles for a new political debate, Princeton, NJ [u.a.] 2008.

Dworkin, Ronald, Reply to Jeremy Waldron, in: Herz, Michael/Molnár, Péter (Hrsg.), The content and context of hate speech, Rethinking regulation and responses, Cambridge 2012, S. 346 ff.

Dworkin, Ronald, Taking rights seriously, London u.a. 2013.

Dworkin, Ronald, foreword, in: Hare/Weinstein (Hrsg.), Extreme speech and democracy, 2020.

Dürig/Herzog/Scholz, Grundgesetz-Kommentar, 99. Aufl., 2022

Engländer, Armin, Revitalisierung der materiellen Rechtsgutslehre durch das Verfassungsrecht?, ZStW 127 (2015), 616 ff.

Engländer, Armin, Personale Rechtsgutslehre und normativer Individualismus, in: Frank Saliger, Yeong hwan Gim, Christos Ch Mylōnopulos et al. (Hrsg.),

Rechtsstaatliches Strafrecht, Festschrift für Ulfrid Neumann zum 70. Geburtstag, Heidelberg 2017, S. 547 ff.

Epping, Volker/Hillgruber, Christian (Hrsg.), Beck'scher Online-Kommentar GG.

Eser, Albin (Hrsg.), Festschrift für Theodor Lenckner zum 70. Geburtstag, München 1998.

Eser, Albin (Hrsg.), Die deutsche Strafrechtswissenschaft vor der Jahrtausendwende, Rückbesinnung und Ausblick; Dokumentation einer Tagung vom 3.–6. Oktober 1999 in der Berlin-Brandenburgischen Akademie der Wissenschaften, München 2000.

Feuerbach, Paul Johann Anselm, Lehrbuch des gemeinen in Deutschland gültigen peinlichen Rechts. Mit Anmerkungen, hrsg. von Mittermaier 14. Aufl., Gießen 1847.

Feuerbach, Paul Johann Anselm, Biographischer Nachlass: 2 Bände in einem Band, Aalen 1973.

Feinberg, Joel, The moral limits of the criminal law Harm to others, Bd. 1, New York [u.a.] 1984.

Feinberg, Joel, The moral limits of the criminal law Offense to others, Bd. 2, New York [u.a.] 1985.

Feinberg, Joel, The moral limits of the criminal law Harm to self, Bd. 3, New York [u.a.] 1989.

Feinberg, Joel, The moral limits of the criminal law Harmless wrongdoing, Bd. 4, New York [u.a.] 1988.

Fink, Z. S., The Classical Republicanism: An Essay in the Recovery of a Pattern of Thought in Seventeenth Century England, Northwestern University Press, 1962.

Fischer, Daniel, Republikanismus. Welche Unterscheidungen spielen im Bedeutungsfeld des Republikanismus eine Rolle?, München 2014.

Fischer, Thomas, Öffentlicher Friede und Gedankenäusserung: Grundlagen und Entwicklung des Rechtsguts „öffentlicher Friede", insb. in d. §§ 126, 130, 140 Nr. 2, 166 StGB, 1986.

Fischer, Thomas, Strafgesetzbuch, 70. Aufl. 2023.

Forst, Rainer, Kontexte der Gerechtigkeit, Politische Philosophie jenseits von Liberalismus und Kommunitarismus, Suhrkamp-Taschenbuch. Wissenschaft 1252, Frankfurt/Main 1996.

Frankenberg, Günter, Die Verfassung der Republik, Autorität und Solidarität in der Zivilgesellschaft, Suhrkamp-Taschenbuch Wissenschaft 1331, Frankfurt/Main 1997.

Frisch, Wolfgang, An den Grenzen des Strafrechts, in: Wilfried Küper (Hrsg.), Beiträge zur Rechtswissenschaft, Festschrift für Walter Stree und Johannes Wessels zum 70. Geburtstag, Heidelberg 1993, S. 71 ff.

Gall, Lothar, Liberalismus und „bürgerliche Gesellschaft", Zu Charakter und Entwicklung der liberalen Bewegung in Deutschland, HZ 220 (1975), 324 ff.

Gall, Lothar (Hrsg.), Liberalismus, 3. Aufl., Athenäum-Taschenbücher Bd. 7255, Königstein/Ts. 1985.

Gärditz, Klaus Ferdinand, Strafbegründung und demokratieprinzip, Der Staat 49 (2010), 331 ff.

Goodin, Robert E./Pettit, Philip, Contemporary political philosophy, Blackwell philosophy anthologies 4, Oxford 1997.

Gray, John N., On negative and positive liberty, Political Studies 28 (1980), 507 ff.

Greco, Luís, Was lässt das Bundesverfassungsgericht von der Rechtsgutslehre übrig?, Gedanken anlässlich der Inzestentscheidung des Bundesverfassungsgerichts, ZIS 5 (2008), 234 ff.

Greco, Luís, Lebendiges und Totes in Feuerbachs Straftheorie, Zugl.: München, Univ., Diss., 2008, Berlin, Duncker & Humblot, 2009.

Greco, Luís, Rechtsgüterschutz und Tierquälerei, in: Martin Böse, Detlev Sternberg-Lieben (Hrsg.), Grundlagen des Straf- und Strafverfahrensrechts, Festschrift für Knut Amelung zum 70. Geburtstag, Schriften zum Strafrecht Bd. 202, Berlin 2010, S. 3 ff.

Green, Thomas Hill, Liberal Legislation and Freedom of Contract, in: R. L. Nettleship (Hrsg.), The Works of T. H. Green, Vol. 3, Cambridge 2011, S. 365 ff.

Gröschner, Rolf, Die Republik, in: Handbuch des Staatsrechts der Bundesrepublik Deutschland, 3., völlig neubearb. und erw. Aufl., Heidelberg u.a. 2004, S. 369 ff.

Gröschner, Rolf, Weil Wir frei sein wollen, Geschichten vom Geist republikanischer Freiheit, Tübingen 2016.

Gruggenbereger, Nikolaus, Das Netzwerkdurchsetzungsrecht – schön gedacht, schlecht gemacht, ZRP 98 (2017), 98 ff.

Grünhut, Max, Methodische Grundlagen der heutigen Strafrechtswissensch., in: August Hegler et al. (Hrsg.), Festgabe für Reinhard von Frank zum 70. Geburtstag, Aalen: Scientia Verlag, 1969, S. 1 ff.

Gutmann, Amy, Commnitarian Critics of Liberalism, Philosophy & Public Affairs 14 (1985), 308 ff.

Günther, Klaus, Möglichkeiten der diskursethischen Begründung des Strafrechts, in: Heike Jung (Hrsg.), Recht und Moral, Beiträge zu einer Standortbestimmung, Baden-Baden 1991, S. 205 ff.

Günther, Klaus, Von der Rechts- zur Pflichtverletzung. Ein „Paradigmawechsel“ im Strafrecht?, in: Institut f. Kriminalwissenschaften der Johann Wolfgang Goethe-Universität (Hrsg.), Vom unmöglichen Zustand des Strafrechts, Frankfurter kriminalwissenschaftliche Studien Bd. 50, Frankfurt/Main u.a. 1995, S. 445 ff.

Habermas, Jürgen, „Hat die Konstitutionalisierung des Völkerrechts noch eine Chance?“ in: ders., Der gespaltene Western. Kleine politische Schriften X, 2004, S. 113 ff.

Hart, H. L. A., Der Begriff des Rechts, Berlin 2011.

Hahmann, Andree, Aristoteles' Nikomachische Ethik, Ein systematischer Kommentar, Ditzingen, Reclam, 2022.

Hamlin, Alan (Hrsg.), The Good Polity, Normative analysis of the state, Oxford u.a. 1989.

Hassemer, Winfried, Theorie und Soziologie des Verbrechens, Zugl.: München, Univ., Jur. Fak., Habil.-Schr., 1972, Frankfurt/M, Europäische Verlagsanstalt, 1980.

Hassemer, Winfried, Grundlinien einer personalen Rechtsgutslehre, in: Lothar Philipps (Hrsg.), Jenseits des Funktionalismus, Arthur Kaufmann zum 65. Geburtstag, Heidelberger Forum Bd. 61, Heidelberg 1989, S. 85 ff.

Hassemer, Winfried, Einführung in die Grundlagen des Strafrechts, 2. Aufl., München 1990.

Hassemer, Winfried, Kennzeichen und Krisen des modernen Strafrechts, ZRP 25 (1992), 378 ff.

Hassemer, Winfried, Darf es Straftaten geben, die ein strafrechtliches Rechtsgut nicht in Mitleidenschaft ziehen?, in: Roland Hefendehl (Hrsg.), Die Rechtsgutstheorie, Legitimationsbasis des Strafrechts oder dogmatisches Glasperlenspiel?, Baden-Baden 2003, S. 57 ff.

Hassemer, Winfried, Strafen im Rechtsstaat, Berlin 2003.

Hare, Ivan/Weinstein, James, Extreme Speech and Democracy, Oxford 2020.

Harrington, James, The commonwealth of Oceana; and, A system of politics, Cambridge 1992.

Hartmann, Martin/Offe, Claus (Hrsg.), Politische Theorie und politische Philosophie, Ein Handbuch, Beck'sche Reihe Bd. 1819, München 2011.

Hartz, Louis/Wicker, Tom, The Liberal Tradition in America, The Classic on the Causes and Effects of Liberal Thought in the U.S., München 2018.

Haus, Michael, Kommunitarismus, Einführung und Analyse, Wiesbaden 2003.

Hayek, Friedrich A. von, The Constitution of Liberty, Routledge, 2006.

Hälschner, Hugo, Geschichte des brandenburgisch-preussischen Strafrechts: ein Beitrag zur Geschichte des deutschen Strafrechts, Aalen 1975.

Hälschner, System des preußischen Strafrechts, 1. Teil, 1858.

Hefendehl, Roland, Zur Vorverlagerung des Rechtsgutsschutzes am Beispiel der Geldfälschungstatbestände, JR 9 (1996), 353 ff.

Hefendehl, Roland, Die Popularklage als Alternative zum Strafrecht bei Delikten gegen die Gemeinschaft? GA 1997, S. 119 ff.

Hefendehl, Roland, Die Materialisierung von Rechtsgut und Deliktsstruktur, GA 149 (2002), 21 ff.

Hefendehl, Roland, Kollektive Rechtsgüter im Strafrecht, Teilw. zugl.: München, Univ., Habil.-Schr., 1998/1999 u.d.T.: Hefendehl, Roland: Grund und Grenzen des Schutzes kollektiver Rechtsgüter im Strafrecht, Köln 2002.

Hefendehl, Roland, Das Rechtsgut als materialer Angelpunkt einer Strafnorm, in: ders. (Hrsg.), Die Rechtsgutstheorie, Legitimationsbasis des Strafrechts oder dogmatisches Glasperlenspiel?, Baden-Baden 2003, S. 119 ff.

Hefendehl, Roland (Hrsg.), Die Rechtsgutstheorie, Legitimationsbasis des Strafrechts oder dogmatisches Glasperlenspiel?, Baden-Baden 2003.

Hegel, Georg Wilhelm Friedrich, Grundlinien der Philosophie des Rechts oder Naturrecht und Staatswissenschaft im Grundrisse, Stuttgart 1981.

Heinrich Böll Stiftung, Neuer Republikanismus, Die Zukunft der sozialen Demokratie, Böll-Thema 2006, Ausg. 2, Berlin 2006.

Heinrich, Manfred et al. (Hrsg.), Festschrift für Claus Roxin zum 80. Geburtstag am 15. Mai 2011, Strafrecht als Scientia Universalis, Berlin/Boston 2011.

Heisterhagen, Nils, Existenzieller Republikanismus, Bielefeld 2017.

Held, David, Models of Democracy, 3. Aufl., New York 2016.

Heldt, Amélie, Gegen Hassrede braucht es mehr als Strafrecht – Zur Novellierung des NetzDG, JuWissBlog Nr. 31/2020 v. 23.3.2020, https://www.juwiss.de/31-2020/.

Herz, Michael/Molnár, Péter (Hrsg.), The content and context of hate speech, Rethinking regulation and responses, Cambridge 2012.

Herzog, Don, Some Questions for Republicans. Political Theory 14 (1986), 473 ff.

Herzog, Felix (Hrsg.), Festschrift für Winfried Hassemer, Heidelberg u.a. 2010.

Hilgendorf, Eric, Punitivität und Rechtsgutslehre, Neue Kriminalpolitik 22 (2012), 128 ff.

Hilgendorf, Eric (Hrsg.), Menschenwürde und Demütigung: die Menschenwürdekonzeption Avishai Margalits, Baden-Baden 2013.

Hilgendorf, Eric (Hrsg.), Handbuch Rechtsphilosophie, 2. Aufl., Berlin, Germany 2021.

Hirsch, Hans Joachim, Die aktuelle Diskussion über den Rechtsgutsbegriff, in: Nestor Courakis (Hrsg.), Festschrift für Dionysios Spinellis, Athen und Komotini 2001, Band I, S. 121 ff.

Hobbes, Thomas, Leviathan, 1. u. 2. Teil, Stuttgart, Reclam, 1983.

Hobbes, Thomas, Leviathan, Hamburg 1996.

Hoffmann, Hasso, Die versprochene Menschenwürde, AöR 118 (1993), 353 ff.

Hohmann, Olaf, Das Rechtsgut der Umweltdelikte, Zugl.: Frankfurt/M, Univ., Diss., 1990/1991, Frankfurt/Main u.a., Lang, 1991.

Honig, Richard M., Die Einwilligung des Verletzten: T. 1. Die Geschichte des Einwilligungsproblems und die Methodenfrage, Mannheim [u.a.] 1919.

Honneth, Axel, Review: Grenzen des Liberalismus. Zur politisch-ethischen Diskussion um den Kommunitarismus, Philosophische Rundschau 83 (1991), 83 ff.

Honneth, Axel, Kommunitarismus, Eine Debatte über die moralischen Grundlagen moderner Gesellschaften, 3. Aufl., Theorie und Gesellschaft 26, Frankfurt/Main u.a. 1995.

Honohan, Iseult, Civic republicanism, London [u.a.] 2007.

Höchli, Daniel, Der Florentiner Republikanismus, Verfassungswirklichkeit und Verfassungsdenken zur Zeit der Renaissance, St. Galler Studien zur Politikwissenschaft Bd. 28, Bern, Stuttgart [etc.] 2005.

Hölzing, Philipp, Republikanismus und Kosmopolitismus, Eine ideengeschichtliche Studie, Frankfurt/Main [u.a.] 2011.

Hölzing, Philipp, Der Republikanismus in der Politischen Theorie und Ideengeschichte, ZPTh 5 (2014), 11 ff.

Hölzing, Philipp, Republikanismus, Geschichte und Theorie, Grundlagen der Rechtsphilosophie Bd. 2, Stuttgart 2014.

Hörnle, Tatjana, Der Schutz von Gefühlen in StGB, in: *Hefendehl, Roland* (Hrsg.), Die Rechtsgutstheorie, Legitimationsbasis des Strafrechts oder dogmatisches Glasperlenspiel?, Baden-Baden 2003, S. 268 ff.

Hörnle, Tatjana, Grob anstößiges Verhalten, Zugl.: München, Univ., Habil.-Schr., 2003, Frankfurt/M, Klostermann, 2005.

Hörnle, Tatjana, Das Verbot des Geschwisterinzests – Verfassungsgerichtliche Bestätigung und verfassungsrechtliche Kritik, NJW 29 (2008), 2085.

Hörnle, Tatjana, Warum sich das Würdekonzept Margalits zur Präzisierung von „Menschenwürde als geschützte Rechtsgut“ eignet, in: Hilgendorf (Hrsg.), Menschenwürde und Demütigung, 2013, S. 91 ff.

Hume, David, Eine Untersuchung über den menschlichen Verstand, Reclam, 2016.

Institut für Kriminalwissenschaften der Johann Wolfgang Goethe-Universität (Hrsg.), Vom unmöglichen Zustand des Strafrechts, Frankfurter kriminalwissenschaftliche Studien Bd. 50, Frankfurt/Main u.a. 1995.

Isensee, Josef, Republik – Sinnpotential Eines Begriffs – Begriffsgeschichtliche Stichproben, JZ 36 (1981), 1 ff.

Jäger, Herbert, Strafgesetzgebung und Rechtsgüterschutz bei Sittlichkeitsdelikten, Eine kriminalsoziologische Untersuchung, Beiträge zur Sexualforschung H. 12, Stuttgart 1957.

Jahn, Matthias, Strafverfassungsrecht: Das Grundgesetz als Herausforderung für die Dogmatik des Straf- und Strafverfahrensrechts, in: Klaus Tiedemann, Ulrich Sieber, Helmut Satzger et al. (Hrsg.), Die Verfassung moderner Strafrechtspflege, Erinnerung an Joachim Vogel, Studien zum Wirtschaftsstrafrecht – Neue Folge Bd. 10, Baden-Baden 2016, S. 63 ff.

Jakobs, Günther, Strafrecht, Allgemeiner Teil, Die Grundlagen und die Zurechnungslehre; Lehrbuch, 2. Aufl., Berlin, New York 1991.

Jakobs, Günther, „Das Strafrecht zwischen Funktionalismus und ‚alteuropäischem' Prinzipiendenken", ZStW 107 (1995), 843 ff.

Jakobs, Günther, Staatliche Strafe, Bedeutung und Zweck; 463. Sitzung am 18. Februar 2004 in Düsseldorf, Vorträge/Nordrhein-Westfälische Akademie der Wissenschaften: Geisteswissenschaften 390, Paderborn u.a. 2004.

Jakobs, Günther, „Terroristen als Personen im Recht?" ZStW 117 (2005), 839 ff.

Jakobs, Günther, Rechtsgüterschutz?, Zur Legitimation des Strafrechts; 538. Sitzung am 5. September 2012 in Düsseldorf, Vorträge Nordrhein-Westfälische Akademie der Wissenschaften und der Künste. G, Geisteswissenschaften 440, Paderborn u.a. 2012.

Jakobs, Günther, Strafrechtswissenschaftliche Beiträge, Zu den Grundlagen des Strafrechts und zur Zurechnungslehre, hrsg. von Michael Pawlik, Tübingen 2017.

Jescheck, Weigend, Lehrbuch des Strafrechts, Allgemeiner Teil, Berlin 1996.

Jhering, Rudolf von, Der Kampf ums Recht, Ausgewählte Schriften, Bibliothek unseres Zeitalters, Nürnberg 1965.

Jung, Heike (Hrsg.), Recht und Moral, Beiträge zu einer Standortbestimmung, Baden-Baden 1991.

Kant, Immanuel, Die Metaphysik der Sitten, in: W. Weischedel (Hrsg.), Kants Werke Bd. 4, Suhrkamp.

Kant, Immanuel, Die Metaphysik der Sitten, in: W. Weischedel (Hrsg.), Kants Werke Bd. 8, Suhrkamp.

Kant, Immanuel, Kritik der reinen Vernunft, hrsg. von *Ingeborg Heidemann* (Hrsg.), Reclam, 2022.

Kant, Immanuel, Zum ewigen Frieden, Ein philosophischer Entwurf, hrsg. von Rudolf Malter, Ditzingen, Reclam, 2022.

Kaufmann, Armin, Lebendiges und Totes in Bindings Normentheorie, Normlogik und moderne Strafrechtsdogmatik, Göttinger rechtswissenschaftliche Studien Bd. 14, Göttingen 1988.

Kaufmann, Arthur, Vorüberlegungen zu einer juristischen Logik und Ontologie der Relationen. Grundlegung einer personalen Rechtstheorie, Rechtstheorie 17 (1986), 257 ff.

Kaufmann, Arthur, Rechtsphilosophie, München 1997.

Kim, Young-Whan, Verhaltensdelikte versus Rechtsgutsverletzungen, Zur aktuellen Diskussion um einen materiellen Verbrechensbegriff, ZStW 124 (2012), 591 ff.

Kim, Young-Whan, Rekonstruktion der Diskussion um die Menschenwürde Menschenwürde als ein normativer Anspruch, in: Neumann et al. (Hrsg.), Menschenwürde ohne Metaphysik: Beiträge des Workshops auf dem 29. Weltkongress der Internationalen Vereinigung für Rechts- und Sozialphilosophie (IVR) in Luzern, Schweiz, Juli 2019, ARSP. Beiheft 2021, S. 109 ff.

Kindhäuser/Neumann/Paeffgen, Strafgesetzbuch, 6. Aufl., NomosKommentar, Baden-Baden 2023.

Kingreen/Poschner, Grundrechte. Staatsrecht II, 38. Aufl., 2022.

Kirste, Stephan, Menschenwürde als subjektives Recht. Selbstverhältnis in Rechtsverhältnissen, in: Neumann et al. (Hrsg.), Menschenwürde ohne Metaphysik: Beiträge des Workshops auf dem 29. Weltkongress der Internationalen Vereinigung für Rechts- und Sozialphilosophie (IVR) in Luzern, Schweiz, Juli 2019, ARSP. Beiheft 2021, S. 123 ff.

Klemme, Heiner F., Kants „Grundlegung zur Metaphysik der Sitten", Ein systematischer Kommentar, Ditzingen, Reclam, 2017.

Kley, Roland (Hrsg.), Geisteswissenschaftliche Dimensionen der Politik, Festschrift für Alois Riklin zum 65. Geburtstag, Bern u.a. 2000.

Klosko, George (Hrsg.), The Oxford handbook of the history of political philosophy, Oxford u.a. 2011.

Kocka, Jürgen, Bürgertum und Bürgerlichkeit als Problem der deutschen Geschichte vom späten 18. zum frühen 20. Jahrhundert, in: ders. (Hrsg.), Bürger und Bürgerlichkeit im 19. Jahrhundert, Göttingen, S. 21 ff.

Koenigsberger, Helmut G., Schlussbetrachtung, in: ders. (Hrsg.), Republiken und Republikanismus im Europa der frühen Neuzeit, Schriften des Historischen Kollegs Kolloquien Bd. 11, München 1988, S. 285 ff.

Koenigsberger, Helmut G./Müller-Luckner, Elisabeth (Hrsg.), Republiken und Republikanismus im Europa der frühen Neuzeit, Schriften des Historischen Kollegs Kolloquien Bd. 11, München 1988.

Kramer, Matthew, Liberty and Domination, in: Cécile Laborde (Hrsg.), Republicanism and political theory, Malden, Mass. u.a. 2008, S. 31 ff.

Krause, Skadi/Malowitz, Karsten, Michael Walzer zur Einführung, Zur Einführung 170, Hamburg 1998.

Krauß, Detlef, Rechtsgut und kein Ende. Zur Strafbarkeit des Geschwisterinzests, BVerfGE 120, 224, in: Felix Herzog (Hrsg.), Festschrift für Winfried Hassemer, Heidelberg u.a. 2010, S. 423 ff.

Krupna, Karsten, Das Konzept der „Hate Crimes“ in Deutschland, Zugl.: Marburg, Univ., Diss., 2009, Frankfurt, M. u.a., Lang, 2010.

Krüger, Matthias, Die Entmaterialisierungstendenz beim Rechtsgutsbegriff, Berlin, Duncker & Humblot, 2021.

Kubiciel, Michael, Die Wissenschaft vom Besonderen Teil des Strafrechts, Ihre Aufgaben, ihre Methoden, Juristische Abhandlungen Band 54, Frankfurt/Main 2013.

Kuhlen, Lothar, Umweltstrafrecht in Deutschland und Österreich, Kommunale Forschung in Österreich 98, Wien, München 1994.

Kühl, Kristian, Beobachtungen zur nachlassenden und begrenzten Legitimationswirkung des Rechtsguts für. Strafvorschriften, in: Hilgendorf, Eric (Hrsg.), Festschrift für Wolfgang Heinz: zum 70. Geburtstag, Baden-Baden 2012, S. 766 ff.

Kühnlein, Michael (Hrsg.), Charles Taylor: Ein säkulares Zeitalter, Klassiker Auslegen Bd. 59, Berlin 2018.

Küper, Wilfried (Hrsg.), Festschrift für Karl Lackner zum 70. Geburtstag am 18. Februar 1987, Berlin [u.a.] 1987.

Küper, Wilfried (Hrsg.), Beiträge zur Rechtswissenschaft, Festschrift für Walter Stree und Johannes Wessels zum 70. Geburtstag, Heidelberg 1993.

Kymlicka, Will, Politische Philosophie heute, Eine Einführung, Theorie und Gesellschaft 35, Frankfurt/Main u.a. 1997.

Laborde, Cécile (Hrsg.), Republicanism and political theory, Malden, Mass. u.a. 2008.

Lackner/Kühl/Heger, Strafgesetzbuch, 30. Aufl. 2023.

Laclau, Ernesto/Mouffe, Chantal, Hegemonie und radikale Demokratie, Zur Dekonstruktion des Marxismus, hrsg. von Michael Hintz, Gerd Vorwallner, 5. Aufl., Passagen Philosophie, Wien 2015.

Lagodny, Otto, Strafrecht vor den Schranken der Grundrechte, Zugl.: Freiburg (Breisgau), Univ., Habil.-Schr., 1995, Tübingen, Mohr, 1996.

Lagodny, Otto, Das materielle Strafrecht als Prüfstein der Verfassungsdogmatik, in: *Roland Hefendehl* (Hrsg.), Die Rechtsgutstheorie, Legitimationsbasis des Strafrechts oder dogmatisches Glasperlenspiel?, Baden-Baden 2003, S. 83 ff.

Lang, Gerald, Invigilating Republican Liberty, The Philosophical Quarterly 62 (2012), 273 ff.

Langewiesche, Dieter, Liberalismus in Deutschland, 4. Aufl., Edition Suhrkamp Bd. 286: Neue historische Bibliothek, Frankfurt/Main 1995.

Larmore, Charles E., A Critique of Philip Pettit's Republicanism, Noûs 35 (2001), 229 ff.

Laslett, Peter/Runciman, W. G./Skinner, Q. (Hrsg.), Philosophy, Politics and Society, 4. Aufl., 1972.

Laufhütte, Heinrich Wilhelm (Hrsg.), Strafgesetzbuch: Leipziger Kommentar; Großkommentar, Berlin [u.a.], 12. Aufl., 2019.

Lee, Kye-il, Eine ideengeschichtliche Studie möglicher Implikation des verfassungsrechtlichen Republik-Prinzips – konzentriert auf die Korrespondenz zwischen möglichen Typen des klassischen Republikanismus und der jeweiligen dogmatischen Verständnisse des verfassungsrechtlichen Republik-Prinzips, Journal of Law 21 (2011), 67 ff.

Lembcke/Weber (Hrsg.), Emmanuel Joseph Sieyès: Was ist der dritte Stand? Ausgewählte Schriften, Berlin, 2010.

Lembcke, Oliver W./Weber, Florian (Hrsg.), Emmanuel Joseph Sieyès: Was ist der dritte Stand? Ausgewählte Schriften, Berlin, 2010.

Lembcke, Oliver W./Weber, Florian, Von der Mischverfassung zur komplexen Demokratie, Die Transformation des Republikanismus in der Französischen Revolution, ZPTh 5 (2014), 51 ff.

Lewis, Anthony, Freedom for the thought that we hate, A biography of the First Amendment, New York 2007.

Lieber, Francis, „Anglikanische und gallikanische Freiheit", South Carolina, 1849.

Lind, John, Three Letters to Dr. Price, London 1776.

Liszt, Franz von, Der Zweckgedanke im Strafrecht, ZStW Bd. 3 (1882), S. 1 ff.

Liszt, Franz von, Rechtsgut und Handlungsbegriff im Bindingschen Handbuche, ZStW Bd. 6 (1886), S. 663 ff.

Liszt, Franz von, Der Begriff des Rechtsgutes im Strafrecht und in der Encyclopädie der Rechtswissenschaft, ZStW Bd. 8 (1888), S. 133 ff.

Liszt, Franz von, Von der Rache zur Zweckstrafe: 100 Jahre Marburger Programm, Frankfurt am Main 1982.

Liszt, Franz von, Lehrbuch des deutschen Strafrechts,
3. Aufl., Berlin 1888.
6. Aufl., Berlin 1894.
12./13. Aufl., Berlin 1903.
14./15. Aufl., Berlin 1905.

Liszt, Franz von, Der Zweckgedanke im Strafrecht, Nomos, 2002.

Livius, Titus, Ab urbe condita, Stuttgart 2017.

Locke, John, Two Treatise of Government, hrsg. von Peter Laslett, New York 1965.

Locke, John, Zweite Abhandlung über die Regierung, Frankfurt am Main 2007.

Loos, Fritz, Zum Rechtsgut des Bestechungsdelikte, in: Stratenwerth Günter (Hrsg.), Festschrift für Hans Welzel zum 70. Geburtstag am 25. März 1974, Berlin [u.a.] 1974, S. 891 ff.

Lüderssen, Klaus, „Das Strafrecht zwischen Funktionalismus und ‚alteuropäischem' Prinzipiendenken", ZStW 107 (1995), 877 ff.

MacCallum, Gerald C., Negative and positive freedom, in: Peter Laslett, W. G. Runciman, Q. Skinner (Hrsg.), Philosophy, Politics and Society, 4th series, S. l. 1972, S. 174 ff.

Machiavelli, Niccolò, Discorsi: Gedanken über Politik und Staatsführung, übersetzt von Rudolf Zorn, 2. Aufl., Stuttgart 1977.

Machiavelli, Niccolò, Il principe, Italienisch/Deutsch = Der Fürst, Stuttgart, Reclam, 2013.

MacIntyre, Alasdair C., Der Verlust der Tugend, Zur moralischen Krise der Gegenwart, Theorie und Gesellschaft 5, Frankfurt u.a. 1987.

Madison, James, Hamilton, Alexander, Jay, John, The Federalist Papers, hrsg. von Kramnik, Isaac, Penguin, 1987.

Malowitz, Karsten/Selk, Veith, Republikanischer Konstitutionalismus., Die Bewältigung der Furcht als Schlüssel zur Freiheit in Montesquieus Verfassungslehre, ZPTh 5 (2014), 31 ff.

Margalit, Avishai, Die Politik der Würde, Über Achtung und Verachtung, Fest Verlag, 1997.

Marx, Karl, Philosophische und ökonomische Schriften, Stuttgart 2008.

Marx, Michael, Zur Definition des Begriffs Rechtsgut, Prolegomena e. materialen Verbrechenslehre, Zugleich: Saarbrücken, Univ., Rechts- u. Wirtschaftswiss.

Fak., Diss. 1971, [Annales Universitatis Saraviensis] Schriftenreihe annales Universitatis Saraviensis: Rechts- u. wirtschaftswiss. Abt Bd. 65, Köln, Berlin, Bonn, München 1972.

McCormick, John P., Machiavellian democracy, Cambridge 2011.

Mcllwain, C. H., Constitutionalism and Changing World, New York, 1939.

Mestmäcker, Ernst-Joachim, Die Wiederkehr der bürgerlichen Gesellschaft und ihres Rechts, The Renaissance of the Civil Society and its Law, Rechtshistorisches Journal 10 (1991), 177 ff.

Michelman, Frank I., The Supreme Court 1985 Term. Foreword. Traces of Self-Government, Harvard Law Review 100 (1986), 4 ff.

Mill, John Stuart, Utilitarianism: = Der Utilitarismus, Stuttgart, Reclam, 2006.

Mill, John Stuart, Über die Freiheit, Stuttgart, Reclam, 1974.

Millar, John, Von dem Ursprung des Unterschieds in den Rangordnungen und Ständen der Gesellschaft, Frankfurt am Main, 1985.

Milton/Rose D. Friedman, Chancen, die ich meine, Berlin, 1980.

Montesquieu, Charles Louis Secondat de, The Sprit of the Laws, hrsg. von Cohler et al., Cambridge, 1989.

Montesquieu, Charles Louis Secondat de, Vom Geist der Gesetze, Stuttgart, Reclam, 2011.

Mouffe, Chantal, The return of the political, London u.a. 1993.

Mouffe, Chantal, Das demokratische Paradox, Turia Reprint, Wien, Berlin 2018.

Mulsow, Martin/Mahler, Andreas (Hrsg.), Die Cambridge School der politischen Ideengeschichte, Suhrkamp-Taschenbuch Wissenschaft Bd. 1925, Berlin 2010.

von Münch, Ingo, Grundgesetz: Kommentar Präambel bis Art. 69/aktuelle Bearbeiter: Prof. Dr. Andreas von Arnauld (Univ.-Professor an der Christian-Albrechts-Universität Kiel), Prof. Dr. Helmut Philipp Aust (Univ.-Professor an der Freien Universität Berlin), Dr. Ariane Berger (Privatdozentin, Freie Universität Berlin, Deutscher Landkreistag, Berlin) [und 40 weitere], München 2021.

Münkler, Herfried, Die Idee der Tugend, Ein politischer Leitbegriff im vorrevolutionären Europa, AKG 73 (1991), 379 ff.

Münkler, Herfried, Machiavelli, Die Begründung des politischen Denkens der Neuzeit aus der Krise der Republik Florenz, Zugl.: Frankfurt (Main), Univ., Diss., 1981, Fischer 16178, Frankfurt/Main 2004.

Münkler, Herfried/Straßenberger, Grit/Rzepka, Vincent/Wassermann, Felix, Politische Theorie und Ideengeschichte, Eine Einführung, Beck Paperback v. 1817, München 2016.

Naucke, Wolfgang, Kant und die psychologische Zwangstheorie Feuerbachs, Kieler rechtswissenschaftliche Abhandlungen Nr. 3, Hamburg 1962.

Nelson, Eric, The Hebrew republic, Jewish sources and the transformation of European political thought, Cambridge, Mass. u.a. 2010.

Neumann, Ulfrid, Moralische Grenzen des Strafrechts., Zu Joel Feinberg. The Moral Limits of the Criminal Law, ARSP 72 (1986), 118 ff.

Neumann, Ulfrid, Ontologische, funktionale und sozialethische Deutung des strafrechtlichen Schuldprinzips, in: K. Lüderssen (Hrsg.), Aufgeklärte Kriminalpolitik oder Kampf gegen das Böse?, Band I: Legitimationen, 1998, S. 391 ff.

Neumann, Ulfrid, Die Tyrannei der Würde. Argumentationstheoretische Erwägungen zum Menschenwürdeprinzip. Arthur Kaufmann zum 75. Geburtstag, ARSP 84 (1998), 153 ff.

Neumann, Ulfrid/Prittwitz, Cornelius (Hrsg.), Kritik und Rechtfertigung des Strafrechts, Frankfurter kriminalwissenschaftliche Studien Bd. 88, Frankfurt/M. u.a. 2005.

Neumann, Ulfrid, Das Verhältnismäßigkeitsprinzip als strafbegrenzendes Prinzip, in: von Hirsch (Hrsg.), Mediating principles, Begrenzungsprinzipien bei der Strafbegründung, Baden-Baden 2006, S. 128 ff.

Neumann, Ulfrid, Alternativ: Keine – Zur neueren Kritik an der personalen Rechtsgutslehre, in: ders. (Hrsg.), „Personale Rechtsgutslehre“ und „Opferorientierung im Strafrecht“, Frankfurter kriminalwissenschaftliche Studien Bd. 104, Frankfurt/M. u.a. 2007, S. 85 ff.

Neumann, Prittwitz (Hrsg.), „Personale Rechtsgutslehre“ und „Opferorientierung im Strafrecht“, Frankfurter kriminalwissenschaftliche Studien Bd. 104, Frankfurt/M. u.a. 2007.

Neumann, Ulfrid, Strafrechtlicher Schutz der Menschenwürde?, in: Festschrift für Ioannis Manoledakis, Athen/Thessaloniki 2007, Bd. 2, S. 45 ff.

Neumann, Ulfrid, „Indirekter“ Paternalismus im Strafrecht – am Beispiel der Tötung auf Verlangen (§ 216 StGB), in: v. Hirsch/Neumann/Seelmann (Hrsg.), Paternalismus im Strafrecht. Die Kriminalisierung von selbstschädigendem Verhalten, 2010, S. 71 ff.

Neumann, Ulfrid, Aktuelle Probleme in der Diskussion zum strafrechtlichen Rechtsgut, Vortragstext an der Hanyang Law School, unveröffentlicht, 2013.

Neumann, Ulfrid, Das Rechtsprinzip der Menschenwürde als Schutz elementarer menschlichen Bedürfnisse. Versuch einer Eingrenzung, ARSP 103 (2017), 287 ff.

Neumann, Ulfrid, Dezision statt Argumentation? Zur (post)modernen Kritik der Rechtsgutslehre, in: Stephan Barton, Ralf Eschelbach, Michael Hettinger et al. (Hrsg.), Festschrift für Thomas Fischer, München 2018, S. 183 ff.

Neumann, Ulfrid, Interessen und Bedürfnisse als Basis des Prinzips der Menschenwürde. Eine Alternative zur metaphysischen Würdebegründung, in: Neumann et al. (Hrsg.), Menschenwürde ohne Metaphysik: Beiträge des Workshops auf dem 29. Weltkongress der Internationalen Vereinigung für Rechts- und Sozialphilosophie (IVR) in Luzern, Schweiz, Juli 2019, ARSP. Beiheft 2021, S. 159 ff.

Nippel, Wilfried, „Klassischer Republikanismus" in der Zeit der Englischen Revolution. Zur Problematik eines Interpretationsmodells, in: Wolfgang Schuller (Hrsg.), Antike in der Moderne, Xenia Bd. 15, Konstanz 1985, S. 211 ff.

Neumann, Ulfrid/Tiedemann, Paul/Liu, Xingyi (Hrsg.), Menschenwürde ohne Metaphysik: Beiträge des Workshops auf dem 29. Weltkongress der Internationalen Vereinigung für Rechts- und Sozialphilosophie (IVR) in Luzern, Schweiz, Juli 2019, ARSP. Beiheft 2021.

Nolte, Paul, Bürgerideal, Gemeinde und Republik: „Klassischer Republikanismus" im frühen deutschen Liberalismus, HZ Bd. 254 (1992), 609 ff.

Oldfield, Adrian, Citizenship and Community: Civic Republicanism and the Modern World, London, 1990.

Oppenheim, Felix E., Political concepts, A reconstruction, Oxford 1981.

Paine, Tom, Political Writings, hrsg. von Kuklick, Bruce, Cambridge 1987.

Paley, William, The Principles of Moral and Political Philosophy, vol. iv. Of Collected Works, London 1825.

Papageōrgiu, Kōnstantinos A., Schaden und Strafe, Zugl.: München, Univ., Diss., 1990, Baden-Baden, Nomos-Verl.-Ges, 1994.

Patten, Alan, The Republican Critique of Liberalism, in: Farrelly, Colin (Hrsg.), Contemporary Political Theory: A Reader, London 1996, S. 159 ff.

Pettit, Philip, The Freedom of the City: A Republican Ideal, in: Alan Hamlin (Hrsg.), The Good Polity, Normative analysis of the state, Oxford u.a. 1989, S. 141 ff.

Pettit, Philip, Consequentialism, The International research library of philosophy 6, Aldershot, Brookfield, Vt. 1993.

Pettit, Philip, Republicanism, A theory of freedom and government, Oxford 1997.

Pettit, Philip, Rules, Reasons, and Norms, Selected essays, Oxford 2002.

Pettit, Philip, „Is Criminal Justice Politically Feasible?", Buffalo Criminal Law Review 5 (2002), 427 ff.

Pettit, Philip, Republican Freedom and Contestatory Democratization, in: Ian Shapiro (Hrsg.), Democracy's value, Reprint, Cambridge u.a. 2003, S. 163 ff.

Pettit, Philip, Made with words, Hobbes on language, mind, and politics, N. J., Woodstock 2008.

Pettit, Philip, Republican Freedom: Three Axioms, Four Theorems, in: Laborde, Cécile (Hrsg.), Republicanism and political theory, Malden, Mass. u.a. 2008.

Pettit, Philip, A Republican Law of Peoples, European Journal of Political Theory 9 (2010), 70 ff.

Pettit, Philip, On the people's terms, A republican theory and model of democracy, Cambridge u.a. 2012.

Pettit, Philip, A Theory of Freedom, From the Psychology to the Politics of Agency, New York 2013.

Pettit, Philip, Gerechte Freiheit, Ein moralischer Kompass für eine komplexe Welt, Suhrkamp-Taschenbuch Wissenschaft 2206, Berlin 2017.

Pocock, J. G. A., Machiavelli, Harrington and English Political Ideologies in the Eighteenth Century, The William and Mary Quarterly 22 (1965), 549 ff.

Pocock, J. G. A., Die andere Bürgergesellschaft, Zur Dialektik von Tugend und Korruption, Edition Pandora Bd. 12, Frankfurt, New York, Paris 1993.

Pocock, J. G. A., The Machiavellian moment, Florentine political thought and the Atlantic republican tradition, 2. Aufl., Princeton, N. J., Oxford 2003.

Pocock, J. G. A., Sprachen und ihre Implikation: Die Wende in der Erforschung des politischen Denkens, in: Martin Mulsow, Andreas Mahler (Hrsg.), Die Cambridge School der politischen Ideengeschichte, Suhrkamp-Taschenbuch Wissenschaft Bd. 1925, Berlin 2010, S. 88 ff.

Price, Ricard, Political Writings, hrsg. von Thomas, D. O., Cambridge 1991.

Priestley, Joseph, Political Writings, hrsg. von Miller, P. N., Cambridge 1993.

Prittwitz, Cornelius, Die Funktionalisierung des Strafrechts in der Risikogesellschaft, in: Thomas Kreuder (Hrsg.), Der orientierungslose Leviathan, Marburg, 1992, S. 177 ff.

Prittwitz, Cornelius, Strafrecht und Risiko, Zugl.: Frankfurt (Main), Univ., Habil.-Schr., 1991/1992, Frankfurt/M, Klostermann, 1993.

Prittwitz, Cornelius/Manoledakis, Ioannis (Hrsg.), Strafrechtsprobleme an der Jahrtausendwende, Deutsch Griechisches Symposium, Rostock 1999, Baden-Baden, Nomos Verlagsgesellschaft, 2000.

Prittwitz, Cornelius, Personale Rechtsgutslehre und die Opfer von morgen, in: ders. (Hrsg.), „Personale Rechtsgutslehre" und „Opferorientierung im Strafrecht", Frankfurter kriminalwissenschaftliche Studien Bd. 104, Frankfurt/M. u.a. 2007, S. 97 ff.

Prittwitz, Cornelius, Das Strafrecht: Ultima ratio, propria ratio oder schlicht strafrechtliche Prohibition?, Zugleich ein Kommentar zu den Beiträgen von Klaus F. Gärditz und Matthias Jahn, ZStW 129 (2017), 390 ff.

Putnam, Robert D., Making democracy work, Civic traditions in modern Italy, Princeton, N. J. 1993.

Raab, Felix, The English Face of Machiavelli: A Changing Interpretation 1500–1700, London, 1992.

Raphael, David D., Problems of political philosophy, London 1970.

Raschauer, Bernhard/Holzer, Gottfried/Reischauer, Ernst (Hrsg.), Agrarumweltrecht, Wirtschafts- und verwaltungsrechtliche Studien, Vienna 1991.

Rawls, John, Justice as Fairness, Political not Metaphysical, Philosophy & Public Affairs 14 (1985), 223 ff.

Rawls, John, Eine Theorie der Gerechtigkeit, Frankfurt am Main 2014.

Rawls, John/Hinsch, Wilfried, Politischer Liberalismus, 5. Aufl., Suhrkamp-Taschenbuch Wissenschaft 1642, Frankfurt/Main 2016.

Reid, John Philip, The Concept of Liberty in the Age of the American Revolution, Chicago 1988.

Rikert, Williams, Liberalism Against Populism, San Francisco 1982.

Riklin, Alois, Die Republik von James Harrington 1656, Bern 1999.

Roessig, Karl Gottlob, s. Hommel, Karl Ferdinand: Philosophische Gedanken über das Criminalrechts, 1784.

Rosenblum, Nancy L. (Hrsg.), Liberalism and the moral life, Cambridge, Mass. u.a. 1989.

Rosenfeld, Michel, Hate speech in Constitutional Jurisprudence: A comparative analysis, in: Michael Herz, Péter Molnár (Hrsg.), The content and context of hate speech, Rethinking regulation and responses, Cambridge 2012, S. 259 ff.

Rostböll, Christian F., Statelessness, Domination, and Unfreedom, Arendt and Pettit in Dialogue, in: Christian Dahl, Tue Andersen Nexö (Hrsg.), To Be Unfree, Republicanism and Unfreedom in History, Literature, and Philosophy, Edition Politik Bd. 9, Bielefeld 2014, S. 19 ff.

Rothhaar, Markus, „Michael Sandel, Liberalism and the Limits of Justice" in: Brocker (Hrsg.) Geschichte des politischen Denkens. Das 20. Jahrhundert, 2018, S. 668 ff.

Rousseau, Jean-Jacques, Der Gesellschaftsvertrag, Leipzig, Reclam, 1958.

Roxin, Claus, Strafrecht, Allgemeiner Teil, 5. Aufl., München 2020.

Roxin, Claus, Zur neueren Entwicklung der Rechtsgutsdebatte, in: Felix Herzog (Hrsg.), Festschrift für Winfried Hassemer, Heidelberg u.a. 2010, S. 573 ff.

Roxin, Claus, Täterschaft und Tatherrschaft, Berlin 2022.

Röpke, Wilhelm, Die Lehre von der Wirtschaft, Mit 3 Textabb., 9. Aufl., Erlenbach-Zürich u.a. 1961.

Rüstow, Alexander, Wirtschaftsethische Probleme der sozialen Marktwirtschaft, in: Patrick M. Boarman (Hrsg.), Der Christ und die soziale Marktwirtschaft, Stuttgart u.a. 1955, S. 53 ff.

Rzepka, Vincent/Straßenberger, Grit, Für einen konfliktiven Liberalismus, Chantal Mouffes Verteidigung der liberalen Demokratie, ZPTh 5 (2014), 217 ff.

Saenz, Carla, Republicanism: An Unattractive Version of Liberalism, Ethic: An International Journal for Moral Philosophy 7 (2), 267 ff.

Saliger, Frank et al. (Hrsg.), Rechtsstaatliches Strafrecht, Festschrift für Ulfrid Neumann zum 70. Geburtstag, Heidelberg 2017.

Sandel, Michael J., Liberalism and the limits of justice, Cambridge u.a. 1982.

Sandel, Michael J., The Procedural Republic and the Unencumbered Self, Political Theory 12 (1984), 81 ff.

Sandel, Michael J., Liberalismus oder Republikanismus, Von der Notwendigkeit der Bürgertugend, Passagen Politik 1994, Wien 1995.

Schaber, Peter, Menschenwürde und Selbstachtung. Ein Vorschlag zum Verständnis der Menschenwürde, in: Studia Philosophica 63/2004, S. 93 ff.

Schafheutle, Josef, Das Sechste Strafrechtsänderungsgesetz, JZ 1960, S. 470 ff.

Schmidt, Eberhard, Einführung in die Geschichte der deutschen Strafrechtspflege, Leipzig, Frankfurt/Main 2022.

Schorn-Schütte, Luise, Historische Politikforschung, Eine Einführung, München 2006.

Schönke/Schröder, Strafgesetzbuch, 30. Aufl. 2019.

Schuünemann, Bernd, Moderne Tendenzen in der Dogmatik der Fahrlässigkeits- und Gefährdungsdelikte, JA (1975), 787 ff.

Schünemann, Bernd, Das Rechtsgüterschutzprinzip als Fluchtpunkt der verfassungsrechtlichen Grenzen der Straftatbestände und ihrer Interpretation, in: Roland Hefendehl (Hrsg.), Die Rechtsgutstheorie, Legitimationsbasis des Strafrechts oder dogmatisches Glasperlenspiel?, Baden-Baden 2003, S. 133 ff.

Schünemann, Bernd, Kritische Anmerkungen zur geistigen Situation der deutschen Strafrechtswissenschaft, GA (1995), 218 ff.

Schünemann, Bernd, Über Strafrecht im demokratischen Rechtsstaat, das unverzichtbare Rationalitätsniveau seiner Dogmatik und die vorgeblich progressive Rückschrittspropaganda, ZIS 10 (2016), 654 ff.

Schünemann, Bernd, Versuch über die Begriffe von Verbrechen und Strafe, Rechtsgut und Deliktsstruktur, in: Frank Saliger, Yeong hwan Gim, Christos Ch Mylōnopulos et al. (Hrsg.), Rechtsstaatliches Strafrecht, Festschrift für Ulfrid Neumann zum 70. Geburtstag, Heidelberg 2017, S. 701 ff.

Schröder, Hans-Christoph, Die Revolutionen Englands im 17. Jahrhundert, 3. Aufl., Edition Suhrkamp 1279 = N. F., Bd. 279: Neue historische Bibliothek, Frankfurt/Main 1995.

Schuller, Wolfgang (Hrsg.), Antike in der Moderne, Xenia Bd. 15, Konstanz 1985.

Schulz, Daniel, Die Krise des Republikanismus, Schriftenreihe der Sektion Politische Theorien und Ideengeschichte in der Deutschen Vereinigung für Politische Wissenschaft Band 29, Baden-Baden 2015.

Schwinge, Erich, Wesensschau und konkretes Ordnungsdenken im Strafrecht, Bonn 1937.

Seehafer, Silvia, Strafrechtliche Reaktionen auf rechtsextremistisch, fremdenfeindlich motivierte Gewalttaten, Berlin, Humboldt-Univ., Diss., 2003.

Seher, Gerhard, Liberalismus und Strafe: Zur Strafrechtsphilosophie von Joel Feinberg, Berlin 2000.

Seher, Gerhard, Prinzipiengestützte Strafnormlegitimation und der Rechtsgutsbegriff, in: Roland Hefendehl (Hrsg.), Die Rechtsgutstheorie, Legitimationsbasis des Strafrechts oder dogmatisches Glasperlenspiel?, Baden-Baden 2003, S. 39 ff.

Seelmann, Kurt, Risikostrafrecht, KritV 75 (1992), 452 ff.

Sellers, M.N.S., Republican Principles in International Law: The Fundamental Requirements of. a just World Order, 2006.

Shapiro, Ian (Hrsg.), Democracy's value, Cambridge u.a. 2003.

Sheehan, James J., Der deutsche Liberalismus, Von d. Anfängen im 18. Jh. bis zum Ersten Weltkrieg; 1770–1914, München 1988.

Sidgwick, Henry, The elements of politics, London [u.a.] 1897.

Sina, Peter, Die Dogmengeschichte des strafrechtlichen Begriffs Rechtsgut, Erschien auch als Diss., Erlangen, Basler Studien zur Rechtswissenschaft H. 62, Basel 1962.

Skinner, Quentin, Machiavelli on the maintenance of liberty, Politics 18 (1983), 3 ff.

Skinner, Quentin, The Republican Ideal of Political Liberty, in: Gisela Bock (Hrsg.), Machiavelli and republicanism, Ideas in context, Cambridge u.a. 1990, S. 293 ff.

Skinner, Quentin, Who are we?, Inquiry 12 (1991), S. 81 ff.

Skinner, Quentin, Liberty before liberalism, Cambridge, New York 1998.

Skinner, Quentin, A Third Concept of Liberty, Proceedings of the British Academy 117 (2002), 237 ff.

Skinner, Quentin, Machiavelli zur Einführung, 5. Aufl., Hamburg 2008.

Skinner, Quentin, On the Slogans of Republican Political Theory, European Journal of Political Theory 9 (2010), 95 ff.

Skinner, Quentin/Heinz, Marion (Hrsg.), Visionen des Politischen, Suhrkamp-Taschenbuch Wissenschaft Bd. 1910, Frankfurt/Main 2009.

Smith, Adam/Eckstein, Walther (Hrsg.), Theorie der ethischen Gefühle, Philosophische Bibliothek 200a/200b, Hamburg 1985.

Spitz, Jean-Fabien, The Concept of Liberty in A Theory of Justice and Its Republican Version, Ratio Juris 7 (1994), 331 ff.

Springborg, Patricia, Western Republicanism and the Oriental Prince, Polity Press, 1992.

Stahl, F. J., Die Philosophie des Rechts, Bd. II: Rechts und Staatslehr, Teil II, 1837.

Stächelin, Gregor, Strafgesetzgebung im Verfassungsstaat, Berlin, Duncker & Humblot, 2021.

Sternberg-Lieben, Detlev, Rechtsgut, Verhältnismäßigkeit und die Freiheit des Strafgesetzgebers, in: Roland Hefendehl (Hrsg.), Die Rechtsgutstheorie, Legitimationsbasis des Strafrechts oder dogmatisches Glasperlenspiel?, Baden-Baden 2003, S. 65 ff.

Stoecker, Ralf, Selbstachtung und Menschenwürde, Studia Philosophica 63 (2004), 107 ff.

Stoltenberg, Klaus, Verpflichtung Der Ermittlung Und Berücksichtigung Rassistischer Motive Bei Der. Strafzumessung", ZRP 45 (2012), 119 ff.

Straßenberger, Grit, Konsens und Konflikt, Hannah Arendts Umdeutung des uomo virtuoso., in: Harald Bluhm, Karsten Fischer, Marcus Llanque (Hrsg.), Ideenpolitik, Geschichtliche Konstellationen und gegenwärtige Konflikte, Berlin 2011, S. 297 ff.

Straßenberger, Grit, Autorität in der Demokratie, Zur republikanischen Rezeption des römischen auctoritas-Konzepts bei Hannah Arendt, ZPTh 5 (2014), 67 ff.

Stratenwerth, Günter, Zukunftssicherung mit den Mitteln des Strafrechts, ZStW 105 (1993), 679 ff.

Stratenwerth, Günter, Zum Begriff des „Rechtsgutes", in: Albin Eser (Hrsg.), Festschrift für Theodor Lenckner zum 70. Geburtstag, München 1998, S. 373 ff.

Stratenwerth, Günter, Wahres Strafrecht?, in: Prittwitz, Cornelius (Hrsg.), Festschrift für Klaus Lüderssen: zum 70. Geburtstag am 2. Mai 2002, Baden-Baden, 2002, S. 373 ff.

Stratenwerth, Günter, Kriminalisierung bei Delikten gegen Kollektivrechtsgüter, in: Roland Hefendehl (Hrsg.), Die Rechtsgutstheorie, Legitimationsbasis des Strafrechts oder dogmatisches Glasperlenspiel?, Baden-Baden 2003, S. 255 ff.

Stratenwerth, Günter, Freiheit und Gleichheit: ein Kapitel Rechtsphilosophie, Bern 2007.

Stratenwerth, Günter, Strafrecht, 6. Aufl., München 2011.

Stratenwerth, Günter, Tötung und Körperverletzung mit Einwilligung des Betroffenen, in: M. Böse & D. Sternberg-Lieben (Hrsg.), Grundlagen des Straf- und Strafverfahrensrechts: Festschrift für Knut Amelung zum 70. Geburtstag, Duncker & Humblot GmbH, 2019, S. 355 ff.

Streng, Franz, Das Unrecht der Volksverhetzung, in: *Küper (Hrsg.)*, Festschrift für Karl Lackner zum 70. Geburtstag am 18. Februar 1987, Berlin [u.a.] 1987, S. 501 ff.

Stuckenberg, Carl-Friedrich, Grundrechtsdogmatik statt Rechtsgutslehre. Bemerkungen zum Verhältnis von Strafe und Staat, GA 158 (2011), 653 ff.

Stuckenberg, Carl-Friedrich, Rechtsgüterschutz als Grundvoraussetzung von Strafbarkeit?, ZStW 129 (2017), 349 ff.

Sunstein, Cass R., Beyond the Republican Revival, The Yale Law Journal 97 (1988), 1539 ff.

Sydney, Algernon, Discourses Concerning Government, hrsg. von West, T. G., Indianapolis: Liberty Classics, 1990.

Talmon, J. L., The Origins of Totalitarian Democracy, London, 1952.

Taylor, Charles, Cross-Purposes: The Liberal-Communitarian Debate, in: Nancy L. Rosenblum (Hrsg.), Liberalism and the moral life, Cambridge, Mass. u.a. 1989, S. 159 ff.

Taylor, Charles, Negative Freiheit?, Zur Kritik des neuzeitlichen Individualismus, 5. Aufl., Suhrkamp-Taschenbuch Wissenschaft 1027, Frankfurt/Main 2008.

Thiel, Thorsten/Volk, Christian (Hrsg.), Die Aktualität des Republikanismus, Staatsverständnisse Band 89, Baden-Baden 2016.

Tiedemann, Klaus, Tatbestandsfunktionen im Nebenstrafrecht, Untersuchungen zu e. rechtsstaatl. Tatbestandsbegriff, entwickelt am Problem d. Wirtschaftsstrafrechts, Habil.-Schrift, Tübingen, Tübinger rechtswissenschaftliche Abhandlungen Bd. 27, Tübingen 1969.

Tiedemann, Klaus et al. (Hrsg.), Die Verfassung moderner Strafrechtspflege, Erinnerung an Joachim Vogel, Studien zum Wirtschaftsstrafrecht – Neue Folge Bd. 10, Baden-Baden 2016.

Timm, Frauke, Tatmotive und Gesinnungen als Strafschärfungsgrund am Beispiel der »Hassdelikte«: Zugleich. eine Stellungnahme zum »Entwurf eines

Gesetzes zur Änderung des Strafgesetzbuchs – Aufnahme menschenverachtender Tatmotive als besondere Umstände der Strafzumessung«, JR 4 (2014), 141 ff.

Trenchard, John, Cato's letters or essays on liberty, civil and religious, and other important subjects: four volumes in two, Indianapolis, Ind.

Ulrich, Peter, Wirtschaftsethik als politische Ethik: eine republikanisch-liberale Perspektive, in: Roland Kley (Hrsg.), Geisteswissenschaftliche Dimensionen der Politik, Festschrift für Alois Riklin zum 65. Geburtstag, Bern u.a. 2000, S. 62 ff.

*U.S. Department of Justice, Federal Bureau of Investigatio*n, Hate Crime Data Collection Guidelines: Uniform Crime Reporting, 1999.

van den Brink, Bert, Gefahren der Selbst-Herrschaft, Isaiah Berlins Liberalismus, Zeitschrift für Ideengeschichte 4 (2007), 19 ff.

van Gelderen, Martin/Skinner, Quentin, Republicanism, A shared European heritage, Cambridge 2002.

Viroli, Maurizio, Machiavelli and the republican idea of politics, in: Gisela Bock (Hrsg.), Machiavelli and republicanism, Cambridge u.a. 1990, S. 143 ff.

Viroli, Maurizio, From politics to reason of state, The acquisition and transformation of the language of politics, 1250–1600, Ideas in context 22, Cambridge u.a. 1992.

Viroli, Maurizio, Die Idee der republikanischen Freiheit, Von Machiavelli bis heute, Zürich 2002.

Volk, Christian, Zwischen Entpolitisierung und Radikalisierung, Zur Theorie von Demokratie und Politik in Zeiten des Widerstands, Politische Vierteljahresschrift 54 (2013), 75 ff.

von Hirsch, Andrew, Der Rechtsgutsbegriff und das „Harm Principle“ in: *Roland Hefendehl* (Hrsg.), Die Rechtsgutstheorie, Legitimationsbasis des Strafrechts oder dogmatisches Glasperlenspiel?, Baden-Baden 2003, S. 13 ff.

von Hirsch, Andrew/Wohlers, Wolfgang, Rechtsgutstheorie und Deliktsstruktur – zu den Kriterien fairer Zurechnung, in: Roland Hefendehl (Hrsg.), Die Rechtsgutstheorie, Legitimationsbasis des Strafrechts oder dogmatisches Glasperlenspiel?, Baden-Baden 2003, S. 196 ff.

von Hirsch, Andrew, Belästigendes Verhalten: Gibt es ein strafrechtliches Belästigungsprinzip?, in: Jörg Arnold (Hrsg.), Menschengerechtes Strafrecht, Festschrift für Albin Eser zum 70. Geburtstag, München 2005, S. 189 ff.

von Hirsch, Andrew (Hrsg.), Mediating principles, Begrenzungsprinzipien bei der Strafbegründung, Baden-Baden 2006.

von Hirsch, Andrew/Neumann, Ulfrid/Seelmann, Kurt (Hrsg.), Paternalismus im Strafrecht – Die Kriminalisierung von selbstschädigendem Verhalten, Nomos, 2010.

von Hirsch, Andrew, Die Rechtfertigung der Kriminalisierung: Personale Rechtsgutslehre und Die Rechtfertigung der Kriminalisierung: Personale Rechtsgutslehre und das anglo-amerikanische Harm Principle, in: Frank Saliger, Yeong hwan Gim, Christos Ch Mylōnopulos et al. (Hrsg.), Rechtsstaatliches Strafrecht, Festschrift für Ulfrid Neumann zum 70. Geburtstag, Heidelberg 2017, S. 587 ff.

Vorländer, Hans, Hegemonialer Liberalismus, Politisches Denken und politische Kultur in den USA 1776–1920, Frankfurt/Main, New York 1997.

Waldron, Jeremy, The Rule of Law in Contemporary Liberal Theory, *Ratio Juris* 2, 1989, S. 79 ff.

Waldron, Jeremy, Law and Disagreement, Oxford, 1999.

Waldron, Jeremy, Normative Positivism, in Coleman J. (Hrsg.), Hart's Postscript: Essays on the Postscript to the Concept of Law, Oxford, 2001, ch. 12, S. 410 ff.

Waldron, Jeremy, The Rule of Law as a Theater for Debate, in Burley (Hrsg.), Dworkin and his Critics: With Replies by Dworkin, 2004, S. 319 ff.

Waldron, Jeremy, The harm in hate speech, The Oliver Wendell Holmes Lectures 2009, Cambridge, Massachusetts 2012.

Waldron, Jeremy, Hate Speech an political legitimacy, in: Herz/Molnár (Hrsg.), The content and context of hate speech, Rethinking regulation and responses, Cambridge 2012, S. 329 ff.

Walzer, Michael, The Communitarian Critique of Liberalism, Political Theory 18 (1990), 6 ff.

Walzer, Michael, Zivile Gesellschaft und amerikanische Demokratie, hrsg. von Otto Kallscheuer, Frankfurt/Main 1996.

Walzer, Michael, Sphären der Gerechtigkeit, Ein Plädoyer für Pluralität und Gleichheit, Campus Bibliothek, Frankfurt/Main 2018.

Wandres, Thomas, Die Strafbarkeit des Auschwitz-Leugnens, Berlin 2000.

Weber, Florian, Benjamin Constant und der liberale Verfassungsstaat: Politische Theorie nach der Französischen Revolution, Verlag für Sozialwissenschaften, 2004.

Wehinger, Markus, Kollektivbeleidigung – Volksverhetzung: der strafrechtliche Schutz von Bevölkerungsgruppen durch die §§ 185 ff. und § 130 StGB, Baden-Baden 1994.

Welzel, Hans, Naturrecht und materiale Gerechtigkeit, 2. Aufl., Jurisprudenz in Einzeldarstellungen 4, Göttingen 1990.

Williams, Melissa S. (Hrsg.), Political exclusion and domination, Nomos Bd. 46, New York, NY 2005.

Wittig, Petra, Rechtsgutstheorie, „Harm Principle" und die Abgrenzung von Verantwortungsbereichen, in: Roland Hefendehl (Hrsg.), Die Rechtsgutstheorie, Legitimationsbasis des Strafrechts oder dogmatisches Glasperlenspiel?, Baden-Baden 2003, S. 239 ff.

Wittig, Wolfgang Arno, Republikanische Freiheit und Multikulturalismus, Die Bedeutung des Konzepts der Freiheit als Nicht-Dominanz für die Integration multikultureller Gesellschaften, Zugl.: Bremen, Univ., Diss., 2007, Dissertation.de 1457, Berlin 2008.

Wohlers, Wolfgang, Deliktstypen des Präventionsstrafrechts – zur Dogmatik „moderner" Gefährdungsdelikte, Berlin, Duncker & Humblot, 2000.

Wood, Gordon Stewart, The Creation of the American Republic, 1776–1787, Chapel Hill 1969.

Worsham, Lynn/Olson, Gary A., Rethinking Political Community, Chantal Mouffe's Liberal Socialism, JAC 19 (1999), 163 ff.

Zabel, Benno, Zur Idee eines republikanischen Strafrechts, ZRph 1 (2017), 125 ff.

Zipf, Heinz (Hrsg.), Strafrecht: ein Lehrbuch Allgemeiner Teil, Heidelberg 1987.

BGHSt 21, 371, 372.

BGHSt 40, 97 ff., NJW 1994, 1421.

BVerfGE, 6, 389.

BVerfGE, 90, 145.

BVerfGE 90, 241.

BVerfGE 93, 286 ff.

BVerfGE, 109, 279.

NJW 2008, 1137.

OLG München, NJW 1985, 2430.

OLG Frankfurt, NJW 1985, 1720.

OLG Frankfurt 1995, 143.

www.ingramcontent.com/pod-product-compliance
Ingram Content Group UK Ltd.
Pitfield, Milton Keynes, MK11 3LW, UK
UKHW021851290926
8980IPUK00005B/772

9 783631 916193